Joshua Cohen
Aufzeichnungen aus der Höhle

Herausgegeben, aus dem Englischen und

mit einem Vorwort von Jan Wilm

Schöffling & Co.

Alle Essays stammen aus dem Band ATTENTION:
Dispatches from a Land of Distraction (Random House, 2018)
mit Ausnahme der folgenden Texte:
»Israel's Season of Discontent: Seventy years after its founding,
has the Jewish State abandoned the American diaspora?«
(*The New Republic,* September 2018),
»Introduction« (Vorwort zum Buch *Abel and Cain* von
Gregor von Rezzori, *New York Review of Books*, 2019),
»Thoughts on Kafka Saved From Old Computers«
(Vorwort zum Buch *He: Shorter Writings
of Franz Kafka*, riverrun, 2020),
»The Possessed« (*Harper's*, März 2021),
»Lucky Guy« (*New York Review of Books*, Oktober 2022),
»Shloshim (from the diary)« (*Shelter: October 7th
and After*, Israeli Institute for Hebrew Literature, 2023)

Deutsche Erstausgabe

Erste Auflage 2024
© der deutschen Ausgabe:
Schöffling & Co. Verlagsbuchhandlung GmbH,
Frankfurt am Main 2024
Copyright © 2024 Joshua Cohen
Alle Rechte vorbehalten
Der Verlag behält sich eine Nutzung des Werks für Text- und
Data-Mining im Sinne von § 44b UrhG ausdrücklich vor.
Covermotiv: © Francesco Ciccolella
Einbandgestaltung: Schöffling & Co.
Satz: Fotosatz Amann, Memmingen
Druck & Bindung: Pustet, Regensburg
ISBN 978-3-89561-125-4
www.schoeffling.de
www.joshuacohen.org

Vom Glück, Joshua Cohen zu entdecken, zu lesen und zu übersetzen: Vorwort des Herausgebers und Übersetzers

Wer von Joshua Cohen schon die Romane und Erzählungen kennt, muss unbedingt auch die Essays von Joshua Cohen kennenlernen. Wer Joshua Cohen noch nicht kennt, findet mit seinen Essays den besten Einstieg in ein fabelhaftes, funkelbuntes, vielfältiges, vieldeutiges Werk voll Sprach- wie Spielwitz, voller aktueller wie existenzieller Dichte und voller philosophischer wie philologischer Liebe und Leidenschaft für Literatur. Auf jeden Fall sind Sie hier genau richtig. Hier in diesem Buch. Lehnen Sie sich zurück, entspannen Sie sich, denn Sie haben das Glück, gleich einen Querschnitt durch das wunderbare Essaywerk von Joshua Cohen zu entdecken.

Nicht alle Autorinnen und Autoren von Fiktionen, Gedichten oder Stücken sind gleichzeitig auch Rezensenten oder Essayistinnen. Müssen sie auch nicht sein. Schreibende brauchen nicht auf allen Gattungshochzeiten das Tanzbein und die Schreibfeder zu schwingen. Manche sind am stärksten in der Konzentration auf ein einziges Kerngenre: So galt James Joyce' und Marcel Prousts Fokus beispielsweise hauptsächlich den großen Romanen, während man beim Lesen ihrer Essays und Rezensionen mitunter den Eindruck gewinnt, dass sie nebensächlicher Natur und eher Beifang als Hauptziel waren. Dennoch ist das Hochzeitsbankett der Literaturgeschichte (oder besser: das Trinkgelage der Literatur) voller Schreibender, die der Fiktion oder der Lyrik immer wieder bewusst den Rücken zukehren, um sich ihnen dann wieder mit neuer Kraft und neuer Lust zuzuwenden.

Gerade in der »kleineren« Form der gelegentlichen Rezension von Büchern anderer oder in eher peri-literarischen Essays über die Welten außerhalb von Romanen haben Autorinnen und Autoren ein Übungsfeld für ihre Sprach- und Gedankenspiele gefunden. So unterschiedliche Schreibende wie Virginia Woolf, James Baldwin, Toni Morrison oder David Foster Wallace (unter den Toten – leider!) sowie John Banville, Colm Tóibín, Lydia Davis und Anne Carson (unter den Lebenden – Daumen sind gedrückt!) haben sich in der essayistischen Form warmgeschrieben, haben ausprobiert, experimentiert, haben Erfahrungen getankt, aber auch Ideen, Theorien und Szenerien sowie ästhetische Neuerungen entdeckt, die ihre Prosa- oder Lyrikwelten bereichern, ergänzen oder auch mit ihnen in eine Diskussion treten.

Die altbewährte Definition des Essays nach Michel de Montaigne mag vielleicht zu Tode geritten (oder getrampelt) sein. In der Versuchsform des *essai* (aus dem Französischen für Versuch, Probe, Testlauf) steckt heute aber vielleicht so viel Leben wie in der Literaturgeschichte lange nicht. Für Montaigne war der Essay ein Mittel zur Selbsterforschung, aber wie die *Selbstbetrachtungen* von Marc Aurel waren Montaignes Essays alles andere als egozentrische Nabelschau. Im Gegenteil wurde am Beispiel eines einzelnen schreibenden Ichs die sublime Wirklichkeit der Menschen in Gänze erkundet oder probeweise durchgespielt.

Literatur, große Literatur, ist letztlich nichts anderes als eine Tiefenbohrung im Stollen der Menschenwirklichkeit. Essayistinnen und Essayisten sind dabei die Kanarienvögel-

chen, die sich als Vorhut unter Tage begeben – als Versuchs-
mittel, als Frühwarnsystem –, um auszuloten, was sich in
den Tiefen der Welt verbirgt, ob sie Freude, Einsicht, Nutzen oder Gefahr bergen.

Anders als Romane, die viel mehr auf Langsamkeit zählen – darauf, dass sich die Sedimente der Zeit abgesetzt, dass
die Realität sich etwas beruhigt und zu etwas Historischem
mariniert hat –, sind Essays manchmal ähnlich flinke Früh-
warnsysteme, Auslotungen höchst aktueller ästhetischer wie
politischer Phänomene und Momente.

Joshua Cohens Essays sind Kabinettstücke in literari-
schem Einfallsreichtum und intellektueller Strenge, die her-
vorstechende, aber auch gerade erst aufkeimende Aspekte
der Wirklichkeit ausloten. Sie vereinen scharfe Kritik mit
spielerischer Gewandtheit, die Lesende sowohl unterhalten
als auch erhellen. Ein rasch herausgegriffenes Beispiel aus
dieser Sammlung: Lange bevor in allen Details klar wurde,
mit welchen Mobstermitteln Donald Trump sein Kabinett
führen würde, verfasste Cohen einen Langessay über die gescheiterten Kasino-Geschäfte des Trumpeltiers in Atlantic
City. Cohen, der in der Küstenstadt in New Jersey auf-
wuchs, wies in »Der allerletzte Sommer: Über Donald
Trump und den Untergang von Atlantic City« früher, klüger
und witziger als die meisten darauf hin, was für einen um-
gekehrten Midas-Finger, welch verheerendes Geschick, es
eigentlich braucht, um ein Kasino in den Bankrott zu treiben. Cohens Essay über den Ort seiner Kindheit und Jugend
ist dabei eine brillante Mischung aus Stadtgeschichte und
persönlicher Erzählung, die den verblassten Glamour von
Atlantic City und den beständigen Geist dieser vielgestal-
tigen Stadt und ihrer Bewohner einfängt und dabei doch

ganz allgemein über die USA als ein absterbendes Reich, ein Empire auf Zeit, spricht.

Vermehrt suchen die Nachwellen und Nachwehen der Trump-Regierung Cohens Essays heim wie ein ungebetener Gast, ein unbequemer Geist. Zum Beispiel in »Israels Zeit der Unzufriedenheit« über den 70. Jahrestag des Staates Israel, in dem der Autor unter anderem die Verbandelung der Trumps mit der Netanjahu-Regierung beleuchtet, und zwar noch bevor Cohen sich als Romancier einen Kindheitsmoment aus dem Leben Benjamin Netanjahus vornimmt, in seinem mit dem Pulitzer-Preis ausgezeichneten Roman *Die Netanjahus (oder vielmehr der Bericht über ein nebensächliches und letztlich sogar unbedeutendes Ereignis in der Geschichte einer sehr berühmten Familie)* von 2021.

Als jüdischer Schriftsteller, der in einer Tradition von Autoren und Autorinnen wie Saul Bellow, Philip Roth, Bernard Malamud oder Cynthia Ozick schreibt, spielt die israelische Kultur und Literatur, aber auch die israelische Politik bei Cohen immer wieder eine Rolle. So verfasste er mit dem Essay »Schloschim (aus dem Tagebuch)« kurz nach dem 7. Oktober 2023 persönliche wie politische Aufzeichnungen, die einen emotionalen und hellsichtigen Blick auf den Konflikt zwischen Israel und Palästina werfen, dessen rationaler, sowohl jüdische als auch palästinensische Erfahrungen beleuchtender Ansatz, verdeutlicht, wie brennglasgenau Cohen seine Zeit, seine Wirklichkeit und sich selbst in den Blick nimmt.

Die hier versammelten Essays des 1980 geborenen Schriftstellers, der lange als Auslandskorrespondent für die Zeitung *Jewish Forward* sowie als Buchkritiker für die Wochenzeitschrift *Harper's* tätig war, stellen lediglich eine Auswahl dar, die einem deutschen Lesepublikum erstmals einen gebündelten Eindruck von dem Essayisten Cohen vermitteln. Entstanden sind die Texte zwischen 2011 und 2023 (obschon in wenigen Fällen verwendetes Material auf Texte von 2009 zurückgeht). Die Auswahl zeigt Cohens Entwicklung von einem Insidertipp und *writer's writer* – einem Autor, der am allermeisten von seinen mitschreibenden Zeitgenossen wahrgenommen wurde – zu einem *household name*, der heute als eine der interessantesten Stimmen – für mich *die* interessanteste Stimme – seiner (und meiner) Generation geschätzt wird.

Da das Diktat der Zeit uns aber ohnehin schon genügend Schwierigkeiten bereitet, habe ich mich bei der Auswahl dieser Essays ganz bewusst gegen eine Chronologie entschieden. Die Texte sind lose thematisch geordnet, und das Buch ist eher kreisförmig als linear gestaltet, lässt sich von Buchdeckel bis Buchdeckel, aber auch häppchenweise lesen. Es endet und beginnt mit Texten, die man frei nach David Foster Wallace als *floating-eyeball-essays* bezeichnen kann – Essays, in denen das kühn beobachtende Auge eines Schriftstellers durch die Welt schwebt und sich nicht zu literarischen Belangen äußert, sondern zu alltäglichen politischen oder kulturellen Phänomenen.

In der Mitte dieses Kreises steht mithin das, womit sich der Vielleser und Vielschreiber Cohen am besten auskennt: köstlichste Literatur. In ausführlichen Würdigungen von Franz Kafka, Gregor von Rezzori, Bohumil Hrabal und Giacomo Leopardi erarbeitet Cohen eine theoretische Grundierung von Realismus und Naturalismus und knüpft an bedeutende literaturgeschichtliche Bezugspunkte an. In blühenden, glühenden Essays über Thomas Pynchon, Eimear McBride, Liu Xiaobo und Philip Roth sowie der immer gegenwärtigen Frage nach dem Ende des Buches (was nicht immer, aber oft mit dem Ende der Literatur gleichgesetzt wird) experimentiert er spielerisch mit der Frage, wie sich am besten über (Beinahe-)Zeitgenossen und Zeitgeschichte schreiben lässt. Und in seinem Essay über Georges Perec stellt er fast nebenbei fest, dass Perecs Œuvre sich auf den ersten Blick nur beiläufig mit dem Holocaust befasst, weil die Shoah darin nicht explizit (und nie auf realistische Weise) ins Licht gerückt wird. Hier wie überhaupt dienen die in diesem Buch versammelten Essays nicht nur als Lesefreuden und Denkanstöße, sondern auch als poetologische Geheimtürchen in Cohens eigenes Romangebäude. Denn was er hier über Perec sagt, lässt sich fast lückenlos übertragen auf Cohens großen experimentellen Roman *Witz* aus dem Jahr 2010.

Dass Cohen im besten Sinne Witz hat – nämlich im englischen Sinne des Wortes *wit*, sprich gleichzeitig Humor, Komik *und* Geist, Intelligenz –, das wird auf beinahe jeder Seite seiner Essays deutlich. Überall wird aber sichtbar, dass zu seinen Registern auch das Lyrische wie das Melancholische, das Nostalgische wie das Leidenschaftliche, das Erregte wie das Zornige gehören. Ganz komprimiert ist dies aber auch erlebbar (erlesbar!) in den Aufzeichnungen, die erstmals in Cohens Essayband ATTENTION: *Dispatches from a Land of Distraction* (2018) erschienen sind und die ich ausgewählt habe, um die einzelnen Teile der Essays aufzubrechen und zu ergänzen. Da etwa zwei Drittel der Essays diesem Band entnommen wurden, scheinen mir die Aufzeichnungen darüber hinaus thematisch oder tonal den Essays zugehörig. Und wie in dem Band ATTENTION sind die Aufzeichnungen kleine Sorbets zwischen gewichtigen Gängen, die den Lesegaumen reinigen, kurz innehalten und durchatmen lassen, die Essays aber immer wieder auch konturieren und akzentuieren.

Die Gattung der *Aufzeichnung* ist hier aber auch weit mehr als eine reine Kurznotiz, mehr als eine marginale Tagebucheintragung und mehr als eine minderwertige Gedankenstütze. Die Aufzeichnung ist festgehaltene Wirklichkeit im Kleinen, und damit ist sie das Substrat des großen Ganzen, was Literatur ausmacht. Die Aufzeichnung ist eine Urform des Schreibens, und damit berührt sie den Kern alles Literarischen, wie Joshua Cohen es sieht. Aufzeichnen ist Einfangen des entropisch aufs Nichts zutreibenden Wirklichen. Aufzeichnen ist das Spiel mit der ephemeren und ungreifbaren Schönheit und Schrecklichkeit der Welt.

In einem hier nicht beigefügten Essay über Elias Canetti – neben Franz Kafka, E. M. Cioran, Fernando Pessoa oder Susan Sontag einer der großen Aufzeichner und Notizenmacher des 20. Jahrhunderts – schreibt Cohen über den primären Wert der Aufzeichnung als ein Mittel zur Akzeptanz und zur Wertschätzung des Fragments, des Unfertigen. (Warum der Essay hier nicht beigefügt wurde? Weil wir das Unfertige zum Weiterentdecken und Weiterlesen benötigen.)

Die Tätigkeiten des Schreibens und des Lesens, aber auch des Übersetzens werden ebenfalls stets von der Notwendigkeit zur Akzeptanz des Unfertigen berührt. Man hat niemals alles geschrieben, man hat niemals ganz gelesen und man ist niemals mit dem Übersetzen fertig. Dass darin nicht nur Wertschätzung, sondern wahres Glück liegen kann, wurde mir beim Lesen von Cohens Essays und beim Schreiben meiner Übersetzungen von ihnen ständig aufs Neue klar.

Die enormen Herausforderungen für die Übersetzung, die der mitunter enzyklopädische Detailreichtum von Cohens Essays, aber auch seine Liebe für allerlei Alliteration und sprachlosmachende Wortspielerei mit sich bringen, wurden mir bei der Arbeit nicht zu Hindernissen, sondern im Gegenteil zu Gelegenheiten. Denn wie ich nach ein paar Tagen Shakespeare-Lektüre von jambischen Pentametern durchtaktet bin und ausschließlich wie der Barde spreche, so ist Cohens Stil dermaßen spielfreudig, dass er immer wieder Anlass gibt, selbst zu spielen. Herausforderungen werden zum Geschenk.

Und was fürs Übersetzen gilt, gilt noch viel mehr fürs Lesen. Die mitunter verschachtelten und um die Ecke gedachten Ideen von Cohen sind Einladungen zum Selberdenken und zum Mitreflektieren, Einladungen, selbst ins Selbst hinabsteigen, wie es der große Montaigne sich gewünscht hat.

In seinem bekannten Werk über Montaigne schrieb Stefan Zweig einmal, dass sich beim Lesen irgendwann eine »innere Zündung der leidenschaftlichen Begeisterung, das elektrische Überspringen von Seele zu Seele« einstelle. Beim Lesen von Joshua Cohen, sowohl von der essayistisch-weitreichenden Gedankenwelt seiner Romane als auch von der romanhaften Dichte seiner Essays, bin ich Seite für Seite immer wieder von dieser elektrisch-leidenschaftlichen Begeisterung angesteckt. Auch wenn ich Cohen nie übersetzt hätte, er bliebe für mich der beeindruckendste Autor meiner (und seiner) Generation. Weil ich aber das Glück hatte, ihn übersetzen und damit mein Schreiben, mein Lesen und mein Leben bereichern zu dürfen, bleibt mir nichts, als zu hoffen, dass sich auch bei deutschsprachigen Lesenden von Joshua Cohen eine innere Zündung vollzieht, ein Überspringen von der Autor-Seele zur Lese-Seele über den hoffentlich bereichernden Umweg der Übersetzer-Seele.

Jan Wilm
Frankfurt am Main im Juni 2024

Aufzeichnungen aus der Höhle

*Auf der Suche nach Prophezeiung inmitten
einer Pandemie*

Vor einigen Tagen tauchte abends eine E-Mail bei mir auf. Damals, vor der Zeit, als die Welt den Atem anhielt, hatte mir mein Bruder, der Arzt, selten mehr als »Abendessen am Freitag j/n?« geschrieben, und plötzlich bekam ich eine Nachricht von ihm, an die er, mitten in der atemlosen Hektik, eine Datei mit 7241 Wörtern angehängt hatte. Ich dachte, er befinde sich weit draußen in den Außenbezirken von New York, um Kranke zu intubieren oder zu dialysieren – und so war es auch –, aber irgendwie hatte er trotzdem die Zeit und die adrenalingeladene Energie gefunden, mehr Worte auf den Bildschirm zu bringen, als ich, der vorgebliche Autor, in Wochen oder gar Monaten zustande gebracht hatte. Die Anweisungen am Anfang der E-Mail machten deutlich (oder deuteten an), wie dies geschehen konnte: Diese E-Mail, so schrieb mein Bruder, sei nicht für mich bestimmt, ich sollte sie lediglich aufbewahren und im Falle seines Todes an seine Frau und seine Kinder, meine Nichte und meinen Neffen, weiterleiten, weil mein Bruder gerade von ihnen getrennt war, seit er mit der Behandlung von Kranken begonnen hatte, die mit dem neuen Coronavirus infiziert waren. Seine Familie befand sich im Norden des Landes in der Wohnung seiner Schwiegermutter, während er in diesem oder jenem Krankenhaus des Mount-Sinai-Verbunds Dienst tun musste. Diese E-Mail war nun also auf meinem Computer gelandet, und ich konnte nur auf etwas Leichtigkeit hoffen: »Soll ich sie an deine Kinder weiterleiten oder ausdrucken?«, ging mir durch den Kopf, und dann fiel mir ein, dass seine Kinder noch gar keine E-Mail-Adressen hatten und auch nur eines der beiden schon lesen konnte.

Zu diesem Zeitpunkt waren in den USA bereits mehr als zwei Dutzend Menschen (Ärztinnen, Rettungssanitäter, Pfleger) an dem Virus gestorben, die meisten von ihnen in New York; in der ganzen Welt hatten Hunderte ihr Leben verloren, darunter (angefangen mit) Dr. Li Wenliang, der chinesische Augenarzt, der versucht hatte, das Virus einer breiteren Öffentlichkeit bekannt zu machen, und dafür von seiner Regierung verfolgt worden war. Mein Bruder, ein Chirurg, der Krebsgeschwüre aus Körpern herausschneidet, ist normalerweise unerschütterlich. Plötzlich aber war das anders – er war erschütterlich, erschüttert, und seinen Kindern, die so klein waren, dass er fürchtete, sie würden sich kaum an ihn erinnern, erzählte er jetzt von seinem Leben. Ich hatte noch nie erlebt, dass er sich vor irgendetwas gefürchtet oder dass er gar meinen Rat gesucht hätte: Nachdem er mir seine Anweisungen mitgeteilt hatte, sagte er, ich solle ihn wissen lassen, wenn ich in dem Text etwas ändern wolle. Ich hatte keine Änderungsvorschläge. Ich habe seine E-Mail einfach archiviert, diese E-Mail, die uns beide überleben wird, die auch seine Frau und sogar die Kinder seiner Kinder in irgendwelchen Clouds überdauern wird.

Als Einstein 1955 starb, wurde ihm bei einer unzulässigen Autopsie in einem Krankenhaus in Princeton das Gehirn entnommen. Später, an der Universität von Pennsylvania, schnitt ein Pathologe namens Thomas Stoltz Harvey es zu Forschungszwecken auseinander, behielt allerdings einige der Scheibchen für sich. 1988 zog Harvey, dem inzwischen die ärztliche Approbation entzogen worden war, nach Lawrence, dem Sitz der Universität von Kansas, wo er dem dort lebenden Autor William S. Burroughs eines der Gehirnscheibchen überreichte, und nach dessen Tod im Jahr 1997 ging das Scheibchen über in den Besitz von … nein, ich höre besser auf, denn ich will ja niemanden in Schwierigkeiten bringen. Sagen wir einfach, dass zu meiner Zeit in Lawrence, als ich an der KU unterrichtete, noch Folgendes stattfand: ein Hazing-Ritual, das auch eine Hommage war: Mit einem Löffel fischte man das Scheibchen von Einsteins Gehirn aus dem Glas und schüttelte das überschüssige Formaldehyd ab; dann gab man etwas Salz in die Daumenbeuge und leckte es ab, woraufhin man einen Schluck billigen, zimmerwarmen Tequila zu sich nahm und an dem Hirnscheibchen lutschte, bis einem der Mund taub wurde, bis das Formaldehyd Lippen und Zunge lähmte und man beim Sprechen nicht mehr verstanden wurde; es fühlte sich nicht mal mehr wie der Versuch an, Sprache von sich zu geben.

Die derzeitige Quarantäne hat mich zu Burroughs zurückgebracht, der behauptete, er glaube – was bedeutet, dass er es nicht glaubte, aber glauben *wollte* –, dass Sprache ein Virus sei. Auch wenn es schwierig ist, die genaue Pathologie zu entschlüsseln – Genauigkeit gehörte eher nicht zu Burroughs' Verfahren –, könnte eine Zusammenfassung wie folgt lauten: Die Sprache ist ein Virus, das von einer außerirdischen Zivilisation herkommend die Artengrenze überschritten hat. Dieses Virus infizierte die prähistorischen Menschen und verformte ihre Kehlen, mit dem Ergebnis, dass eine infizierte Person nun Laute von sich geben konnte, mit deren Hilfe Zustände repräsentierbar wurden, die zuvor ausschließlich innerlich waren (sprich: Gedanken, Gefühle). Indem die Urmenschen diese Zustände nach außen trugen – mit anderen Worten, indem sie den Akt vollzogen, den wir als »Sprechen« bezeichnen –, infizierten diese Menschen ihre Mitmenschen und kolonisierten so den individuellen Geist mit Fremdkörpern, die ansteckend waren und sich selbst reproduzierten. Die Menschen, die am meisten oder am lautesten sprachen, waren die gefährlichsten Verbreiter dieser Quasselgrippe, und da sie sich dieser Tatsache oder zumindest dessen bewusst waren, was die virale Kultur als ihren Einfluss ansehen würde, nutzten sie das Virus in ihrem Streben nach gesellschaftlicher Kontrolle und verbreiteten Pandemien von Massenideen und Massengefühlen.

Diese Verbreiter besaßen die Macht, die Gefährdeten denken zu lassen, was sie selbst dachten, und fühlen zu lassen, was sie selbst fühlten, und zwar absolut alles; sie konnten sie dazu bringen, Fake News zu verbreiten, als wären sie wirklich, und fremde Wörter zu verwenden, als wären sie heimisch; sie konnten sie sogar davon überzeugen, dass dieses Virus nicht wörtlich zu nehmen, sondern als eine Metapher anzusehen war. In der Zwischenzeit mutierte das Virus immer weiter, sodass das, was sich in der ersten Staffel als Mund- und Ohrenkrankheit manifestierte, in den folgenden Staffeln als Augen- und Handkrankheit zurückkehrte, wobei sich die Sprache zur Schrift wandelte, die ihre Spuren in Form von Glyphen und Geprägen auf Höhlenwänden, Papyri, Pergament, Papier und Bildschirmen hinterließ.

Burroughs entwickelte mit seiner »Viralitätstheorie« nicht nur eine Medienkritik und verurteilte Technologien, Regie-

rungen und Unternehmen, die ganze Bevölkerungen im großen Stil mit Sprache infizieren, sondern er verurteilte damit
letztlich auch sich selbst oder sein Theoretisieren und Schreiben im Allgemeinen. Das Hauptanliegen seines Schreibens
war, dass man nicht schreiben könne, ohne die Gesundheit
zu schädigen; sich in Worten auszudrücken hieß, seine Lesenden zu infizieren und damit Macht über sie auszuüben.
Besser als jeder andere verstand er, dass die Diagnose selbst
eine Krankheit sein kann: Das Sprachvirus mit Hilfe der
Sprache zu erklären bedeutete, es zu verbreiten.

Seiner Meinung nach – seiner von der Sprache beherrsch-
ten Meinung nach – lag die Viralität der Sprache in ihrem
Drang, eine »Realität« zu definieren und auszudrücken und
sie endlos zu reproduzieren. Diese »Realität« drohte die
Individualität – »Zelle« für »Zelle« oder Wahrnehmung für
Wahrnehmung – zu ersetzen, bis die Menschheit selbst ersetzt und in einen neu zusammengesetzten Organismus
fortgepflanzt werden würde, einen Organismus namens
»Publikum«. Die einzige Möglichkeit, sich diesem fatalen
Prozess zu widersetzen, bestand für Burroughs darin, sich
den Operationen des Zufalls hinzugeben und die eigenen
Schreibentwürfe der »Cut-up-Methode« zu unterziehen,
einer ehrwürdigen surrealistischen Technik, bei der man mit
Scheren, Messern und Rasierklingen Textabsätze herausschneidet, Sätze seziert und ihre Syntax und Grammatik –
die Adern der semantischen Übertragung – zerstückelt. Ob-
wohl er sich darüber im Klaren war, dass die Subversion der
Literatur nichts sei im Vergleich zur massenmedial vermittelten Virulenz, betrachtete Burroughs seine gelungensten
Versuche als jene leichten Dosen einer Krankheit, die den
Zweck einer Impfung erfüllen könnten.

Susan Sontag hat Burroughs' Viralitätstheorie mit ihrer Kritik an Krankheitsmetaphern auf die Probe gestellt, und die Ergebnisse sind ... negativ: Es handelt sich um eine Metapher. Für Sontag war schon der Begriff »Krankheit« eine rhetorische Täuschung: Die Verwendung des Wortes »Krankheit« bedeutete, »das Kranke« zu erschaffen und somit eine falsche Unterscheidung zwischen »den Kranken« und »den Gesunden« vorzunehmen. Und wenn man beispielsweise die Voreingenommenheit der Massenmedien oder ein anderes historisch unterdrückendes und verwerfliches gesellschaftliches Phänomen als »krank« bezeichnete, bedeutete dies, dass Krankheit selbst als unterdrückend und verwerflich diffamiert wurde und dass es irgendwie abartig war, darunter zu leiden. Indem sie Krankheit von einer beschämenden Abweichung zu einem natürlichen Zustand – dem Zustand der Natur – umdefinierte, indem sie den Tod (eine Sache) in das Sterben (einen Prozess) verwandelte, hoffte Sontag, den Kranken die Würde der Normalität zurückzugeben; aus Worten eine Welt zu machen, in der Krankheit nicht das Ende des Lebens war, sondern ein Teil des Lebens, ein Teil, der jeden von uns seit unserer Geburt in Wellen begleitet.

Sontag hatte ein persönliches Interesse daran, sich gegen eine solche metaphorische »Bösartigkeit« zu verwahren: Ihr erstes Buch zu diesem Thema (*Krankheit als Metapher*, 1978) entstand während ihrer eigenen Krebsbehandlung, und ihr zweites Buch dazu (*Aids und seine Metaphern*, 1989) erschien auf dem Höhepunkt der AIDS-Epidemie, die etliche Menschen in ihrem Freundeskreis heimsuchte.

Dieses neue Virus, COVID-19 – ein Name, der die völlige Banalität einer Abkürzung (CORONAVIRUS Disease oder

-Krankheit) mit der Anonymität einer Zahl (2019) verbindet – ruft nach einer anderen Rhetorik; die Geschwindigkeit und das Ausmaß seiner Ausbreitung haben es buchstäblich unvergleichlich gemacht. Wie ist dieses Virus beschaffen? Und was ist wie dieses Virus? Ein Virus, das unterschiedslos, sowohl symptomatisch als auch asymptomatisch, auftritt, kann nichts repräsentieren. Es kann kein Symbol sein und kein Stigma mit sich bringen, da es letztlich in uns allen steckt, universeller als etwa die »Krankheiten« Hunger, Armut und Rassismus.

Wann immer eine unheilbare Krankheit die Zahl der Toten in die Höhe treibt, kommt es zu einer entsprechenden Sprachkrise, die sich mit Burroughs'schen beziehungsweise Sontag'schen Begriffen so ausdrücken lässt: Ist Sprache ein metaphorisches Virus oder ein metaphorischer Antikörper? Ist Sprache die Vermehrung von Falschheit oder der Schutz vor ihr, oder kann sie gar beides sein, und welcher Teil ihrer Funktion findet bewusst statt?

Wenn die Toten sprechen könnten, würden sie es uns vielleicht sagen.

»Eine Theorie ist … eine metaphorische Beziehung zwischen einem Modell und einem Tatsachenzusammenhang«, schrieb Julian Jaynes in *Der Ursprung des Bewusstseins durch den Zusammenbruch der bikameralen Psyche* (1988), seiner Erläuterung des »Bikameralismus« oder der Theorie von den zwei Kammern des vorbewussten oder präpsychologischen Gehirns. Eine weitere unzureichende Zusammenfassung könnte so lauten: Jaynes äußerte die These, dass in den frühesten menschlichen Gehirnen die kognitive Funktion geteilt oder lateralisiert war; ein Teil des Gehirns

»sprach« und der andere Teil »hörte zu«. Konkret heißt das bei Jaynes, die rechte Gehirnhälfte übertrug die Sprache an die linke, die sie als das erlebte, was Jaynes eine »Halluzination« nennt: eine Heimsuchung durch eine Stimme ohne Quelle, ohne Namen, Gesicht oder Körper. Da die primitiven Menschen, die nur mit sich »selbst« sprachen, sich aber noch nicht bewusst waren, dass sie ein »Selbst« hatten, brauchten sie eine Metapher für die Stimmen, die sie hören könnten, und so erfanden sie die Götter, die Engel, die Dämonen und so weiter. Sie alle gingen dem »Bewusstsein« voraus oder spielten in der Antike die Rolle des »Bewusstseins«. Über die bikamerale Psyche schreibt Jaynes: »Wollen, Planung und Handlungsanstoß kommen ohne irgendwelches Bewußtsein zustande und werden sodann dem Individuum fix und fertig in seiner vertrauten Sprache ›mitgeteilt‹. ... Das Individuum gehorcht diesen Stimmen, weil es nicht ›sieht‹, was es von sich aus tun könnte.« Und anderswo schreibt er: »Die Götter waren Organisationstypen des Zentralnervensystems; sie lassen sich als ›personae‹ ... auffassen. ... Die Götter sind – so würden wir es heute ausdrücken – Halluzinationen.« Und abermals anderswo schreibt er, »daß es eine Zeit gegeben hat, in der das menschliche Wesen in zwei Teile zerfiel: einen Lenker und Leiter namens Gott und einen Gefolgsmann namens Mensch. Keiner von beiden hatte Bewußtsein. ... [Der Mensch] müßte auf die bikamerale Stimme warten, mit der seine aufgespeicherte praktische Lebensweisheit ihm ohne Dazwischenkunft von Bewußtsein mitteilen würde, wie er sich zu verhalten hat.«

Doch was hat diese »halluzinierten Stimmen« ausgelöst? Oder anders gefragt: Unter welchen Bedingungen kam der »exekutive« »göttliche« Teil eines alten menschlichen Gehirns dazu, Befehle zu erteilen? Jaynes' Antwort auf diese Frage lautet – »Stress«:

> Wir können annehmen, daß in der Ära der bikameralen Psyche die Streßschwelle zur Halluzinationsauslösung noch weit, weit, niedriger lag als beim Normalmenschen wie auch dem Schizophrenen von heute. Der einzig erforderliche Streß war der, der auftritt, wenn irgend etwas hinzutretend Neuartiges an einer Situation eine Verhaltensänderung notwendig macht. Alles, womit nicht auf habitueller Basis fertig zu werden war, jeder Konflikt zwischen Leistungsanforderung und Erschöpfungsgrad, zwischen Angriffs- und Fluchtneigung, jede Wahl, wem man gehorchen und was man tun solle, kurzum alles, was irgendeine Entscheidung erforderte, reiche aus, um eine Gehörshalluzination zu bewirken.

Ungefähr zweitausend Jahre vor Christus hätte ein Mensch vielleicht keinen Gott nötig gehabt, der ihm sagt, welche Höhle seine Wohnhöhle ist, doch wenn dieser Mensch sich weit weg von seiner Wohnhöhle befand und sich für einen Weg entscheiden musste, der ihn zurück nach Hause führte, war er vielleicht solchem Stress ausgesetzt, dass sich ein Gott melden und für ihn die Entscheidung treffen musste. Das nächste Mal, wenn sich dieser Mensch in der gleichen Situation befände und vor der gleichen Wahl nach dem Weg stünde, wäre ihm die Erinnerung an die vorherige Entscheidung bewusst: Er würde sich erinnern, er würde wissen, ob der Weg, den er zuvor genommen hatte, der richtige war. Das Wissen darüber, welchen Weg er nehmen musste, hätte den Status eines »Wohnhöhlen-Wissens« erlangt – es wäre zu bewusstem Wissen geworden –, und auf diese Weise entwickelte sich aus den zunehmenden Begegnungen mit neuen Bedingungen allmählich das Bewusstsein. Grundlegend für die Entwicklung dieses Bewusstseins war eine Verbesserung der menschlichen Fähigkeit, den Schaden zu erkennen, der durch ihre standardmäßige Unterwerfung unter Befehle verursacht wurde, die zu erfolglosen Ergebnissen führten, was wiederum eine wachsende Bereitschaft hervorbrachte, nicht nur diese, sondern alle »inneren Stimmen« zu hinterfragen und ihnen gar zu widersprechen.

Ungefähr zweitausend Jahre nach Christus erhalten wir andere Befehle, von Quellen, die Namen, Gesichter und Körper haben und die von unserem Bewusstsein beurteilt werden müssen. Sollen wir eine Maske tragen, wenn wir unsere Wohnhöhlen verlassen? Sollten wir Handschuhe tragen, wenn wir die Türklinken in unseren Höhlen anfassen? Und wie steht es mit dem Besuch der Höhlen unserer Freunde? Welche Freunde – und wie kommen wir dorthin? Nach Jaynes sind dies unsere »Stressfaktoren«. Meine Freunde, die mich in ihre Höhlen eingeladen haben, haben vielleicht keinerlei Symptome des Virus. Allerdings sind sie auch nicht getestet worden. Oder die Tests, die sie gemacht haben, waren widersprüchlich. Oder sie waren nicht eindeutig. Oder es waren die falschen Tests. Trotzdem haben sie sich wochen- und monatelang in ihren Höhlen verkrochen. Sie verließen sie nur, um Lebensmittel einzuholen. Im Laden aber trugen sie eine Maske und Handschuhe und desinfizierten all ihre Lebensmittel. Nur ihre Einkaufstaschen haben sie nicht desinfiziert. Oder sie haben ihre Einkaufstaschen weggeworfen und ihre Kleidung in die Wäsche gesteckt und ihre Maske vor den Handschuhen oder ihre Handschuhe vor der Maske ausgezogen und Seife oder Desinfektionsmittel zum Händewaschen verwendet, allerdings die falsche Marke Seife und die falsche Marke Desinfektionsmittel, und obwohl sie ihre Schuhe ausgezogen haben, haben ihre Füße die Matte berührt, auf der ihre Schuhe standen, und das Virus hat die Fußmatte kontaminiert. Meine Freunde werden langsam ungeduldig. Sie wollen nicht mehr, dass ich sie besuchen komme; sie wollen jemand anderen einladen, jemanden, der weniger Angst hat oder einfach weniger zaudert. Oder jemanden, der ein Auto hat und nicht mit der Bahn oder dem Bus fahren muss. Ist es dir recht, wenn ich ein Taxi nehme? Wenn es dir nicht recht ist, kannst du mich dann abholen? Und mich wieder zurückfahren? Oder kann ich einfach bei dir einziehen? Und wenn wir schon dabei sind, macht mich eine bestimmte Blutgruppe immun? Und warum greift »SARS-COV-2«, wie es mittlerweile manchmal genannt wird, im Gegensatz zu »SARS-COV-1« das gesamte Immunsystem an? Was ist eine T-Zelle? Ist ein Protein ein Gen und wo, wann oder wer ist ein Thymus? Ich wünschte, es würde ein Gott auftauchen und mir Befehle erteilen, mir sagen, was richtig und was falsch ist, mir sagen, was ich tun soll. Du sollst die Höhle deiner Freunde besuchen. Du sollst nicht die Höhle deiner Freunde besuchen. Du darfst sie besuchen, jedoch nur in Gruppen von vier oder weniger Personen. Leider sind die einzigen Götter, die in letzter Zeit vor meiner Höhlentür erscheinen – abgesehen vom Paketzustellervolk –, »Experten«, einige von ihnen wohlmeinend, andere nicht, aber alle bringen »Fakten« mit, an deren Bestellung ich mich nicht erinnern kann, Fakten, die mindestens zweideutig sind, wenn sie sich nicht widersprechen (oder umgekehrt), oder Fakten, die sich ändern können.

Jaynes über Prophezeiung:

> Was ein besessener Prophet redet, ist nicht eigentlich hal-
> luziniert, nicht etwas von einem bewußten, halbbewußten
> oder – wie im Fall der eigentlichen bikameralen Psyche –
> nichtbewußten Menschen Gehörtes. Die besessene Rede
> wird äußerlich artikuliert und von anderen gehört. Sie tritt
> nur bei normalerweise bewußten Menschen auf, und zwar
> korrelativ mit Bewußtseinsschwund. Was berechtigt uns
> also dazu, zwischen diesen beiden Phänomenen – den
> Halluzinationen der bikameralen Psyche und der Rede
> von Besessenen – eine Verwandtschaft zu behaupten?

Bittet um Erleuchtung, und es wird euch gegeben (frei nach
Matthäus und Lukas): »Darauf habe ich keine wirklich hieb-
und stichfeste Antwort parat«, schreibt Jaynes. Auf diese
witzige Weise verleugnet ein psychologischer Sucher des
späten letzten Jahrhunderts, der immer noch mehr Akademiker als Mitglied der Gegenkultur war, seinen eigenen Status als Prophet.

Man betrachte mal einen Augenblick das Wort »besses-
sen«; man stecke es sich mal in den Mund, kaue mal drauf
herum (drei Bissen, *be-sess-en*), und dann: schlucken. So geschah es einst mit der Prophezeiung: Jesajas Mund wurde
(wie der Mund Mose) durch die glühenden Kohlen von
einem Altar verbrannt; Gott zwang Hesekiel, eine Schrift-
rolle zu essen, und streckte einen Finger aus, um die Lippen
Jeremias zu bewegen. Ein Prophet ist jemand, der überrum-
pelt, usurpiert, zu einem Medium und dessen Mundwerk zu
einem Sprachrohr gemacht wird. Ein Prophet ist ein Mensch,
der zu viel Bewusstsein besitzt, um nicht zu wissen, dass er

besessen ist, allerdings zu wenig Bewusstsein, um seinen Besitzer als etwas Geringeres denn eine Gottheit anzusehen. Auf die anfänglichen Worte eines Propheten – »Ich sage euch, dass Gott durch mich mit der Stimme spricht, die ihr hört« – folgt traditionell eine Ermahnung, die nicht in der ersten Person Singular des Propheten oder in der dritten Person einer auktorialen Abwesenheit vorgetragen wird, sondern in einer seltsamen Verbindung der beiden, in der zweiten Person Plural: das alles einschließende »Ihr«; ein »Ihr«, das sogar den Sprecher einschließt und dadurch noch geheimnisvoller wirkt. Dies ist das Pronomen, das ich, während ich in meiner Quarantäne Selbstgespräche führte, so gern gehört hätte. Aber stattdessen höre ich immer nur: »Wir sitzen alle im selben Boot.«

Nachdem ich deine E-Mail gelesen hatte, mein lieber Bruder, legte ich mich schlafen. Des Schlafes Bruder ist der Tod, und dann hatte ich einen Traum. Menschen mit Masken und Handschuhen warteten in einer endlos langen Schlange, um durch eine perlenbewehrte Pforte eine Einrichtung zu betreten, die nicht dafür ausgestattet war, so viele von ihnen auf einmal einzulassen. Es herrschte Chaos. Die Menschen weinten, sie bekamen Anfälle. Drinnen hetzten Engel mit Kitteln über ihren Flügeln umher, maßen Fieber und versuchten, leere Betten zu finden, und ab und zu streckten sie in völliger Verzweiflung ihre Köpfe mitsamt den Heiligenscheinen aus dem Fenster raus und schrien in ihrer Nichtsprache auf die runde, sich drehende Erde herab: »Bleibt zu Hause ... gebt auf euch Acht ... stoppt die Ausbreitung ... flacht die Kurve ab.«

(2020)

Der allerletzte Sommer:
Über Donald Trump und den Untergang
von Atlantic City

Die Gesellschaftsordnungen, die sich in Casino-Hotel-Ressorts metaphorisch ausdrücken, sind in der Regel keine Demokratien, sondern Oligarchien, Autokratien, Monarchien sowie jene Imperien, die Afrika und Asien verschlungen haben. Wie das pharaonische Ägypten, das Venedig der Dogenzeit, das kaiserliche Rom oder das indische Mogulreich. In Atlantic City stehen Inkarnationen der beiden letzteren – Caesars Atlantic City und das Trump Taj Mahal –, wobei das Taj das letzte Gebäude in der Stadt ist, das noch den Namen des republikanischen Kandidaten trägt, auch wenn es eigentlich dem Hedgefondsmanager-Zar Carl Icahn gehört, der auch das Tropicana besitzt, eine zerbröckelnde Anhäufung, die der Casa de Justicia einer chaotischen Bananenrepublik nachempfunden ist. Je schlimmer das Regime, desto größer die Wahrscheinlichkeit, dass seine Schimäre überdauert. Das Revel in Atlantic City, eine gewaltige, flossenförmige Erektion – pardon, Konstruktion – aus Beton, Stahl und Glas, die rund 2,4 Milliarden Dollar gekostet hat, wurde 2012 eröffnet und 2014 wieder geschlossen; das zeigt, dass ein abstraktes Substantiv, Verb oder ein abstrakter Imperativ auf der Suche nach einem Ausrufezeichen (*Revel!* – feiert die Feste, wie sie fallen!) nicht dasselbe Verfallsdatum hat wie eine untergegangene Meuchelkultur.

Heute gehören die falschen Ruinen von Rom und Indien zu den saubersten und sichersten Zufluchtsorten, die man in den echten Ruinen von Atlantic City finden kann – einer sterbenden Stadt, die nur für den Sommer lebt. Als ich dorthin, zu meiner dortigen Familie, zurückkehrte, fragte ich mich, ob dieser Sommer mein letzter sein würde oder der letzte der Stadt – oder beides.

Da Atlantic City schon so lange unter Medienbeschuss steht, dass ich mich gut erinnern kann, wie beinahe jeder Sommer der sechzehn Jahre, die ich dort verbracht habe, von irgendjemandem als »entscheidend«, »folgenschwer«, »endgültig« oder als »der letzte« bezeichnet wurde, könnten vor allem andere Bewohner des Jersey Shore meine Befürchtung unverantwortlich und gar idiotisch finden – deshalb hier zur Klarstellung: Ich will damit nicht sagen, dass ich glaubte, die Stadt würde nach diesem Sommer voller großem Medieninteresse, aber wenig neuem Geld niederbrennen, oder der Atlantische Ozean würde sich endlich aufbäumen und sie verschlucken. Ich glaubte bloß, dass die Pechsträhne der Stadt bis zum Labor Day abreißen und etwas noch viel Schlimmeres kommen, sich aber niemand dafür interessieren würde.

Nach der Legalisierung indigener Stammes- sowie Nicht-Stammes-Casinos in den 1990er Jahren in Connecticut und in Pennsylvania in den 2000ern, nach der Legalisierung von Stammes-Casinos im Bundesstaat New York in den 90ern und von Nicht-Stammes-Casinos in den 2010er Jahren, nach den Schäden, die der Hurrikan Sandy 2012 in der Stadt angerichtet hat, und nach all den unzähligen, immer noch andauernden Verwüstungen der sogenannten Weltfinanzkrise, die 2014 zur Schließung von vier Casinos der Stadt führte (das Revel, das Showboat, der Atlantic Club und das Trump

Plaza), wodurch Atlantic City zwischen dem vierten Quartal 2014 und heute landesweit die höchste Rate an Zwangsversteigerungen aller städtischen Gebiete aufwies, fühlte sich dieser Sommer – der Sommer 2016 – jetzt schon an wie ein finsterer Herbst. Vielleicht würde es nicht der letzte Sommer werden, in dem die Restaurants White House Subs oder Chef Vola's noch Essen servieren, doch es könnte durchaus der letzte Sommer sein, in dem ich mich als zurechnungsfähiger, unbewaffneter und relativ friedfertiger Mensch immer noch dabei wohlfühle, diese Restaurants zu Fuß aufzusuchen, um ein Käsesteak oder Veal Parmigiana zu essen – denn ich müsste die Treppe vom überbeleuchteten Boardwalk hinunter zu den unterbeleuchteten Straßen einer Stadt nehmen, die offiziell zur gefährlichsten Stadt New Jerseys geworden ist, seit Camden seine Kriminalitätsstatistiken nicht mehr ans FBI meldet. Mir kam der Gedanke, dass meine Eltern, wenn und falls AC jemals wieder besuchbar oder genießbar sein sollte, sich bis dahin wahrscheinlich ins südliche Cape May zurückgezogen haben und die wenigen meiner Bekannten, die noch auf Absecon Island leben – der Insel, deren nördlichste Stadt AC ist –, wahrscheinlich weggezogen sein werden.

Doch was mich letztlich davon überzeugt hat, dass AC – dessen historischer Zyklus von Auf- und Abschwung sich jedes Jahr im Zyklus von »Haupt-« und »Nebensaison« wiederholt – nie mehr so (oder auch nur so ähnlich) wie früher sein würde, war das perfekte Zusammentreffen einiger vielleicht zusammenhängender, vielleicht aber auch unzusammenhängender Ereignisse.

Erstens: die Haushaltsfrist: Wenn AC bis zum 24. Oktober keinen ausgeglichenen Haushalt zur Genehmigung durch den Bundesstaat vorlegen konnte – und die meisten Einwohner hier waren davon überzeugt, dass dies weder möglich war noch von Gouverneur Chris Christie zugelassen würde –, dann würde der Bundesstaat New Jersey die Kontrolle über alle Ämter und Tätigkeiten der Stadt übernehmen und etwas einläuten, was der Bürgermeister von AC, Don Guardian (und mit ihm die ACLU und die NAACP), als verfassungswidrige Übernahme der Stadtverwaltung betrachtet. Sollte es dazu kommen, dann wäre AC die erste Stadt in der Geschichte Jerseys, die von Trenton aus verwaltet würde (abgesehen von Trenton). Der Bundesstaat hätte die Befugnis, alle Verträge von AC neu zu verhandeln, einschließlich der Gewerkschaftsverträge, und die Vermögenswerte der Stadt zu privatisieren (sprich: zu verscherbeln), etwa die Wasserwerke, die Atlantic City Municipal Utilities Authority, und den stillgelegten Flughafen Bader Field, und zwar in der Hoffnung, die Schulden der Stadt in Höhe von 550 Millionen Dollar zu begleichen und das Haushaltsdefizit von 100 Millionen Dollar zu verringern.

Zweitens: die Volksabstimmung: Am 8. November, zwei Wochen und einen Tag nach dieser wahrscheinlichen Übernahme durch den Bundesstaat, gehen die Wählerinnen und Wähler von Jersey an die Urnen, um zu entscheiden, ob sie dem »New Jersey Casino Expansion Amendment« zustimmen oder nicht. Es zielt darauf ab, das Glücksspiel – das bisher auf Atlantic County beschränkt war – auf zwei andere Bezirke von Jersey auszudehnen, die geeignete Casinostandorte darstellen könnten, allerdings mindestens 72 Meilen von AC entfernt sind. Wird der Antrag zur Änderung der Staatsverfassung angenommen – und zum Zeitpunkt dieses Essays liegt die Wahrscheinlichkeit wohl bei 50:50 –, dann mache man sich bitte gefasst auf grandiose Eröffnungsfeiern für Casinos in den Meadowlands. Die dahinterstehende Logik besagt, dass AC in den letzten zehn Jahren bereits etwa 2,5 Milliarden Dollar an Glücksspieleinnahmen an die Nachbarstaaten verloren hat und es nur eine Frage der Zeit ist, bis irgendeine geschäftstüchtige Arschgeige ein Wettbüro in Manhattan eröffnet; die Errichtung neuer Casinos im Norden auf der Jersey-Seite des Hudson könnte das verhindern. Vielleicht aber auch nicht – auf jeden Fall würde es dafür sorgen, dass die Bürgerinnen und Bürger der größten Stadt des Staates nicht mehr fast zweieinhalb Stunden in einem Greyhound-Bus mit defekter Toilette hocken oder fast drei Stunden in einem Amtrak-Zug herumgurken, der aufgrund von Gleismängeln über Philadelphia umgeleitet werden muss, nur um endlich ihr letztes Hemd zu verspielen.

Natürlich sollte der 8. November auch noch eine weitere Entscheidung mit sich bringen, und zwar nicht nur für New Jersey.

Ich rief Mom und Dad an, tankte das Auto auf und verließ New York über den Turnpike (Ausfahrt 11) und den Parkway (Ausfahrt 38) zum AC Expressway. Es war kein Verkehr.

•

Damals in den (Bill-)Clinton-Neunzigern, als die Reklametafeln, die den Expressway sowie die Black Horse und die White Horse Pike flankierten, noch nicht bis auf die Gerüste entblößt oder auf den bloßen Spruch HIER-KÖNNTE-IHRE-WERBUNG-STEHEN geschrumpft waren, als mein Vater sein Geld damit verdiente, die Casinos zu verklagen, und meine Mutter ihres damit, südasiatischen Eingewanderten, die in den Casinos arbeiteten, Nachhilfe in Akzentreduzierung zu erteilen, als die Freunde und Kolleginnen meiner Eltern und so ziemlich alle anderen Erwachsenen, die sich in der Synagoge links und rechts, vor und hinter mir verbeugten, entweder in der Casinoregulierung (für die staatliche Aufsichtsbehörde oder die Glücksspielkontrollabteilung) oder in der Casinoverwaltung arbeiteten (ihre Spielhallen, Speisen und Getränke und Abendunterhaltung) oder Waren und Dienstleistungen für die Casinos lieferten (Eis, Bettwäsche, Abfallentsorgung), blieb AC – die Stadt selbst – für mich ein Rätsel, ein Paradox. Es war ein Ort, an dem jeder seinen Lebensunterhalt verdiente, an dem aber niemand gerne ein Leben führte. Ein Ort der Fantasie (Stripperinnen!) und doch voller verwirrender Einschränkungen (man kann rund um die Uhr Alkohol in Geschäften und Bars kaufen, allerdings nicht in den Stripclubs selbst, auch wenn man in diese seinen eigenen Alkohol mitbringen kann!).

Für mich als Teenager bestand Atlantic City aus der zwei Dutzend Blocks langen Strandpromenade, dem Boardwalk, und zwei größeren, wenn auch schmutzigeren Straßen, der Atlantic und der Pacific Avenue, wo ich mich zum Spaß oder zum Schabernack herumtrieb, bevor ich mich auf den Weg zu den weniger überfüllten, weniger verschmutzten Stränden oder nach Hause machte – und dabei unternahm ich in einer einzigen Wochenendnacht die gleiche Reise, die die meisten mir bekannten Erwachsenen an jedem Wochentag machten: zwischen AC (39 260 Einwohner) und den *weißeren*, wohlhabenderen Downbeach-Siedlungen von Absecon Island oder zwischen AC und dem *weißeren*, wohlhabenderen Festland. Die Erwachsenen fuhren nur zur Arbeit; ihre Kinder – oder besser spreche ich hier nur für mich selbst – hatten Drogen zu kaufen und Mädchen zu treffen.

Auch ich war einmal Angestellter in einem Casino, allerdings erst, als ich ganz sicher war, dass ich aus Atlantic City weggehen würde. Im Sommer 1998, dem Sommer zwischen der High School und dem College, arbeitete ich im Resorts, einem Casino, dem der besitzanzeigende Apostroph fehlte – es hieß eben nicht Resort's –, vermutlich um weniger besitzergreifend zu wirken, was meine Zeit und das Geld der Kunden betraf. Ich war Münzkassierer, und meine Aufgabe bestand darin, im Smoking in einer unerträglich grellen und lauten Gitterzelle herumzustehen, die mit einer winzigen Fläche aus Kunstmarmor ausgestattet war (weil Marmorierung den Schmutz tarnt und Bargeld schmutzig ist), und durch eine kleine runde Öffnung reichten mir die Automatenzocker ihre Eimer, weiße Plastiktröge, auf denen das Resorts-Logo prangte und die vollgefüllt waren mit ihren Gewinnen. Ich schüttete den Schatz jedes Eimers in den Wirbelschlund meines automatischen Münzzählers, der das Hartgeld zusammenzählte, aber auch separierte, bevor die Fünfer und Vierteldollar – die bevorzugten Stückelungen an den Spielautomaten – in riesige Plastiktüten geleert wurden, die wie die aufgeblähten Schlünde von Pelikanen über dem Boden hingen. Ich las die Gesamtsumme von der Anzeige des Schalters ab und zahlte den Spielerinnen und Spielern die ihnen zustehenden Beträge in der von ihnen gewünschten Form aus: in Scheinen oder – und dazu sollte ich ermutigen – in Jetons, die damals als die einfachste Ersatzwährung galten, da sie von den Zockenden sofort wieder in Umlauf gebracht und also verloren werden konnten. Mit der Einführung neuer Selbstbedienungsautomaten, die keine Münzen mehr annahmen oder auszahlten, sondern vom Casino ausgegebene Kreditkarten akzeptierten und Gewinne auf sie übertrugen, sollte dieses Fiatgeld bald gänzlich aus dem Automatenbereich verschwinden. Zu diesem Zeitpunkt, Mitte der 2000er Jahre, verschwand der ehrenwerte Beruf des Münzkassierers ganz einfach, gerade so wie der des Hufschmieds (der jetzt nur noch im Bally's Wild Wild West Casino für Fotos posierte) und der des Riverboat-Kapitäns (der jetzt nur noch im Showboat für Fotos posierte).

Was ich aber erwähnen sollte: Bevor die Casinos die Münzen völlig abschafften und wir Münzkassierer durch Selbstbedienungsautomaten ersetzt wurden, verbrachten wir alle unsere Schichten damit, unsere kleineren Automaten zu warten und zu versuchen, sie zu reinigen – vor allem in den Nachtschichten, weil immer mehr Spielerinnen mit Eimern hereinkamen, die sie als Aschenbecher benutzten, sodass ihr Münzgeld mit Kippen durchsetzt war (2008 wurde das Rauchen verboten), und weil immer mehr Spieler, die zu spät fürs Abendbuffet, aber zu früh fürs Frühstücksbuffet waren, mit Eimern voller Fast Food ins Casino kamen, die sie anschließend als Behälter für ihre Jackpots recycelten. Sie hockten vor den Spielautomaten, zogen an den Hebeln oder drückten auf die Knöpfe, während sie in ihren Eimern nach gebratenen Hähnchenschenkeln oder BBQ-Rippchen fischten und das daran festklebende Metall abschüttelten, bevor sie sich ihre Snacks einverleibten. Die Kassierer waren darauf geschult, hier Abhilfe zu schaffen, und so wurde von ihnen erwartet, dass sie die Gewinne nach Knochen, verbrannten Fleisch- und Hautfetzen sowie Panade absuchten und die Eindringlinge entfernten. Dies waren die einfachsten Dinge, die einfachsten Fremdkörper, auf die man achten musste, vor allem, weil sie in Eimern von KFC oder in Schaumstoffschalen von Burger King oder McDonald's daherkamen. Andere Behältnisse, wie Schuhkartons oder Rucksäcke, waren schwieriger zu überwachen, und wenn ich in der überklimatisierten Hitze des Gefechts und unter dem verbalen Beschuss einer endlosen Schlange betrunkener Zombies irgendwas übersah, irgendeinen Nicht-Münzartikel – vor allem, wenn mir irgendetwas Größeres durch die Lappen ging, das am Boden vergraben war, wie ein Handy oder eine Armbanduhr oder ein Notfallarmband –, dann würde dies sich (normalerweise) dadurch bemerkbar machen, dass es den Zähler blockierte, und wenn ich den Stau beseitigte, würde (normalerweise) die Gesamtsumme auf Null zurückspringen, und in diesem Fall müsste ich den Höchstbetrag einer Vierteltüte auszahlen: $ 100. Es liegt also auf der Hand, dass ein Automatenzombie, der oder die nicht ganz 100 Dollar gewonnen hatte, ein Interesse daran besaß, dass sich unter dem Münzgeld immer etwas Besteck, ein Ersatzschlüssel oder sonstiges Sabotagezeugs befanden. Natürlich kannten auch die Casinos diesen Trick, und wir Münzkassierer wussten, dass wir dafür verantwortlich waren, ihn zu entlarven – dass wir von allen möglichen Seiten mit Kameras überwacht wurden und deshalb diszipliniert oder gar entlassen werden konnten, wenn wir uns austricksen ließen. Aber trotzdem: Ich wollte im Herbst aufs College gehen, und es gab Mitternachtsstunden, es gab Morgenstunden, in denen ich blutige Pflaster fand. Nach so gut wie keiner Schicht stimmten meine Summen überein, der Betrag an Münzen, den ich eingenommen hatte, war immer deutlich geringer als der Betrag an Scheinen und Jetons, die ich aus meinen Schubladen ausbezahlt hatte, weil ich immer wieder die schwarzen 100-Dollar-Jetons oder, noch häufiger, die neuen festen Franklins ausgeben musste. Obwohl ich ungern einen Typen aus Philly bemühe, hat es Benjamin Franklin am besten ausgedrückt: »Nachlässigkeit ist demjenigen eigen, der nicht von seiner Sorgfalt oder seinem Fleiß profitiert.«

In den Pausen aß ich im Resorts-Keller am Buffet für die Angestellten – das »gratis« war, weil dafür die Reste von den Kundenbuffets zum Einsatz kamen –, und nach Schichtende hing ich mit den beiden einzigen Kassierern in meinem Alter ab, den beiden einzigen, die nach dem Ausstempeln nicht gleich zum Billigbus nach Hause rannten. Alle übrigen, mit denen ich zusammenarbeitete, waren älter – nette Leute, Familienleute, Eingewanderte oder Kinder von Eingewanderten aus Indien, Pakistan, Bangladesch, Vietnam und Thailand, die ihre kostbare Freizeit nicht damit vergeuden wollten, sich mit pickelbackigen *weißen* Kollegen bei Tony's Pizza darüber zu streiten, was nun besser ist: Handjobs oder Wichsen.

In manchen Nächten verprasste ich meinen gesamten Verdienst im AC Dolls oder im Bare Exposure (das sich rätselhafterweise oder vielleicht aufgrund irgendeiner Zwangsanordnung einmal kurz Bare Exposures nannte). In manchen Nächten verprasste ich nur die Hälfte meines Verdienstes für ein Zimmer über dem Chelsea oder im El Rancho (dem einzigen Motel, in dem ich nie nach meinem Ausweis gefragt wurde und das heute köstlicherweise Passport Inn heißt) – aus dem Zimmer rief ich dann ein paar Freunde an, die vorbeikamen und mit mir tranken und kifften; aus dem Zimmer rief ich dann ein paar Freundinnen an, die nie vorbeikamen.

Das sind meine Erinnerungen, oder zumindest die, die ich bei Leuten in New York und anderen Städten, in denen ich gelebt habe, wie Cocktailwürstchen rumreichte, wann immer sich die Frage ergab, woher ich komme, und ich geantwortet habe, aus Atlantic City, und sie dann sagten: »Hey, das muss ja interessant gewesen sein« oder »Wow, das muss ja verrückt gewesen sein.« Mit zunehmendem Alter und nachdem ich mich an Umstände gewöhnt hatte, die ich mir als Kind vom Jersey Shore nie hätte erträumen lassen (in Europa! mit einer Freundin! als Journalist! als Romanautor!), wurde mir klar, dass ich ungewollt selbst ihre Perspektive übernommen hatte – das Gefühl, dass der Jersey Shore im Allgemeinen und AC im Speziellen seltsam, ja sogar freakig sind – und so machte ich es mir zur Gewohnheit, nur die Extreme auszuplaudern beziehungsweise aufzuführen. Ich beglückte das, was ich für mein kultivierteres Publikum hielt, nur mit den haarsträubendsten Anekdoten über meine dortige Unreife, und ich erwähnte zum Beispiel nie, dass ich auf der besonders guten jüdischen Schule der Insel und nicht in dem besonders schlechten, ethnisch spannungsreichen öffentlichen Schulsystem unterrichtet wurde und dass meine Eltern freundliche, angenehme, großzügige, intellektuelle Menschen waren – und sind –, die sich nicht immer zu 100 Prozent bewusst waren – weil ich nicht immer zu 100 Prozent ehrlich war –, welchen Mist ich nach Feierabend so anstellte.

Nun, da ich in die Stadt zurückgekehrt bin – die die Handelskammer von AC einst als »Amerikas Spielwiese« bezeichnete und heute mit deprimierender Geringschätzung als »Entertainment-Hauptstadt des Jersey Shore« bezeichnet –, stelle ich fest, dass sich meine Gefühle umgekehrt haben. Was ich bis dahin als einen abgedrehten, hedonistischen Ausnahmeort betrachtet hatte, einen restlos, ja sogar maßlos unvergleichlichen Ort, erschien mir jetzt als überhaupt nicht außergewöhnlich, sondern als sinnbildlich, nicht nur für den Rest des Staates, sondern für den Rest des Landes, vor dessen Küste es schwimmt. Die Stadt meiner Jugend war mir im Sommer wie eine Flunder vorgekommen, dieser Bastard unter den Plattfischen, den die einheimischen Fischer »fluke« nennen, was auf Englisch auch Glücksfall bedeutet. Das AC von 2016 hingegen erschien mir wie Amerikas Bugreiter: wie die Kapitäne hier die Delfine nennen, die wie Herolde vor ihren Booten herschwimmen und auf dem Kielwasser ihrer Boote reiten.

•

Ich habe diese Gezeitenwende zum ersten Mal im letzten Herbst bemerkt, als ein bestimmter Typus von rotgesichtigem, übergewichtigem »Komm mir nicht in die Quere«-Proll aus New Jersey / New York unsere nationale Politik beherrschte. Sowohl über Donald Trump als auch über Chris Christie wurde in meiner Familie ununterbrochen geredet – über Trump bereits, bevor ich überhaupt im Mutterleib war, und über Christie, seit George W. Bush ihn 2001 zum Staatsanwalt von New Jersey gemacht hat, dann aber vor allem, seit er 2010 Gouverneur unseres Bundesstaats wurde. Aber erst nachdem ich während der republikanischen Vorwahlen 2016 ihre schulhofhaften Pimmelvergleiche durchlitten hatte, wurde mir allmählich klar, wie ähnlich sie sich waren, wie ähnlich in ihrer Persönlichkeit und in ihrem salbungsvollen, unaufrichtigen Stil. Wenn ich ihre toxische Ähnlichkeit nicht auf Anhieb erkannt hatte, dann nur, weil sie auf unterschiedlichen Spielplätzen ihr Unwesen trieben: Trump war nominell immer im privaten Sektor tätig und trug die bessere oder einfach bekanntere Marke zur Schau; Christie war nominell immer im öffentlichen Sektor

tätig und ein gewählter Beamter, der sich nach höheren Maß-
stäben messen lassen musste. Die laufenden Ermittlungen
der US-Börsenaufsicht SEC, des Kongresses und des Bundesstaates New Jersey wegen der angeblichen Veruntreuung
von Geldern der Hafenbehörde durch Christie, wegen der
angeblichen Bereitstellung von Nothilfegeldern des Bundes
für die von Hurrikan Sandy betroffenen Städte Jerseys, die
er von der Unterstützung der Stadtregierung bei Initiativen
des Bundesstaates abhängig machte, obwohl sie in keinerlei
Zusammenhang mit dem Hurrikan standen, und zuletzt
wegen der angeblichen Schließung der George-Washington-
Brücke als politischer Vergeltungsakt gegen den Bürgermeister von Fort Lee und der damit verbundenen Sperrung
einer Hauptverkehrsader von Manhattan – all dies wird ihn
vermutlich über das Ende seiner Amtszeit im Jahr 2018 hinaus verfolgen. Jerseys Gouverneur war schon immer ein
derartig komplettes Arschloch, dass mich im letzten Frühjahr nicht Trumps Auftauchen als Spitzenkandidat der
Grand Old Party am meisten verblüfft hat, sondern Christies pflichtbewusster Rückzug aus dem Rennen, um Trump
zu unterstützen. Selbst nachdem Trump ihn als Vizepräsident übergangen hatte, nahm er eine Rolle ein, die ungefähr
in der Mitte angesiedelt war zwischen einem Lustknaben-
Knecht und einem Handlanger-Kapo, der die Zielscheibe von
Trumps beleidigenden Dickenwitzen und der Laufbursche
für seine Milchshakes und Pommes war.

Die republikanischen Vorwahldebatten markierten den
im Fernsehen übertragenen Niedergang ihrer Freundschaft –
oder was auch immer Freundschaft in der Politik eben bedeuten kann –, die erst 2002 ihren Anfang genommen hatte,
als Trumps Schwester Maryanne Trump Barry, damals Rich-

terin am US-Berufungsgericht für den dritten Gerichtsbezirk in Philadelphia, die von Bill Clinton für diese Position nominiert worden war, ihren Bruder mit dem Gouverneur bekanntmachte. Die Christies wurden zu Trumps dritter Hochzeit mit Melania eingeladen; die Trumps wurden zu Christies erster Amtseinführung eingeladen. Ein Jahr nach Beginn von Christies erster Amtszeit und sechs Jahre nachdem der Staat New Jersey damit begonnen hatte, die von Trumps Casinos geschuldeten Steuernachzahlungen in Höhe von fast 30 Millionen Dollar einzutreiben, änderte der Staat plötzlich seinen Kurs und begnügte sich mit 5 Millionen Dollar. Trump trug einen äußerst bescheidenen Teil des von ihm gesparten Geldes zur Restaurierung von New Jerseys historischem Gouverneurssitz Drumthwacket bei. New Jerseys fast wundersamer Steuererlass muss genauso verstanden werden wie die fast wundersame Unterwürfigkeit seines Gouverneurs: Beides sind keine Beweise für Trumps meisterhafte Überlistungskunst, sondern eher für Christies Feigherzigkeit. Um Teil des Siegerteams zu bleiben, würde Christie alles tun. Wenn er nicht Präsident oder Vizepräsident werden kann, bewirbt er sich eben als Stabschef oder Generalstaatsanwalt, oder er ist auch einfach glücklich über eine schicke Trump-Tasche mit Monogramm, vollgestopft mit Trump-Mütze, Trump-Steaks und Trump-Wein. Christie ist nicht nur unfähig, ihm gehen auch die Optionen aus: Von seiner Partei ist nicht mehr viel übrig, auf das er eindreschen könnte. Früher war Politik (Haushaltssitzungen im State House in Trenton) etwas anderes als Entertainment (*The Celebrity Apprentice* auf allen Kanälen), aber das ist vorbei. Christie scheint neidisch auf Trump zu sein, nicht nur auf seinen finanziellen Erfolg oder seine Nominierung, sondern darauf, wie gut und rücksichtslos Trump als ehemaliger / amtierender Reality-TV-Star darin ist, zu lügen. Christie konnte immer schon ignorieren, blockieren oder penibel vertuschen. Trump hingegen muss seine Unwahrheiten so unverhohlen und dreist wie möglich verbreiten, um weiterhin kostenlose Sendezeit bei den Kabelsendern und Radiosendern zu erhalten, deren Einschaltquoten und Werbeeinnahmen dementsprechend – unverhohlen und dreist – in die Höhe schnellen.

Für mich war Trump immer ein Dummschwätzer, ein Hochstapler, ein Großmaul: ein Hanswurst mit Zuckerwattefrisur, der zu spät zur AC-Party kam und sie früh und als ein Scherbenhaufen zurückließ. Für meine Eltern und ihre Gleichgesinnten stellte der republikanische Kandidat eine noch üblere Spielart dar: Für sie war er der klassische unehrliche Klient und unfähige Chef. Ich verbrachte mein erstes Wochenende in AC damit, meine Eltern zu überreden, mich ihren Casinofreunden, Bekannten und Kolleginnen vorzustellen oder wieder vorzustellen, und ich verbrachte meine erste Woche damit, vielen kritischen und konsternierten Erwachsenen meine Anwesenheit zu erklären, Leuten, die mich nicht mehr aus meiner Kindheit kannten, Leuten, die ich nicht mehr aus meiner Kindheit kannte, und Fremden sowie allen und jedem, der sich die Zeit nahm, mit mir über Trump zu sprechen. Das Wort, das ich am häufigsten in Bezug auf den GOP-Kandidaten gehört habe – von Steven Perskie, dem ehemaligen Abgeordneten und Senator des Bundesstaats New Jersey, der 1976 mit seinem Referendum zur Einführung von Casinos in AC beigetragen hat, von Nelson Johnson, dem Richter am Obersten Gerichtshof von New Jersey, der die Buchvorlage für *Boardwalk Empire* geschrieben hat, von Don Guardian, einem der wenigen Bürgermeister von AC, der zu meinen Lebzeiten nicht wegen Korruption angeklagt wurde, von Ibrahim Abdali und seinem Cousin, der sich nur als Mohammed zu erkennen gab, zwei afghanischen Flüchtlingen, die auf dem Boardwalk Pfeifen, Bongs und Kampfsportwaffen verhökern –, das Wort, das ich am häufigsten hörte, war »Versager«.

In allen Berichten über Trump, die mir in AC zu Ohren kamen, wurde ein Mann beschrieben, der im Geschäftsleben so außerordentlich stümperte, dass er sich gezwungen sah, vom Bau von Casinos auf die bloße Kennzeichnung von Casinos mit seinem Namen umzusteigen, jenem polysemischen Pentagrammaton, dessen Verwendung er von seinen Geschäftspartnern erst verlangte und sie dann verklagte, damit sie es wieder entfernten, sobald die maroden Immobilien zu einer Belastung wurden. In den 1980er und 1990er Jahren machten die Casinos, mit denen Trump in Verbindung stand, zwischen einem Viertel und einem Drittel der Glücksspielindustrie von AC aus. Das '81 gegründete Playboy Hotel und Casino, das '84 in Atlantis umbenannt wurde und '85 bankrott ging, wurde '89 von Trump erworben und in Trump Regency umgetauft; '96 benannte er es erneut um in Trump's World's Fair, '99 wurde es geschlossen und 2000 abgerissen. Das Trump Castle, das '85 in Kooperation mit der Hilton-Kette entstand, wurde '97 in Trump Marina umbenannt, 2011 mit Verlust an Landry's Inc. verkauft und wird nun von Landry's als Golden Nugget betrieben. Das Trump Plaza, das 1984 in Zusammenarbeit mit Harrah's erbaut wurde, ging 2014 Konkurs und wurde geschlossen und modert jetzt nur noch vor sich hin.

Und dann ist da ja noch das Trump Taj Mahal, das Trump

1990 mit Hilfe von Resorts International auf so wackeligen und fahrlässigen Finanzfüßen erbaute, dass er bis zum Ende des Jahrzehnts mehr als 3,4 Milliarden Dollar Schulden angehäuft hatte, darunter geschäftliche (vor allem hochverzinsliche Ramschanleihen) und persönliche Schulden, die er alle in einen Topf warf. Indem er seine Schulden unter der Schirmherrschaft eines börsennotierten Unternehmens, Trump Hotels & Casino Resorts, konsolidierte, lud er all seine Lasten auf den Rücken seiner Aktionäre ab, während er seine Casinoeinnahmen weiterhin als Gewinne behandelte, die er ausschlachten und in New York reinvestieren konnte. Selbst als Trump Hotels & Casino Resorts bis in die späten 90er Jahre durchschnittlich 49 Millionen Dollar pro Jahr verlor, selbst als der Aktienkurs des Unternehmens bis Anfang der 2000er Jahre von 35 Dollar auf 0,17 Dollar einbrach, erhielt Trump weiterhin ein Gehalt in Millionenhöhe, ganz zu schweigen von den Boni und den Geldern, die seine persönlich gehaltenen Unternehmen aus der Vermietung von Büroräumen im Trump Tower in Manhattan und der Anmietung von Trump-Shuttle-Hubschraubern und Trump-Airlines-Flugzeugen für Showroom-Promis und betuchte Glücksspieler einsackten. Trump Hotels & Casino Resorts ging 2004 schließlich pleite und kehrte im Zuge seiner Umstrukturierung als Trump Entertainment Resorts zurück, das selbst wiederum 2014 pleite ging und an Icahn Enterprises verkauft wurde, dessen Tochtergesellschaft Tropicana Entertainment Inc. das Taj in ein 100-Millionen-Dollar-Loch verwandelt hat. Carl Icahn, der Vorsitzende des Konglomerats, war einst ein misstrauischer Widersacher, der Trump heute allerdings unterstützt, auch wenn er Trumps Angebot, der nächste Finanzminister zu werden, abgelehnt hat: »Ich fühle mich geschmeichelt, aber ich stehe morgens nicht früh genug auf, um diese Gelegenheit wahrzunehmen.«

Am 1. Juli, auf dem Höhepunkt der Hauptsaison, streikten die gewerkschaftlich organisierten Mitarbeiter von UNITE HERE Local 54 und forderten eine Lohnerhöhung sowie die Wiedereinführung von Gesundheits- und Rentenleistungen, die bei der Eigentumsübertragung ausgesetzt worden waren. Verhandlungen wurden nie anberaumt; Icahn und die Gewerkschaft konnten sich weder auf einen Verhandlungsort, geschweige denn auf eine Tagesordnung einigen. Anfang August ließ Icahn verlauten, dass er das Taj nach dem Labor Day schließen würde. Und so wurde die Herbstprognose immer düsterer und verhieß den Verlust des bekanntesten Casinos der Stadt sowie von mehr als 2 800 Arbeitsplätzen.

Über den Niedergang des Taj berichteten die *New York Times* und die *Washington Post* den ganzen Sommer über in Artikeln, die sich um die Analyse von Trumps Finanzen drehten. Diese Artikel, wie auch die darin dokumentierten Praktiken der fremdfinanzierten Verschuldung, waren virtuose Glanzstücke, da sie ohne Zugang zu den Steuererklärungen des Kandidaten recherchiert wurden. Aber die Lektüre der Artikel verursachte Kopfschmerzen: All diese Kredite, Zahlungsausfälle und kaputten Briefkastenfirmen nachzuvollziehen, war wie ein Abzählen des Strandes, Sandkorn für Sandkorn.

Das Hauptproblem, das ich mit diesem überregionalen Finanzjournalismus hatte, war jedoch, dass es sich um Finanzjournalismus handelte: Keine der unvoreingenommen ermittelten Summen konnte Trumps Schäbigkeit erklären – diese kleinkarierte, abscheuliche Schurkerei, die mir beschrieben wurde, als ich mich nach einem Ort zum Schreiben umschaute.

Da meine Eltern mein altes Schlafzimmer zu einem Raum mit verstaubten, unbenutzten Fitnessgeräten umgestaltet hatten und da es in AC keine gemütlichen Cafés oder Buchläden gibt und die öffentliche Bibliothek nur von 9 bis 17 Uhr geöffnet ist, überredete ich meinen Onkel, mir einen Schlüssel zum Büro eines seiner Unternehmen zu geben, Fishermen's Energy, einem Konsortium von Berufsfischern, die versuchen, vor AC den ersten Offshore-Windpark von New Jersey zu errichten. Bei dem Gebäude handelte es sich um das Professional Arts Building, das in den 1920er Jahren erbaut worden war und dies auch gern zur Schau stellte; der Blick aus den Fenstern ging aufs Resorts. Ich machte mich im Konferenzraum breit, direkt neben den Arbeitsplätzen der drei Angestellten meines Onkels, die angesichts des Desinteresses von New Jersey an erneuerbaren Energien nicht viel zu tun hatten – oder, um es positiv auszudrücken, die gelegentlich Lust zum Plaudern hatten.

Die Rezeptionistin, Karen Carpinelli, hatte zuvor für einen familiengeführten Hersteller von Neonreklameschildern in Atlantic County gearbeitet, der nun für Trump tätig war – Trump zog es vor, mit familiengeführten Firmen zusammenzuarbeiten, weil diese sich leichter ausnutzen lassen. Immer wieder zahlte Trump einfach nicht die vollen Beträge, die er schuldete, was den Schilderhersteller dazu zwang, die Preise zu erhöhen: Offenbar spielten die Gesamtsummen keine Rolle, sondern nur die Rabatte, und wenn Trump überhaupt zahlte, war es in der Regel die Hälfte dessen, was sie ihm in Rechnung gestellt hatten. Der Projektleiter von Fishermen's Energy, Tim Axelsson, der aus einer angesehenen Fischerfamilie in Cape May stammt, erzählte mir, wie Trump 1988 vorhatte, zum ersten Mal mit der *Trump Princess,* einer 29-Millionen-Dollar-Jacht, die früher dem Sultan von Brunei und davor dem saudischen Waffenhändler Adnan Khashoggi gehörte, in AC einzulaufen. Die *Princess* war als eine der größten Jachten der Welt allerdings zu groß für die Fahrrinne, was zur Folge hatte, dass Trump dafür zahlte, die Fahrrinne ausbaggern zu lassen, wozu es auch kam, und zwar ohne dass irgendwelche Umweltverträglichkeitsprüfungen durchgeführt oder Genehmigungen eingeholt wurden (obwohl das Umweltministerium von New Jersey eine verspätete Anordnung zum Baustopp erließ). Paul Gallagher, COO und Chefsyndikus von Fishermen's Energy, der vor seiner Arbeit für meinen Onkel als Anwalt der Stadt AC tätig war, war einst Manager der Jersey-Atlantic Wind Farm gewesen, deren fünf Küstenwindkraftanlagen in unmittelbarer Nähe der Bucht zur Stromversorgung der städtischen Kläranlage beitragen. Als das Projekt in Angriff genommen wurde, griff Trump zum Telefon: Die Bucht habe fünf Windräder, sagte er, als würde er sie mit seinen notorisch kurzen Fingern seiner notorisch kleinen Hände abzählen, und sein Name habe fünf Buchstaben – und habe Paul verstanden? Wären die Leute von Jersey-Atlantic daran interessiert, die Türme ihrer Windräder mit T R U M P zu schmücken? Offenbar wollte Trump ihnen das ohne Kosten gestatten. Und das waren nur die Geschichten, die in einem einzigen Büro aufgelaufen waren – Geschichten, die über mir ausgeschüttet wurden, nachdem ich gerade mal fünf Minuten dagewesen war.

•

Entlang des Boardwalks stand auf sonnengebleichten, zerfledderten Bannern die Aufschrift MACH ES, AC – das neueste Marketingmotto der Stadt. Die Strandpromenade war ein einziges Gewimmel aus solchen Imperativen, allen voran jene von Trump, auf beiden Seiten wurden seine Edikte und Diktate erlassen und Schnäppchen angeboten. Toupierte Trumps, denen die Wampen über die Gürtel schlabbern, draußen auf dem Steel Pier oder draußen auf dem Central Pier, wo sie versuchten, mich zum Ringewerfen zu kriegen, obwohl die Gummiringe immer von den Gummiflaschen abprallen, oder zum Beanbagwerfen, obwohl die Holzseerosen, auf denen die kleinen Stoffbeutel landen sollten, mit Leder überzogen und nass und glitschig waren. Probieren Sie doch mal Fralinger's Salt Water Taffy, das kein bisschen Salzwasser enthält. Treten Sie näher, und ich schätze Ihr Gewicht, oder ich erleichtere zumindest Ihren Geldbeutel. Was mich die amerikanische Literatur gelehrt hat – was mich Melville in *The Confidence-Man* (*Maskeraden oder Vertrauen gegen Vertrauen*) gelehrt hat, was mich Poe in »Über den Schwindel als Wissenschaft« gelehrt hat, nämlich dass Fantasie (oder Vorstellungskraft) eine Form der Gier sein kann, und zwar eine zutiefst amerikanische Form –, das haben mir die Lockvögel und Schausteller zuerst beigebracht, 2 Dollar pro Lektion: Diesen Plüsch-Elefanten würde ich nie gewinnen.

Der Kitsch der Strandpromenade, der Kitsch von Trumps früheren Immobilien, die den Boardwalk säumten, unterstreicht nur, wie rückwärtsgewandt der Kandidat ist: ein Rückwärtsgewandter, dem es egal ist, dass er ein Rückwärtsgewandter ist, dem kaum bewusst ist, dass er es ist, der sich kleidet, um mit einem ausgebeulten Brioni-Anzug und einer Krawatte mit Knoten in Hodensackgröße zu beeindrucken.

Nach einer Scheinkarriere, die er damit verbracht hat, sich selbst als das letzte große Produkt der letzten großen Ära zu preisen, als unser Land noch Dinge herstellte, als unser Land noch etwas erbaute, verbringt er nun seinen Ruhestand – den er als Amerikas Ruhestand betrachtet, als seinen eigenen und den aller anderen – damit, sich in Sentimentalität zu suhlen und Nostalgie anzustacheln. Er ist ein Magnatenbalg, das sich im Zeitalter der rasanten Computertransaktionen und der exponentiell unberechenbaren Verflüchtigung seinen Namen und sein Vermögen nicht an der Wall Street gemacht hat, sondern in den guten alten Randbezirken von New York und später dann in Midtown Manhattan, wo er ausbaute, was er geerbt hat. Auf betrügerische Weise rühmt er sich, handfeste, echte Arbeiter (einschließlich illegaler Einwanderer und mafiöser Auftragnehmer) beschäftigt zu haben, um handfeste, echte Dinge zu erbauen (die in der Regel strukturelle Mängel und die gleichen schwarzen Glasfronten aufweisen, die als Film-und-Fernsehen-Bösewichter-Unterschlupfe und in der faschistischen Regierungsarchitektur im gesamten Nahen Osten und in Zentralasien zum Einsatz kommen). Für Trump gibt es kein Bundling, keine Derivate und keinen Mikrohandel, es gibt einzig das anachronistische Micromanagement von extravaganten Kronleuchtern und verschnörkelten Türklinken. Er ist der Steak-und-Quetschkartoffel-CEO, kein asexueller veganer Hosenscheißer der Algorithmus-Revolution.

Als ich meine Runden durch die Strandbars drehte, lag eine unheimliche Atmosphäre in der Luft: Alle hatten entweder die gleiche Meinung über Trump, oder sie widersprachen sich alle komplett. Die Einheimischen – vor allem diejenigen, die die geschäftliche Vergangenheit des Kandidaten kannten – verabscheuten ihn zutiefst, während die Besucher – vor allem diejenigen, die nichts von dieser Vergangenheit wussten – im gleichen Maße voll passionierter Bewunderung und leidenschaftlichem Lob waren. »Er ist halt ein Milliardär unter vielen.« »Er ist einer von uns.« »Er ist ein Lügner.« »Er ist so ehrlich.« Den hitzigen Reden beider waren die offensichtlichen Einflüsse von Alkohol und Angst gemeinsam. Alle, die ich traf, schienen trunken vor Angst: vor dem Kandidaten, vor ihrem Land, vor sich selbst.

Die Angst, die Trump in der Bevölkerung ausgelöst hat, und die Art und Weise, wie sein kalkuliertes Durcheinanderwirbeln des Nachrichtenzyklus diese Emotionalität mäßigen oder verstärken und sie wie einen professionellen Nervenkitzel regulieren, erinnert mich mehr als alles andere an ein Glücksspiel: daran, wie es sich anfühlt, mein Geld aufs Spiel zu setzen. Es ist, als ob Trump – dieser unverschämt berühmte Eitelkandidat – uns allen eine Wette anbietet: dass er seine Rhetorik aufbauschen und sein Glück herausfordern kann, ohne es jemals zu weit zu treiben – ohne alle Frauen und Schwarzen und hispanischen Wähler zu verprellen und ohne dass zu viele Mexikaner oder zu viele Musliminnen oder auch nur einige *weiße* Demokraten vermöbelt oder umgebracht werden.

Natürlich ist das die einzige Art von Wette, die Trump jemals eingehen kann: eine Wette gegen Amerika, die auf unsere Dummheit und unseren Hass setzt. Er würde niemals freiwillig eine der Immobilien, die er besitzt, betreten; er würde sich niemals von einem der wahlkabinenartigen Spielautomaten, auf denen seine ac-Geschäfte basierten, das Geld aus der letzten Hemdtasche ziehen lassen. Als Mensch, der süchtig nach Erfolg ist, und – geht man mal von seiner

Redekunst aus – als Mensch mit einem extrem begrenzten Vorrat an Selbstbeherrschung kann Trump keinesfalls spielen, weil er keinesfalls verlieren kann. Ich würde darauf wetten, dass Trump nicht mal richtig mit den Regeln der Spieltische vertraut ist, und zwar aus dem einfachen Grund, dass er das auch gar nicht sein muss. Da ihm das Haus gehört, wird es ihn nie in Versuchung führen. Alles, was er tun kann, ist es abzufackeln. Deshalb wird Trump die Wahl auch nicht verlieren, zumindest nicht in der Einschätzung seiner Anhänger. Selbst wenn Clinton zur Siegerin erklärt wird, höchstwahrscheinlich sogar, bevor Clinton zur Siegerin erklärt wird, wird er eine Art Verschwörung unterstellen; er wird jemand anderem die Schuld geben; kein Misserfolg kann jemals seine eigene Schuld sein. Er wird das Spiel als manipuliert bezeichnen – und das hat er ja auch längst getan. Er wird die Natur des Spiels selbst anklagen und den politischen Prozess sowohl über- als auch unterreguliert, kostspielig, ineffizient und ganz einfach bösartig nennen, und das Traurige daran ist, dass er damit nicht Unrecht hat.

Das Traurigste ist aber, dass der einzige Ort in AC – und scheinbar der einzige Ort in Amerika –, an dem man seinen aufgedrehten Diätpillen-Ticks und kopflosen Tiraden entkommen kann, eines seiner ehemaligen Casinos ist. Zwei Wochen nach Beginn des Gewerkschaftsstreiks und zwei Wochen vor der Ankündigung der Schließung war das Taj ein einziges Durcheinander aus verschmutzten Teppichen, schimmeligen Wänden und tropfenden Decken. Das reguläre Wartungspersonal war durch eine Notbesatzung von Zeitarbeitern ersetzt worden, aber da die Croupiers nicht gewerkschaftlich organisiert sind, blieb das Casino geöffnet und als geschlossener Bereich so sehr darauf bedacht, meine

Konzentration zu zerstreuen und trotzdem meine TOD zu maximieren (einerseits das deutsche Sterbenswort, andererseits aber auch Casinosprech für »time on device«, Zeit, die man am Automaten verbringt), dass auf keinem der Bildschirme etwas anderes zu sehen war als Werbung für nicht aufgetischte Buffets und bevorstehende Zirkusspektakel, die abgesagt werden mussten. Kein CNN, nicht einmal Fox News.

Das Taj ist wie die meisten Casinos in erster Linie ein Spielautomatenschloss, und jede Fläche, die für Tischspiele zur Verfügung steht, muss denjenigen Spielen den Vorzug geben, die das Haus am meisten begünstigen: Roulette, bei dem der Hausvorteil 5,26 Prozent beträgt, und Craps, bei dem der Hausvorteil bei 1,4 Prozent liegt, gegenüber dem leichter zu verstehenden und leichter zu spielenden Blackjack, bei dem der Hausvorteil sich auf 0,5 Prozent beläuft (Spielautomaten gewähren einen Hausvorteil von bis zu 15 Prozent). Um diese Zahlen in Worte zu fassen: Du hast keine Chance, null. Doch die Forschung hat gezeigt, solange die Vergnügungsquanten der Spielenden (Alkohol, Essen, Shows und fleischliches Hintergrundrauschen) ihre Schmerzensquanten (ihre Verluste) übertreffen, werden sie weiterspielen, jeden schlechten Wurf oder Spin oder jede schlechte Karte hinnehmen, weil sie ermutigt wurden durch anstachelnde Jubelwerbung oder durch das lebendige Beispiel von Trump selbst – dessen Bild einst überall in seinen früheren Casinos zu sehen war; dessen Bild jetzt überall zu sehen ist, außer in seinen früheren Casinos –, der den Durchschnittsbürgern weismacht, dass auch sie die Wahrscheinlichkeit überlisten und zu Gewinnern werden können – als ultimative Avatare des amerikanischen Exzeptionalismus.

Diese Art von selbstermächtigendem, aber auch selbstsabotierendem Spiel, bei dem alle Fakten ignoriert werden und einfach drauflos gespielt wird, kam in den 90er Jahren mit der Verbreitung einer größeren Zahlengläubigkeit durch die Digitalisierung aus der Mode. Daten bestimmten plötzlich alles, weil man plötzlich alles bezifferte, und ich kann mich noch daran erinnern, dass es mir zu der Zeit, als ich bei Resorts arbeitete, bereits lächerlich vorkam, dass irgendjemand in ein Casino gehen würde, um ein anderes Spiel als Poker zu spielen, ein Spiel, bei dem die Spieler nicht gegen das Haus um dessen Geld, sondern gegeneinander um das Geld der anderen antreten, wobei das Haus nur einen winzigen Prozentsatz von jedem Pott einnimmt – die Vig oder Rake (in der Regel 10 Prozent, bis zu 4 Dollar). Daraus folgt, dass die Casinos mit Poker nicht viel Geld verdienen, und die wenigen AC-Casinos, die noch einen Raum dafür bieten, tun dies nur widerwillig, in der Hoffnung, dass die Begleiter der Spielenden – ihre wütenden Ehepartner und Pflegerinnen – anderswo im Casino landen: vor den Spielautomaten.

Das Schöne an Poker ist natürlich, dass es nicht in einem Casino gespielt werden muss – es kann überall gespielt werden, und zwar günstiger. Das erste und letzte halbreguläre private Spiel, an dem ich je teilgenommen habe, begann im Broadway Suites auf der 101. Straße, Ecke Broadway in New York an einem Wochentag im Jahr 1998 – kurz nach meinem Sommer bei Resorts – und endete an jenem katernebligen Morgen nach dem Wahltag im Jahr 2000, als ein Kunstgeschichtsstudent den Pokertisch verließ, um auf dem Boden neben dem schäbigen Zenith-Fernseher zu hyperventilieren, und ein Musikethnologiestudent nach einem – gedruckten – Wörterbuch suchte, um die Definition von »Stanzabfall« nachzuschlagen.

Nach der gestohlenen Wahl von Bush gegen Gore, die die erste Wahl war, bei der ich und alle anderen Spieler dieser Pokerrunde unsere Stimme abgeben durften, wurde es zu etwas ganz Normalem für Leute meiner Generation – sozusagen Quasi-Millennials, die in die Mathematik des Pokerspiels vertieft waren, Texas-Hold'em-Turniere verfolgten, die damals gerade im Fernsehen übertragen wurden, und zwischen den IEL-Spielen auch online spielten und bei Poker-Webtutorials mitmachten –, es war normal für junge Leute wie uns, sich in alle Arten von wahlrelevanter Mathematik zu versenken, auswendig zu lernen und runterzurasseln, wie viele Wahlmännerstimmen jeder Staat hatte, und sich darüber zu streiten, welches die entscheidenden Bezirke oder Distrikte oder, wie im Fall von Florida, die Wahlbezirke in jedem Staat waren, welcher Prozentsatz von Über- oder Unterstimmen als legale Stimmen gezählt werden müsste, damit es zu einem bestimmten Ergebnis kommt, und natürlich, wie anders das Ergebnis ausgefallen wäre, wenn alle Staaten oder bestimmte Staaten ihre Wählerstimmen entsprechend ihrer prozentualen Stimmenanteile gezählt hätten, anstatt sie nur dem Gewinner zuzusprechen – all das sind Themen, die zu speziell (sprich: vollkommen unzugänglich) waren für frühere Generationen amerikanischer Wählender, die sich über die Wahlen durch die Morgenzeitung und die Abendnachrichten informierten, ohne interaktive Karten oder Regressionsanalysen oder aggregierte (gerankte und gewichtete) Umfragen.

Wenn man eine Umfrage liest, handelt es sich natürlich um Quoten, die man selbst umrechnen kann, indem man jeden Prozentsatz in einen Bruch umwandelt, den Zähler vom Nenner subtrahiert und die Differenz durch den Zähler dividiert. Wenn Clinton beispielsweise bei der »Popular Vote«, also den prozentualen Stimmanteilen, mit 48 % zu 42 % vor Trump liegt, wie es den ganzen Sommer über den Anschein hatte, stehen ihre Gewinnchancen bei 1,083:1 und die von Trump bei 1,38:1. Da jedoch die Wahlmännerstimmen über die Präsidentschaft entscheiden, rechnet jeder Online-Buchmacher seine eigene 270/538-Teilung aus, um die Quoten zu berechnen (für Totalisator-Wetten, also zum Beispiel für eine Wette, dass Clinton Trump mit beliebigem Vorsprung schlagen wird, oder für Spread Betting, also zum Beispiel für eine Wette, dass Clinton Trump mit dem exakten Vorsprung von 330 zu 208 schlagen wird). Ironischerweise sind die meisten der zuverlässigeren Websites, die US-Wahlwetten gegen Bargeld anbieten, im Vereinigten Königreich, auf den Bahamas oder anderswo im Ausland registriert, weil Amerika Wetten auf Politik nicht so wirklich gutheißt – nicht, weil Politik-Wetten zynisch sind, sondern weil sie als eine Variante von Sportwetten gelten, die in allen außer vier Bundesstaaten illegal sind.

Amerika: ein Land, in dem selbst ein hehres Gesetz mit den Strapazen von Präzedenzfällen und dummen Formalitäten gerechtfertigt werden muss.

•

Am Tag nach dem Unabhängigkeitstag, dem 240. Geburtstag Amerikas, war der Streikposten der Gewerkschaft Local 54, die vor dem Taj Mahal skandierten und Plakate schwenkten, genauso ausgedünnt wie die Menge im Pokerraum und dazu ebenso finster gestimmt: »Kein Vertrag, kein Frieden!« »Tagein, tagaus, kommen wir zum Streiken raus!«

Der Pokerraum bestand nur aus Stühlen, gestapelten und umgedrehten und leeren Stühlen, sowie zwei Tischen, an denen zur Hälfte Junggesellenparty-Deppen und zur anderen Hälfte »Grinder« saßen: Pseudo-Profis, die, wenn sie nur gegeneinander gespielt hätten, tight gespielt hätten, gepasst und gewartet hätten, »gemahlen« hätten, um einen langsamen, stetigen Gewinn zu erzielen. Aber heute Abend saßen sie verstreut zwischen den Junggesellenparty-Trotteln, sodass die Strategie eine andere war, die Taktik war lockerer. Die alten Hasen nutzten das aus.

Aufgedunsene, schlaflose, amphetaminisierte Haie, die nicht kreisen, sondern nur um die runden Tische herumsitzen und nach Blut oder anderen Anzeichen von Schwäche schnüffeln. Sie warteten darauf, dass ein Spieler – ein Neuling, ein Tourist in trüben Gewässern – die Geduld verlor und einen Einsatz tätigte oder einen eigenen oder fremden Einsatz verdoppelte oder erhöhte, nicht aufgrund einer erkennbaren Logik oder Psychologie, sondern weil Disziplin langweilig ist und niemand in ein Casino kommt, um sich zu langweilen.

Das ist der Moment, in dem das Schikanieren einsetzt – das Herausfordern, die Hänseleien und Spötteleien, die oft unausgesprochen und oft nur eingebildet sind.

Folgendes spielte sich immer wieder ab: Ein älterer, erfahrener Spieler ging nach einer Zeit des konzentrierten Spiels ohne Vorwarnung All-in, was die Junggesellenparty-Kasper abwechselnd als Verlockung und Test auffassten, als Maß für ihre Fähigkeiten und damit für ihre Männlichkeit: ob sie die Eier hatten, die Herausforderung anzunehmen – denn, wenn sie den Verstand gehabt hätten, hätten sie vielleicht abgewinkt –, oder ob sie zu feige, zu weiblich, zu gezügelt waren.

Und so haben sie sich gehen lassen; sie haben sich dazu provozieren lassen, zu reagieren – das macht sie wohl zu Reaktionären.

Diese rundum ärgerliche und kumulativ widerliche Situation, provoziert zu werden oder sich provoziert zu fühlen und dann auf die Provokation nicht reagieren zu können, weil man überzeugt ist, dass alles nur ein Bluff ist, erscheint mir als etwas typisch Männliches. Es zwingt seine Opfer dazu, sich schnell und in einer reizüberfluteten, blinkenden, zwitschernden Umgebung zwischen dem logischen Gehirn und den niederen Instinkten zu entscheiden, zwischen Aussteigen und Absahnen. Projiziert man nun all diese parasexuellen, paragewaltvollen Anreize vom lächerlichen, monetarisierten Pokertisch auf die Bühne, die nicht-lächerlich und nicht-monetarisiert sein sollte – die politische –, dann wird das liberal-konservative Dilemma deutlich, in dem die gesellschaftlichen Forderungen nach sozialer Verantwortung (Aussteigen) und die Ego-Forderungen des tierischen Appetits (im Spiel bleiben und sogar noch den Einsatz erhöhen) miteinander in Konkurrenz treten und sich als unversöhnliches Nullsummenspiel herausstellen. Ich bin zu dem Schluss gekommen, dass genau dies Trumps Vorgehen ist: keine numerische Wahrscheinlichkeitsrechnung oder Vorhersage (und somit von begrenztem Nutzen für Menschen mit Erfahrung), sondern eine primitive Psychologisierung, die jede Schwäche am amerikanischen Spieltisch ausnutzt – all die Armut, die Ignoranz, die Bigotterie und den Stolz – und so lange zudrückt, bis die Wähler sich ermannen und alles verlieren.

Ich versuchte, das anzusprechen am Tisch, der zu dieser gottlosen und unberechenbaren fluoreszierenden Nacht-/

Morgenstunde aus zwei Grindern bestand, nennen wir sie zwei Superdelegierte, die sich von ihrem Junggesellenabschied losgerissen hatten, und einem Typen, der jeder hätte sein können, in kurzärmeligem Kapuzenpulli, Surfshorts, Flip-Flops und umlaufender Sonnenbrille, und der sich ständig darüber beklagte, wie schwierig es sei, während eines Arbeitskampfes einen ordentlichen Martini zu bekommen.

Grinder 1, Ricky aus Philadelphia, war genervt und schnauzte mich an: »Nix mit Politik.« Grinder 2, Bill aus Bridgeton, sagte ziemlich geheimnisvoll: »Der Scheiß macht mir gar nix aus.« Junggeselle 1 sagte: »Scheiß auf Trump, aber scheiß noch mehr auf Hillary.« Junggeselle 2: »Die Schlampe hat's schon 'ne Weile nicht mehr besorgt gekriegt – sieht man ja.«

Nach etwa zehn Stunden verließ ich den Tisch mit rund 100 Dollar im Plus – 10 Dollar pro Stunde waren ungefähr das, was man mir auch vor fast zehn Jahren im Resorts gezahlt hatte. Ich stolperte auf den Boardwalk raus, in den blassen Sonnenschein und den Frühnebel, und fand mich erinnert an den zentralen AC-Konflikt, bei dem man sich den Kopf zerbricht, was man mit sich anfangen soll, wenn man mit Spielen fertig ist. Die einzigen Kinos, die es auf der Insel noch gab, waren ein IMAX-Kino, in dem nur *Warcraft* gezeigt wurde, und eine widerliche Handvoll xxx-Wichsläden. Die Live-Musikszene wird jetzt von Uralt-Acts dominiert (Vanilla Ice tritt mit Salt 'n' Pepa und Color Me Badd auf oder Rod Stewart: The Hits), und die Kunstszene, in der früher mal die Gemälde von Sylvester Stallone ausgestellt waren, ist inzwischen auf die Gemälde von Burt Young reduziert (der in der *Rocky*-Reihe Onkel Paulie spielte). Und: Es war nicht mal ein Strandtag.

Ich besorgte mir im Save-A-Lot, dem einzigen verbliebenen Supermarkt in AC, einen (abgelaufenen) Joghurt und (unreife) Pflaumen, schleppte mich zurück zum Professional Arts Building und klickte mich durch die Nachrichten. Da war er: Trump, der ständige Begleiter, der immer da ist, der immer für alles zu haben ist, der alles möglich macht. Ein Link auf der Homepage von *The Press of Atlantic City* brachte mich zum Leitartikel einer besser finanzierten Zeitung über Trumps Wahlkampfkasse: Trumps Wahlkampfteam, so wurde berichtet, hatte so gut wie nichts mehr auf der Bank, und dennoch hatte es in den letzten Monaten jeweils mehr als 1 Million Dollar an Trumps Unternehmen gezahlt, für die Nutzung von Büroräumen im Trump Tower und für Transportmittel, die Trump gehören – das war der Taj-Scam 2.0. In einem begleitenden Clip wurde Trump um eine Stellungnahme gebeten und antwortete in unzusammenhängenden Banalitäten, bevor er in Bemerkungen über den Terrorismus auswich – oder das, was er immer als »islamischen Terrorismus« bezeichnet. Da ich nicht zu meinen Eltern gehen wollte und nicht in der Lage war, in meinem Bürodrehstuhl zu schlafen, nahm ich ein Buch in die Hand, das ich aus New York mitgebracht hatte: *The Theory of Poker*, ein Ratgeber-Klassiker aus dem Jahr 1987, geschrieben von David Sklansky, gebürtig aus Teaneck, New Jersey, Absolvent der Wharton School of Business an der U Penn (wo er sich um ein Haar mit Trump überschnitten hätte), Gewinner von drei World Series of Poker-Armbändern und dem wohl größten Draw- und Hold'em-Spieler aller Zeiten. Gleich auf den ersten Seiten seines Buchs – das ich als zuverlässiges Betäubungsmittel bestimmt schon ein Dutzend Mal gelesen habe – stellt Sklansky seine Fundamentaltheorie auf, die mich in meinem aufgeputschten Wachzustand jetzt so verblüffte, als wäre es die Formulierung der Schwerkraft: »Jedes Mal, wenn Sie ein Blatt anders spielen, als Sie es gespielt hätten, wenn Sie alle Karten Ihrer Gegner sehen könnten, gewinnen die Gegner; und jedes Mal, wenn Sie Ihr Blatt so spielen, wie Sie es gespielt hätten, wenn Sie alle Karten Ihrer Gegner sehen könnten, verlieren die Gegner.«

Hier wurde auf vernünftige, rationalistische Art und Weise die verrückte Wahrheit hinter diesem Rennen offenbart: Wenn Trump einfach so bleibt, wie er ist, und wenn Clinton weiterhin auf jede seiner Bewegungen reagiert, gewinnt er. Die einzige Möglichkeit für Clinton, zu gewinnen, besteht nach Sklanskys Schema darin, Trump zu zwingen, inkonsequent zu werden, aber da Trump bereits inkonsequent ist – da er konsequent inkonsequent ist –, ist das unmöglich.

Als sich die Angestellten meines Onkels ins Büro schleppten, formulierte ich die sogenannte Cohen-Hypothese oder das Cohen-Clinton-Lemma: »Wenn das Spiel, das du spielst, nicht mehr zu gewinnen ist, dann besteht dein Hauptgegner wahrscheinlich aus dir selbst.«

•

Ein Tisch, an dem alle sitzen können, an dem ganze Vermögen die Besitzer wechseln: Das war Amerika, zumindest in der Version der *Weißen* von der Ostküste nach dem Bürgerkrieg, als ein grenzenloser Sinn für wirtschaftliches Wachstum nicht nur aus dem Sieg der Union zu resultieren schien, sondern auch aus den ungehinderten Weiten des westlichen Grenzlands und dem ungeheuren Zustrom junger, alleinstehender europäischer Männer, die immer wieder an der New Yorker Küste angespült wurden, und zu ihnen gehörte 1885 auch ein Sechzehnjähriger aus dem deutschen Kallstadt, namens Friedrich Trumpf, der hierherkam, wie viele andere auch, nicht um frei zu beten oder frei zu sprechen, sondern um der Wehrpflicht in seinem Heimatland zu entgehen und um zu versuchen, ein paar Dollar zu machen. Trumpf – der Vater von Fred, der Großvater von Donald – landete in Castle Garden, New York, Amerikas erstem Einwanderungslager, das in den vier Jahrzehnten seines Bestehens mehr als acht Millionen Menschen abfertigte. Zu der Zeit, als aus Friedrich Trumpf Frederick Trump wurde – zu der Zeit, als er nicht nur US-Staatsbürger, sondern auch ein prominenter Hotelier und Bordellbetreiber geworden war, zu dessen Kunden Goldsucher zählten, und außerdem ein gewählter Friedensrichter –, war Ellis Island bereits eröffnet worden und fertigte täglich etwa fünftausend Eingewanderte ab, von denen nicht wenige ihre Alterssenilität in den fast dreißigtausend Sozialwohnungseinheiten verbrachten, die Fredericks Sohn Fred mit Hilfe von staatlichen und bundesstaatlichen Subventionen sowie Steuererleichterungen in den Außenbezirken von New York errichtete. Freds Sohn wuchs also zu einer Zeit auf, in der etwa ein Drittel des Landes – über einhundert Millionen »ethnische *Weiße*« – ein Elternoder Großelternteil hatten, die über Ellis Island in dieses Land gekommen waren. Das waren Donalds Leute, lange bevor er sie zu einer Wählergruppe zusammenrottete. Schließlich waren sie seine Mieter; er war ihr Vermieter. Die Projects für Einkommensschwache, Mehrfamilienhaussiedlungen der Familie Trump – in Flushing, Jamaica Estates, Bensonhurst, Sheepshead Bay und Brighton Beach –, sollten wesentlich *weißer* sein und sind es auch geblieben als die Siedlungen aller anderen städtischen Bauunternehmer.

Wenn man heute, hundert Jahre nach dem Höhepunkt der *weißen* ethnischen Pilgerfahrt nach Amerika, einmal in diese Projects geht – in die *weißen* ethnischen Enklaven, die es in New York immer noch gibt –, und die Menschen, die man dort trifft, fragt, woher sie kommen, antworten sie Polen, Ukraine, Russland und so weiter: Die Post-Sowjets stellen die jüngste und vielleicht letzte Welle einer *weißen* »Pilgerschaft« dar. Wie sie sich in das moderne amerikanische Leben integriert haben und darin aufgestiegen sind, hat noch bis vor Kurzem als dominierende Erzählung die Erinnerung an Zwangseinwanderung (Schwarze Sklaverei) und Völkermord (an den Native Americans) verdrängt. Ich habe eine Version dieser Interviewfrage im Irish Pub am St. James Place in AC ausprobiert – eine der besten und einzigen Bars der Stadt, die keine Casinos sind –, und ungefähr die Hälfte der Leute, die ich ansprach, sagte Dinge wie »AC« oder »Brigantine«, die nächste Barriereinsel Richtung Norden, oder sie nannten einfach die letzte Bar, aus der sie gekommen sind: das Chelsea oder die Ducktown Tavern. Die andere Hälfte der Leute aber – ungefähr zehn –, antwortete auf meine absichtlich vage Frage »Woher kommen Sie?« ohne jede Aufforderung mit »Ich bin halber Ire, ein Viertel Deutscher und ein Viertel Franzose« oder – scheiß auf Arithmetik – »Ich bin zur Hälfte Niederländer und zu zwei Dritteln Italiener.« Die Personen, die mir diese Antworten gaben, waren männlich und sechsundzwanzig beziehungsweise achtundzwanzig Jahre alt. In AC ist das Irish Pub mit irischen Flaggen dekoriert, die italienischen Restaurants und Bäckereien in Ducktown, dem historischen italienischen

Viertel, sind mit italienischen Flaggen ausstaffiert, und neben den irischen und italienischen Flaggen sind immer und überall die Stars and Stripes zu sehen. In der Northside, dem historisch Schwarzen Viertel – AC ist so verwirrend, dass es den Kompass auf den Kopf gestellt hat und die Northside hinsichtlich ihrer wahren Kardinalpunkte an der westlichen, der Bucht zugewandten Seite der Insel liegt –, sind mir kaum Flaggen aufgefallen.

Diese *weißen* ethnischen Wurzeln – von »Italienern«, die keinerlei Italienisch sprechen, von »Iren«, die in den Pine Barrens oder am Delaware River aufgewachsen sind – durchdringen jeden Aspekt des Lebens in Jersey, oder sogar das Leben an der Ostküste insgesamt, und versucht man sich ihnen zu widersetzen, rollt immer eine Bande von frauenfeindlichen Schlägertypen in Unterhemden und Trainingshosen an, um dich mit Baseballschlägern einzuschüchtern und dir mitzuteilen, dass du dich verpissen sollst, in diesem rauen, harten Akzent, im dem immer die Botschaft mitschwingt: »Ich komme aus einer Polizistenfamilie, die auch eine Verbrecherfamilie ist«, der aber eigentlich nicht mehr von einer bestimmten Sprache oder Identität herrührt, sondern eher von Filmen und Fernsehserien – und von der verzweifelten Unzugehörigkeit einer Promenadenmischung. Das schiere, schrille Beharren auf der fortdauernden Relevanz dieser Identitäten scheint mir eine berechtigte, wenn auch nervige Reaktion darauf zu sein, dass ihre Vorfahren – die Eingewanderten selbst – alle gerade verstorben sind. Das erklärt, warum die ethnischen *Weißen* der ersten und zweiten Generation in den USA die traditionell gewerkschaftsfreundliche, wohlfahrtsorientierte liberale Politik der Demokraten, die durch die Große Depression geprägt wurde,

aufgegeben haben und inmitten der Entbehrungen der Großen Rezession – der Weltwirtschaftskrise – Trost in den eher
mittelalterlichen Aspekten ihres Katholizismus gefunden
haben: Sozialkonservatismus und Rassismus. Das Ergebnis
ist eine Republikanische Partei, die eine Karikatur der Republikanischen Partei ist, so wie das Jerseyer Irischsein eine
Karikatur des Irischseins ist und das Jerseyer Italienischsein
eine Karikatur des italienischen Italienischseins (von den
Juden will ich gar nicht erst anfangen). Mit dieser raschen
Entwurzelung der ethnischen *Weißen* wird Amerika seinen
letzten Sinn für *weiße* Authentizität, für echte *weiße* Kultur
verlieren – für ein *Weißsein*, das sich dem *Weißsein* der
WASPs, der Puritaner, die einst die Elite dieses Landes bildeten, immer widersetzte und noch heute widersetzt, und ein
großer Teil der Bevölkerung wird sich mit einer undifferen-
zierten Blässe abfinden müssen: einem *Weißsein* als Nicht-
Identität eines Volks, das aus dem Nichts kommt, aus dem
Nirgendwo, dem man die Nostalgie vorenthält. Ethnische
Weiße sind eine aussterbende Art, die – historisch gesehen –
erst vor Kurzem begriffen haben, dass sie heute nur noch
amerikanische *Weiße* sein können, sonst nichts, und das ist
der wahre Identitätsverlust, den sie in ihrem Trauma als
Identitätsdiebstahl betrachten, der von »Minderheiten« und
»Illegalen« verübt und von diesem afrikanischen Muslim
Obama begünstigt und gefördert wurde.

•

Es ist also kein Zufall, dass Ressentiment zur wichtigsten
politischen Motivation der *weißen* Wählerschaft geworden
ist – denn sie ist sowohl die letzte Generation, die sich an

ethnisch *weiße* Großeltern erinnern kann, als auch die erste, deren Lebensstandard sich im Vergleich zu dem ihrer Eltern nicht nennenswert verbessert hat. Trumps Anhänger protestieren so lautstark dagegen, als hätte man ihnen ihr Geburtsrecht entzogen: Das war ja wohl nicht das Land, das »ihnen«, das heißt »ihren Vorfahren«, versprochen worden war, als sie die Fahrkarte über den Atlantik kauften. Das war es doch nicht, was *Weißsein* bedeuten sollte: sich mit Schwarzen und Hispanics, die über die Quote bevorzugt werden, und, schlimmer noch, mit Flüchtlingen aus dem Nahen Osten um die gleichen knappen Arbeitsplätze zu streiten. Da sie sich im Unrecht fühlen und desillusioniert sind, ziehen sie sich in Verlogenheit und Sehnsucht zurück – doch weil sie kein Vertrauen in eine Wirtschaft haben, die sie betrogen hat, und weil sie jeden Glauben an das verloren haben, was ihre Vorfahren den amerikanischen Traum nannten, sehnen sie sich nicht nach einer besseren Zukunft, sondern nach einer besseren Vergangenheit. Genau das meint Trump mit seinem Versprechen »Make America Great Again«: das Versprechen, uns in eine Zeit zurückzuversetzen, die es nie gegeben hat.

Man könnte es den amerikanischen Tagtraum nennen, eine Idylle, die überall in AC angedeutet und angeschlagen wird: auf Plakatwänden, auf Postkarten, in der Lobby des Professional Arts Building, die mit riesigen Wandfotos all der alten, inzwischen abgerissenen Grandhotels im europäischen Stil geschmückt ist, die die Strandpromenade in ihrer geschäftigen Blütezeit säumten, die Gesamtheit der Szene ist in einem Schwarzweiß eingefangen, das mit Pastellfarben rosiger gefärbt wurde. Jeden Tag, wenn ich mit dem Aufzug hinauf- und hinunterfuhr, um Kippenpausen einzulegen, studierte ich diese Wandbilder und versuchte, ihrem Kalliopencharme zu widerstehen. Das Schlimme an Sentimentalität oder Nostalgie ist ja, dass sie direkt auf Rassismus beruhen. Jenes wiederherzustellende große Amerika und die Politik der Rassenunterdrückung sind, wie die Zutaten eines jeden anständigen Schmelztiegels, untrennbar miteinander verbunden.

AC wurde 1854 gegründet, ein Jahr bevor Castle Garden in New York eröffnet wurde. Davor war Absecon Island nur eine trostlose Sandbank, die den Lenni Lenape als Fischerei- und Jagdgründen diente, dann den Quäkern als Landwirtschaftsfläche, und schließlich war es ein winziges, baufälliges Dorf, das von der Familie des Revolutionskriegsveteranen Jeremiah Leeds bewohnt wurde, dessen Cousine »Mother Leeds« das Fabelwesen des Jersey Devil hervorgebracht haben soll.

Die Idee, die Insel in einen modischen Sommerkurort nach viktorianisch-britischem Vorbild zu verwandeln, stammt von dem Arzt Dr. Jonathan Pitney, während die finanzielle Unterstützung und die praktische Infrastruktur von Samuel Richards kamen – dem Spross einer reichen Dynastie aus New Jersey, deren Vermögen aus Raseneisenerz und Glas stammte; Richards hatte die Camden-Atlantic Line gebaut, eine Eisenbahnlinie, die quer durch Delaware führte und AC mit Camden und Philadelphia verband. Der Ingenieur der Bahnlinie war Richard Osborne, der die Stadt nach ihrem Ozean benannte und prophezeite, dass sie zum »ersten, beliebtesten, gesündesten und einladendsten Badeort« in Amerika werden würde.

Doch das erste Megahotel der Stadt, das United States Hotel – Mitte der 1850er Jahre mit mehr als sechshundert

Zimmern das größte der Nation –, stand anfangs meist leer. Die Elite von Philadelphia störte sich an den ungemütlichen Unterkünften, dem Schmutz und Rauch des Zuges unter freiem Himmel und den räuberischen Schwärmen von Bremsen und Moskitos. Der Hauptgrund, warum die Geldleute nicht in überwältigender Weise von AC magnetisiert wurden, scheint jedoch in der Tradition gelegen zu haben: Die alteingesessenen Familien besaßen in der Regel bereits alteingesessene Zweitwohnsitze, in die sie nicht für ein Wochenende – denn Wochenenden gab es damals nicht –, sondern für den gesamten Sommer zogen. Um den Kontext klarzumachen: Strandbesuche und das Baden im Meer wurden in Amerika erst lange nach dem Bürgerkrieg zu etablierten Formen der Freizeitgestaltung, und zur Zeit der Gründung von AC waren die Küstenstädte, die später als Badeorte berühmt wurden – Cape May, das AC am nächsten liegt, aber auch Rehoboth in Delaware, Newport in Rhode Island und Cape Cod in Massachusetts –, noch in erheblichem Maße als Häfen aktiv.

Die Stammkundschaft von AC waren also ganz gewöhnliche Leute, rote Stiernacken in Blaumännern: Leute, die in der Regel erst kürzlich eingewandert waren, sich keine zweiten Sommerhäuser leisten konnten und meist nur kurz Urlaub hatten oder gar nur einen kurzen Tag – den Sonntag, den Tag Gottes –, den sie mit ihren Vergnügungen entweihen konnten. Von dem Moment an, als ein Schreiner aus Camden oder Philadelphia und seine Familie es sich leisten konnten, eine andere Person zu bezahlen, die für sie kochte, von dem Moment an, als ein Hafenarbeiter aus Newark / Elizabeth oder New York und seine Familie es sich leisten konnten, für die Unterkunft und Verpflegung durch eine andere Person zu bezahlen, die ihnen in ihrem dazu umgewandelten Haus Unterkunft und Verpflegung bot – von dem Moment an fuhren sie nach AC: das einzige Urlaubsziel an der Ostküste, zu dem eine direkte Eisenbahnverbindung bestand; eine aus Wasser und Sand zusammengemanschte Stadt, die fast ausschließlich dazu diente, dass sich die irischen, italienischen und jüdischen Bewohner der städtischen Armenviertel reich oder zumindest reicher fühlen konnten. Auf diese Weise entstand die amerikanische Mittelklasse, die in Amerika – anders als in Europa, wo die Mittelklasse immer eine feudale Bezeichnung für Handwerker und Kaufleute war – eher ein Ideal blieb oder sogar ein Trugbild.

Fast ein Jahrhundert lang – von den 1850er bis zu den 1950er Jahren – kamen neue Eingewanderte und ihre amerikanischen Kinder nach AC, trugen ihren feinsten Zwirn und flanierten über den Boardwalk, der erfunden worden war, um den Sand aus den Hotels fernzuhalten, sich aber zu einer lukrativen Geschäftsfläche entwickelte, die auch als Bildungs- und Sportstätte beworben wurde. Auf dieser erhöhten Holz- und später Holz-Metall-Amüsierpromenade wurde die aufstrebende Produktionskraft Amerikas präsentiert (Ausstellungen von Edisons Erfindungen, die sich über die Piers erstreckten), und es gab reichlich Gelegenheiten zum Konsumieren (Filialen der angesagtesten Boutiquen in Philadelphia und New York, die Konfektionskleidung verkauften, als die Massenschneiderei gerade aufkam), wodurch sich in der Vorstellung der Spaziergänger eine Zusammengehörigkeit von industriellem Fortschritt mit persönlichem, familiärem und sogar ethnischem Fortschritt etablierte. Als Atlantic Citys Stern am höchsten stand – etwa um die Jahrhundertwende – und immer wenn die Sonne am Tag am höchsten stand – kurz bevor sie sich Richtung Bucht absenkt –, nahm dieser große Boulevard das Aussehen einer ununterbrochenen Parade-Route an, eines Festumzugs von frischgebackenen Amerikanern, die entlangschwebten, um zu sehen und gesehen zu werden, und sich gegenseitig damit brüsteten, »angekommen« zu sein, »es geschafft« zu haben.

Natürlich beruhte dieses Erfolgserlebnis auf einer fundamentalen Ungerechtigkeit. Man schaue sich nur die alten Fotografien oder Filmrollen an und achte auf die Rollstühle – ACs charakteristische weiße Korbstühle auf Rädern, die zuerst für Behinderte eingeführt wurden, als die Stadt noch als Zufluchtsort für Gebrechliche angepriesen wurde, später aber auch von nichtbehinderten Gästen angenommen wurden. Die Menschen, die diese Stühle schieben, sind Schwarz – die einzigen Schwarzen auf dem ganzen Boardwalk. Auf den erhaltenen Bildern von fast allen frühen Hotels, Restaurants und Bars ist es dasselbe: Schwarze in weißer Uniform, die ihre Gesichter fast immer von der Kamera abwenden.

Zu Beginn des 20. Jahrhunderts war jeder vierte Einwohner von AC Schwarz, ein Verhältnis, das der Stadt die höchste Schwarze Pro-Kopf-Bevölkerung aller Städte nördlich der Mason-Dixon-Linie bescherte – die, wenn sie nicht einen scharfen Knick machen würde, um die Grenze von Delaware zu bilden, die Landkreisgrenze zwischen den Bezirken Atlantic und Cape May bedecken würde. Ein Großteil dieser Pförtner-, Küchen- und Wäschereikräfte bestand aus freigelassenen Sklaven und deren Nachkommen, die in den Norden kamen, weil das Gastgewerbe profitabler war und mehr Aufstiegsmöglichkeiten bot als beispielsweise die Landpacht. Das hieß, dass das Schwarze AC mit seinen eigenen – prekäreren und eingeschränkteren – Versuchen beschäftigt war, aufzusteigen: Verglichen mit Schwarzen Gemeinden in anderen Teilen Amerikas war das Schwarze Atlantic City wohlhabend.

Diese symbiotischen oder parasitären Fantasien der Mittelklasse, die auf der Rassenunterdrückung gründeten, waren die großen Stützen von AC – neben dem Laster, das Menschen aller Hautfarben verbindet. Eine Wirtschaft, die auf saisonalen Tourismus angewiesen war, konnte die Prohibition nicht dulden, und von 1920 bis 1933 ignorierte die Stadt den achtzehnten Verfassungszusatz schlichtweg. Nichts da mit Speakeasys und Clubs: Alkohol wurde ganz offen verkauft in der Stadt, und an den Kaianlagen gab es genügend Platz für die Schiffe der Schmuggler. Opiumhöhlen und Bordelle wurden geduldet, aber die Zahlenspiele waren beliebter, ebenso wie die formelleren Kartenspielsalons. All diese Laster durften unter der Aufsicht der kommunalen Regierung florieren, die zwar nominell republikanisch war, aber totalitär verfuhr: Sie duldete keine Opposition, und selbst die Demokraten, die gegen sie verlieren durften, waren eigens handverlesen. Der erste Chef dieses Apparats war Louis »Commodore« Kuehnle, Besitzer von Kuehnle's Hotel, und sein berüchtigtster Vertreter war Enoch »Nucky« Johnson, der sich drei Jahrzehnte lang in der bedeutungslosen Position des Finanzverwalters von Atlantic County verdiente. Kuehnle und vor allem Johnson verlangten von den Ganoven Geldleistungen im Gegenzug für Polizeischutz – was die Polizei in eine Söldnertruppe für die Gauner verwandelte –, und nachdem sie einen Teil für sich selbst eingesackt hatten, investierten sie den Rest, um sich die Staats- und Bundesbehörden vom Hals zu halten, oder steckten ihn in Wohltätigkeitsprojekte im größeren (Bau der Boardwalk Hall) und kleineren Stil (Almosen für Witwen und Waisen). Dieses unzulässige, aber wirksame Arrangement wurde nicht nur immer umfangreicher, sondern diente auch als Vorbild für verbündete Unternehmungen. Im Mai 1929, dem Sommer vor dem Börsencrash, berief Johnson in AC eine Konferenz ein – der Ur-Kongress in dieser späteren Kongressstadt –, die Abgesandte des organisierten Verbrechens aus Philadelphia, New York, Kansas City, Detroit, Chicago, Cleveland und Boston anlockte: Al Capone, Lucky Luciano, Meyer Lansky, Dutch Schultz und andere. Dies war die Gründung von Amerikas erstem nationalen Verbrechersyndikat, und es war Capone, der in einem späten Interview, das er dem FBI von Alcatraz aus gewährte, ihre Ziele am prägnantesten auf den Punkt brachte: »Ich sagte ihnen, dass es hier [in AC] genügend Geschäfte gäbe, um uns alle reich zu machen, und dass es an der Zeit sei, mit dem Morden aufzuhören und unser Geschäft so zu betrachten, wie andere Männer ihre Geschäfte betrachten, als etwas, für das wir uns engagieren und das wir vergessen, wenn wir nach Hause gehen.«

Capones Aussage war prophetisch – nur nicht für die Gangster, oder zumindest nicht für die »illegalen« Gangster. Mit der Aufhebung der Prohibition kamen harte Zeiten auf die Stadt zu, die sich nur noch verschärften in der Zeit des Wohlstands nach dem Zweiten Weltkrieg – unter der Regierung des Senators Frank »Hap« Farley und den unabhängigeren und damit weniger käuflichen Stadtverwaltungen –, als allmählich landesweit fast alle Laster, denen man zuvor am sichersten und zuverlässigsten innerhalb der Stadtgrenzen nachgeben konnte, legalisiert wurden. Mehr noch als das Aufkommen des Flugverkehrs oder die Verbreitung des privaten Autobesitzes und des Interstate-Systems – mehr noch als das Wunder der anderen AC, der Klimaanlage – war Folgendes die größte Bedrohung für die Stadt AC: die Freizügigkeit anderer Staaten, da die Kommunen überall in den USA die Sünde immer weiter akzeptierten oder jetzt einfach nur stärker daran interessiert waren, sie zu besteuern.

Nevada genehmigte das Glücksspiel im Jahr 1931 als Reaktion auf den Crash. Ende der 50er Jahre hatte sich Las Vegas zur Glücksspielhauptstadt Amerikas entwickelt, und Ende der 70er Jahre – als New Jersey endlich aufholte und das Glücksspiel in AC offiziell legalisierte – gab es bereits Präzedenzfälle für den darauffolgenden Ansturm von Genehmigungen für Stammes- und Nicht-Stammescasinos.

Und so kam es zu der noch immer anhaltenden Ausweitung der Casinos und zum noch immer anhaltenden Einsickern von Glücksspielprinzipien in die Regierungspolitik – bis hinein in das Gerüst eines Staates, der seinen Bürgerinnen und Bürgern alles außer den Mindestanforderungen an Wohlfahrt und Gesundheitsfürsorge verweigern kann, nur weil er ihre Überzeugung bekräftigt, dass sie alle ja bloß eine Wette am Spieltisch, einen Hebelzug am einarmigen Banditen davon entfernt sind, reich, auserwählt, gewählt zu werden, sprich, zu den Amerikanern zu werden, die ihre Vorfahren als Ideal angesehen habe, Amerikanern, wie Gott sie vorgesehen hatte.

*

Ich fand mich – Amerika findet sich jetzt – am Ende des Boardwalks wieder. Ganz am Ende der Amüsiermeile dieser Einwanderer, der mit billigem Nervenkitzel und Ramschkonzessionen überzogen ist, mit billigem Neon pulsiert und schwachsinnig herumkrakeelt. Das Ende dieser kitschigen, schnulzigen Trump'schen Durchgangsstraße, die uns mit ihrem Geplapper unterhält und mit ihren dreisten Lügen in ihren Bann zieht.

Und trotzdem bleiben wir hier, auf dem Boardwalk, weil es sicherer ist, als hinunterzusteigen. Weil wir dem Boardwalk vertrauen, zumindest vertrauen wir darauf, dass man ihm nicht vertrauen kann, und so beruhigt uns seine scheinbare Geradlinigkeit, seine scheinbare Direktheit und wie er uns einlullend hin und her wiegt. Wir fühlen uns bedroht durch das Pflaster, durch die Stadt, die wir dort finden könnten. Die Geisterstraßen an der Pacific Avenue und der Atlantic Avenue, an der Arctic Avenue und der Baltic Avenue – all die kaputten Straßen und Sackgassen, die zurückgelassen wurden von der Wall Street und als Urform jeder Straße auf dem Monopoly-Brett zugrunde liegen.

Hier ist, anders als auf dem Boardwalk, alles real. Hier ist alles sowohl gespenstisch als auch real. Leerstehende Häuser. Wohnungen, die zum Schutz vor Hausbesetzern mit Brettern vernagelt sind. Räumungs- und Zwangsvollstreckungspapiere flattern von den Türen wie Zungen. ZWANGSRÄUMUNGSBESCHEID, Papiere, die die Sonne von den Fenstern fernhalten. Die Wohnhäuser zerfallen zu leeren Grundstücken, über die der Wind wegfegt und von den Schatten der verschlossenen Penthäuser erstickt werden. Brachen, die spontan zu Parkplätzen umfunktioniert werden, ein Schild in der Windschutzscheibe eines Saturn: BITTE NICHT STÄHLEN. Wenn ich zwischen dem Boardwalk und dem Professional Arts Building hin- und herlief, wenn ich zwischen dem Professional Arts Building und meinem spontan auf einem unbefestigten und nach dem Regen schlammigen Parkplatz geparkten Auto hin- und herlief, kam ich am Sexshop vorbei,

und das bedeutete, vor allem, wenn ich nach Sonnenuntergang unterwegs war, dass ich angesprochen wurde. Von
Männern, die am Strand schliefen und ihre wachen Stunden
auf der Straße verbrachten, wo es weniger Polizei und mehr
Gelegenheiten zum Anhauen gab. Ecke Pacific und MLK Jr.
Boulevard. Typ, der versucht, Zigaretten zu schnorren. Typ,
der versucht, einen Dollar für Alkohol zu schnorren. Typ,
der versucht, mir Drogen zu verkaufen. »Yo, hab Koks, yo.«
»Molly, molly.« »Willste Lean?« Nimmt mein Geld und
kommt nicht wieder. Hat's am nächsten Tag schamlos noch
mal versucht, und als ich ihm sagte, dass ich lieber nur reden
würde, hat er mich angeschrien, mich eine Schwuchtel genannt, mich einen Bullen genannt. Eine Frau erzählte mir,
dass die Scheckeinlösestelle nur Schecks einlöst, die an Personen oder Unternehmen mit Adressen in Atlantic County
ausgestellt sind. Sie erzählte mir, sie lebe in Georgia oder
habe mal in Georgia gelebt, und ihre einzige Hoffnung auf
Rückkehr sei dieser Scheck von ihrem Cousin in Camden.
»Ist Camden nicht Atlantic County?« »Nein.« »Welches
Camden denn?« »Camden County.« »Scheiße.«

Eine andere Frau erzählte mir ihre Jammerstory, wie sie
einem Billigbus hinterherrannte, den sie unbedingt erwi-
schen musste, und wie sie sich dabei ihr Knie verletzte, und
wie durch das eine kaputte Knie und dem ganzen Gewicht
auf dem anderen auch das andere Knie kaputtging, und wie
sie ihren Job verloren hat, entweder wegen der Verletzung
oder unabhängig von der Verletzung, und jetzt obdachlos
war, und wie sie jedes Mal, wenn sie zum Arzt ging, einfach
nur eine Überweisung an eine andere Praxis bekam, die nie
geöffnet hatte, und dass kein Anwalt den Fall übernehmen
und die Billigbusse verklagen wollte. Mann steht in der Mitte

des Parkplatzes und hält entweder einen Regenmantel oder eine Plane hoch und beobachtet eine Frau, die in die Hocke geht und pisst oder scheißt.

Unten am Ende des Boardwalk, an der Oriental Avenue, fliegen die Seemöwen nachts immer wieder gegen das Revel und sterben. Oder sie flattern und humpeln noch ein wenig umher, bevor sie sterben. Man sieht oder hört den Aufprall nicht, man sieht nur, was danach passiert. Riesige weiße Möwen, flatternd, humpelnd, verendend. Sie fliegen gegen den gigantischen, leeren Glasturm des Revel-Casinos und brechen sich das Genick, denn ohne Licht ist das Glas nicht vom Himmel zu unterscheiden.

●

P. S.: Nebensaison

Am 1. November lehnte das New Jersey State Department of Community Affairs den Haushalts- und Rettungsplan für Atlantic City ab. Am 8. November, dem Wahltag, scheiterte das New Jersey Casino Expansion Amendment. New Jersey selbst entschied sich für Clinton, der Staat aber ging an Trump. Am Morgen danach, während Clinton ihre Rede zur Wahlniederlage hielt, stimmte der kommunale Finanzausschuss von New Jersey mit 5:0 Stimmen dafür, die Kontrolle über Atlantic City mit sofortiger Wirkung an den Gouverneur Christie zu übertragen. Ich schreibe diese Zeilen am selben Morgen – es ist der 9. November. Ein grauer Tag, feucht und regnerisch. Meine Eltern haben angerufen und gesagt, es sei der Jahrestag der *Kristallnacht*.

(2016)

Glückskind: Jared Kushner

Es ist das Markenzeichen zahlloser Mafia-Filme: das Verlangen nach Seriosität, die Sehnsucht nach Legitimität, der Wunsch nach Sauberkeit. Die Ur-Szene stammt aus *Der Pate*, als Don Corleone zu seinem jüngsten Sohn und Nachfolger sagt: »Ich wollte nie, dass du das alles machen musst.« Dann zählt er all die Machtpositionen auf, die er sich stattdessen für Michael erhofft hatte: »Senator Corleone, Gouverneur Corleone ...« Ich würde noch ergänzen: Chefberater des Präsidenten der Vereinigten Staaten.

Jared Kushner, ehemaliger Chefberater des Präsidenten der Vereinigten Staaten, ist der wahrgewordene Traum von Don Corleone: Er ist der Enkel von Einwanderern aus New Jersey, die im Handwerksgewerbe tätig waren, und der älteste Sohn eines New Yorker Immobilienentwicklers und -managers, der im Bundesgefängnis saß, nachdem er eine Prostituierte anheuerte, um seinen Schwager bei einer aufgezeichneten Begegnung verführen zu lassen, und der sich schuldig bekannte zu sechzehn Fällen von Steuerhinterziehung, einem Fall von Rache an einem Bundeszeugen und einem Fall von Falschaussagen gegenüber der Bundeswahlkommission hinsichtlich seiner eigenen und der illegalen Wahlkampfspenden seines Unternehmens, von denen die meisten an Demokraten und einige an die Clintons gingen.

Ausgebildet in Harvard, an der NYU Law School und an der NYU Stern School of Business, tauchte der Kronprinz dieser Boulevard-Posse in der High Society Manhattans auf, poliert (genug), souverän (genug) und allzeit bereit, eine horrende Menge an sozialem Kapital und Kapital-Kapital zu investieren, um den Namen seiner Familie reinzuwaschen. Wenn man in der Presse über Jared las – für gewöhnlich wird er nur »Jared« genannt –, dann las man über einen verkümmerten, strebsamen Jungspund, der wild entschlossen war, sich den fettgedruckten Nachnamen, den ihm die Klatschpresse verweigerte, zu verdienen und ihn gleichzeitig neu zu definieren. Online wurde er oft mit seinen Initialen angesprochen, wie zur Kennzeichnung eines Scherzes: »JK« – *Joke!*

Die Geschichte seiner jungen Karriere ist eine Mischung verschiedener Genres, ein abschreckendes Märchen, ein tragikomischer Mythos, eher griechisch als italienisch: Nachdem er sich abgestrampelt hatte, den Ruf seines Vaters umzukrempeln, heiratete er eine Frau, deren eigener lügender, betrügender und stehlender Vater später der 45. Präsident der Vereinigten Staaten wurde und dessen einzige Amtszeit zwei Amtsenthebungen und mehrere laufende straf- und zivilrechtliche Ermittlungen zur Folge hatte. Dazu fällt einem unweigerlich die Abwandlung eines anderen berühmten Spruchs der Corleones ein: *Gerade, wo du denkst, du bist draußen, zieht dich ein anderer Vater wieder rein.*

Breaking History, Kushners neue Memoiren, sind nichts anderes als ein Versuch, diese Errungenschaften zu exorzieren – ein Buch, ein fast fünfhundert Seiten dicker Brocken, der mit der ganzen beigefarbenen Wut nicht eines *pezzonovante*, einer großen Nummer, sondern eines klitzekleinen McKinsey-Beraters verfasst wurde, dessen felsenfeste Loyalität gegenüber dem Familienmanagement bewundernswert wäre oder mir zumindest Sympathie abringen könnte, wenn er ein Privatmann und kein Staatsdiener wäre. Nennen wir es eine Bleichung, ein Blanchieren, eine Prosa-Wäscherei, die alle Flecken auszuwaschen versucht – Kushners Buch will uns nicht davon überzeugen, dass etwa das Verbot der Einreise aus bestimmten mehrheitlich muslimischen Ländern ein kluger und nützlicher Schachzug war oder dass die Eröffnung von Abschiebegefängnissen an der mexikanischen Grenze eine erzwungene, aber effiziente Maßnahme war oder dass die Russland-Ermittlungen des FBI grotesk übertrieben und verschwenderisch waren. Vielmehr geht es darum, uns davon zu überzeugen, dass Jared Kushner ein anständiger Kerl ist, und dass sein Vater Charles Kushner ein anständiger Kerl ist, und dass der Don(ald) selbst ebenfalls ein guter Typ ist, und Ivanka, nun, wenn man jemals das Glück haben sollte, ihr zu begegnen, dann raubt sie einem eben zwangsläufig den Atem …

Ein China-Embargo, wie es Trump manchmal vorgeschlagen hat, ist ein effektiver PR-Gag, wenn es eine Drohung bleibt, und entspricht einem Selbstmord, sollte es jemals umgesetzt werden, wohingegen ein Bücherembargo behauptet und dann ständig bekräftigt werden *muss*, damit sich irgendjemand dafür interessiert. Wochenlang vor dem Erscheinungstermin von Kushners Memoiren flimmerte der Marketingtext durchs Internet und wurde von Content-Mühlen und Clickbait-Fabriken weit gestreut: *Jetzt erzählt Kushner endlich seine Geschichte – ein rasanter und überraschend offener Bericht darüber, wie ein seriöser Geschäftsmann ohne politische Ambitionen in eine Präsidentschaft hineingezogen wurde, die niemand kommen sah.*

Nach diesem ersten Schritt, der Generierung von Nachfrage, besteht der nächste Schritt eines erfolgreichen Buchembargos darin, es durch ausgewählte Leaks gezielt zu unterlaufen, und die Leaks waren hier so zahlreich wie in Trumps Weißem Haus oder in einem der zahlreichen angeschlagenen Immobilienprojekte, die den Kushners gehören und/oder von ihnen verwaltet werden. Schon Tage vor der Veröffentlichung breiteten sich die Listicles im Internet aus wie toxischer Ranglisten-Schimmel: *Fünf Enthüllungen aus Jared Kushners Memoiren über das Weiße Haus ... Fünf bemerkenswerte Nuggets aus Jared Kushners neuem Buch ... Der aufschlussreichste Teil ... Der lächerlichste Teil ... Der ganze pikante Klatsch und Tratsch aus Jared Kushners Buch ... Jared Kushners FÜNF größte Geheimnisse und Skandale ...* Da ich keines dieser frühen Exemplare ergattern konnte und wie ein armer Tropf warten musste, wurde ich ungeduldig und reingesaugt: Trump hat versucht, Ivanka dazu zu bekommen, Tom Brady zu daten?! Jared trennte sich von Ivanka, weil sie keine Jüdin war, aber sie kamen an der Côte d'Azur wieder zusammen – und zwar auf der Jacht von Rupert Murdoch, wo sie ein Ständchen von Billy Joel, Bono und Bob Geldof (Mitbegründer von Live Aid, Vater von Peaches) bekamen?! Jared bat Trump um Erlaubnis, Ivanka einen Heiratsantrag zu machen, was Trump ihm gewährte, bevor Trump sofort Ivanka anrief, um sie vorzuwarnen und so die Überraschung des Antrags zu verderben?! John Kelly, ehemaliger Stabschef des Weißen Hauses, hat Ivanka in einem Flur des Westflügels einmal einen Bodycheck verpasst?! Doch Achtung, Achtung – die ganze Zeit über hatte Jared, der Mann, der Schweigende Dritte, in Wahrheit Schilddrüsenkrebs (dieselbe Krankheit also, die Peter Navarro, ehemaliger Assistent des Präsidenten, jetzt vortäuscht, um seine eigenen Buchverkäufe anzukurbeln)?!

Angestachelt durch diesen Schlammschlachtvorgeschmack, war ich enttäuscht, dass das Buch, als es mich endlich erreichte, so anzüglich wie Schilddrüsenkrebs war, mit nichts als wikipedischen Zusammenfassungen geopolitischer Geplänkel, gespickt mit Analysen von Soft Power, in etwa so üppig wie Mittagsbuffets und Autokorso-Ehrengarden.

Diese Banalitäten sind das unvermeidliche Produkt eines Autors, der als hingebungsvoller Sohn schreibt, und genauso sind sie auch das Produkt eines Autors, der als hingebungsvoller Schwiegersohn schreibt – insbesondere als der Schwiegersohn eines der mächtigsten Männer der Welt, der nicht gerade für seine Kritik-Toleranz oder seine Fähigkeit zur Selbstbeobachtung und Milde bekannt ist. Damit will ich sagen, ich habe Mitgefühl mit Kushner. Zwar will ich das nicht, aber so ist es eben. Die Aufgabe, die er vor sich hatte, war völlig wahnsinnig: ein Buch zu schreiben, das seine eigene Familie rehabilitiert und gleichzeitig die Familie, in die er eingeheiratet hat, nicht verprellt, denn die kontrolliert ein riesiges direktes Vertriebsnetz, das einen Bestseller gewissermaßen garantieren kann. Dass sich Kushner dennoch dieser irrsinnigen Aufgabe gestellt hat, muss als Zeichen seines Narzissmus oder seiner Ego-Bedürftigkeit gewertet werden – dafür, wie verzweifelt er nach Erlösung sucht.

Dass die Familie, die er zu rehabilitieren versucht, beinahe überhaupt nicht existiert hätte, geht Kushner dabei nicht aus dem Kopf: »Die schiere Existenz meiner Familie ist unwahrscheinlich.« Die Kushners (oder Kuszners, ein Name, der auf Jiddisch »Kürschner« bedeutet) stammen aus Nawahrudak, einer ehemals polnischen, heute belarussischen Stadt, die 1941 von den Nazis eingenommen wurde. Diese errichteten ein Ghetto und anschließend ein Arbeitslager, in dem etwa 30 000 Juden sich entweder zu Tode schufteten oder hingerichtet wurden. Zu den wenigen Hundert, die diese ersten Massaker überlebten, gehörten Kushners Großmutter Rae Kushner sowie ihre Schwester, ihr Bruder und ihr Vater.

Bis 1943 war es den Insassen des Lagers gelungen, einen fast zweihundert Meter langen Tunnel unter der Umzäunung anzulegen und einen Fluchtversuch zu wagen. Eine Gruppe der Jüngsten ging voran, und obwohl es einige wenige in die nahe gelegenen Wälder schafften, wurde die Mehrheit gefangen genommen und erschossen, darunter auch Kushners Großonkel. Die Kushner-Schwestern flohen mit einer späteren Gruppe, nachdem sie zunächst zurückgeblieben waren, um ihrem kranken Vater durch den Tunnel zu helfen. Dieser Akt kindlicher Treue rettete den Schwestern das Leben und erteilte dem jungen Jared eine Lektion: Lass niemals irgendjemanden zurück, egal ob es sich um einen Vater handelt, der den Nazis nicht entkommen kann, oder um einen Vater, der den Strafanzeigen des damaligen US-Staatsanwalts Chris Christie nicht entkommen kann.

Rae Kushner lebte fast ganz allein in den Wäldern und traf auf eine der legendären Bielski-Brigaden jüdischer Partisanen, deren Mitglied Joseph Berkowitz schließlich zu ihrem Ehemann wurde. Sie heirateten in Ungarn, schlichen sich über die österreichischen Alpen nach Italien und beantragten – da Berkowitz wegen Schmuggels von Waren in italienische Vertriebenenlager vorbestraft war – Visa, um unter Raes Nachnamen in die USA zu gelangen. Dieser Shoah-Abschnitt von *Breaking History* ist der einzige Abschnitt, den der Autor nicht selbst miterlebt hat, und dennoch ist er zweifellos der ergreifendste und lebendigste des Buches, da er sich auf Raes veröffentlichte Schriften und ihr mündliches Zeugnis stützt, das vom United States Holocaust Museum etwa zur Zeit der Geburt ihres Enkels auf Video aufgezeichnet wurde. Nach der Ansiedlung in Amerika »kaufte, finanzierte und verwaltete mein Vater die Grundstücke, während mein Großvater den Bau der neuen Gebäude leitete« – das war's. Als vorbelasteter Epigone, als verspäteter Nutznießer großer Erwartungen, die einem großen geschulterten Leid geschuldet sind, erwähnt Kushner nicht, was alles notwendig war, um in der Nachkriegswelt an beiden Ufern des Hudson River in diese Geschäfte einzusteigen: die notwendigen Abkürzungen, die geschmierten Räder, die Absprachen mit den Gewerkschaften und der von ihnen gewährte Schutz. Alles war einfach, mühelos, wie in einem Traum, während viele Jahre von Kushners Leben in kaum einem Absatz, kaum einem Satz vorbeidriften: Die wenigen Anekdoten aus seiner College-Karriere referieren, dass er seinen Mitbewohner kennenlernt, während er – was auch sonst? – Wäsche wäscht, und dass er später seinen Vater überredet, ihm das Kapital für einige baufällige Immobilien zu leihen, die er für unterbewertet hielt, weil sie sich genau genommen in Somerville und nicht in Cambridge befanden. »Ich habe mein Studium in Harvard mit Auszeichnung abgeschlossen«, schreibt er, »während ich mit meinen Immobilieninvestitionen Millionen von Dollar verdiente« – die akademische Auszeichnung ist eine besonders beeindruckende Leistung für einen, der an der Universität zugelassen wurde, nachdem sein Vater der Hochschule ein Jahr zuvor zufällig 2,5 Millionen Dollar gespendet hatte.

Stationen bei Goldman Sachs und Morgan Stanley, ein JD / MBA an der NYU – der stumme Infant, der dumme Dauphin, durchsegelt sie alle mühelos, und die einzige Rast, die er sich gewährt, sind die wöchentlichen Fahrten in den Süden, um seinen Vater im Bundesgefängnis Montgomery zu besuchen. Er versucht, seinen Eintritt in das Familienunternehmen als eine konzertierte Aktion darzustellen, um sich an den Haushaltskosten zu beteiligen, solange sein Vater noch Gefängniskleidung trug:

Ich bot an, mein Studium abzubrechen, um die Firma in Vollzeit zu leiten, doch mein Vater flehte mich an, dieses Opfer nicht zu bringen. Wir einigten uns darauf, dass ich immatrikuliert bleibe, aber den größten Teil meiner Zeit damit verbringe, im Unternehmen mitzuhelfen.

Er *half* – er kann nicht aufhören, das Wort zu benutzen, er kann sich eben nicht helfen –, er half mächtig mit: »Ich ging auf einen Kaufkreuzzug, erwarb mehr als zwölftausend Wohnungen im ganzen Land und schloss in etwa zehn Jahren Transaktionen im Wert von 14 Milliarden Dollar ab.«

Auf dieser Liste stehen unter anderem die 666 Fifth Avenue, die mit 1,8 Milliarden Dollar den höchsten Preis erzielte, der jemals für ein Gebäude in diesem Land gezahlt wurde, sowie der Hauptsitz der Zeugen Jehovas in Brooklyn mit seinen 700000 Quadratmetern in erstklassiger East-River-Lage. Was nicht auf der Liste steht, ist Ivanka, die auf den Seiten ihres Mannes wie ein konvertierbarer Vermögenswert gehandelt wird, eine austauschbare Blondine, an die sich Kushner nicht binden will, bis sie bereit ist, Jüdin zu werden – oder bis sie bereit ist zu sagen, dass es ihre Idee war, Jüdin zu werden. »Ivanka hat die Entscheidung allein getroffen«, sagt ihr Mann zu seinem zukünftigen Schwiegervater, der daraufhin antwortet: »Das ist toll. Die meisten Leute denken sowieso, dass ich Jude bin.«

Ich bin mir nicht sicher, ob ich Kushner die Behauptung abnehme, dass Ivanka sich ohne Druck zum Konvertieren entschieden hat, doch dass sie es durchgezogen hat, ist sicherlich ein Zeichen – ein Zeichen für ihre Liebe zu ihm oder ein Zeichen dafür, wie sehr sie zu jemand anderem werden wollte. Ihr Bündnis scheint mir die bedeutendste Rebellion zu sein, zu der sich das Paar jemals durchringen konnte: eine gemeinsame Halb-Rebellion, die den beiden den jeweiligen Abstand verschaffte, nach dem sie sich – bewusst oder unbewusst – gesehnt hatten, den Abstand von ihren jeweiligen chaotischen und zügellosen Clans. Kushners Darstellung ihres Zusammenlebens liest sich wie ein Beziehungsratgeber, der von einer KI geschrieben wurde, eine Montage aus Rückblenden, die geschlechtslose Amnesiekranke beim Daten zeigt, die der Gentrifizierung hinterherjagen und dabei von Paparazzi verfolgt werden: »Wir … nahmen Kochunterricht in einem Restaurant um die Ecke oder spielten Shuffleboard in einer neuen Bar in einer angesagten Gegend.«

Trotz dieser Leidenschaftslosigkeit werden drei Kinder gezeugt, obwohl im Buch eigentlich nur eines von ihnen erwähnt wird: die älteste Tochter Arabella, die auftaucht, um Tang-Gedichte zu rezitieren und fließend Mandarin zu sprechen, bevor sie davonhuscht, um sich die Zähne zu putzen, die Haare zu kämmen und sich selbst ins Bett zu bringen.

»Wir führten ein erfülltes Leben«, schreibt Kushner über die sechs Jahre der ehelichen Ruhephase zwischen seiner und Ivankas Hochzeit in Bedminster im Jahr 2009 und Trumps 69. Geburtstagsfeier in Bedminster im Jahr 2015, als dieser der Familie unterbreitete, dass er fürs Präsidentenamt kandidieren wolle, und Ivanka bat, am nächsten Dienstag – nur zwei Tage später – abzureisen, damit sie ihn einführen könne, wenn er die Rolltreppe hinunterfährt, um seine Kandidatur in der Lobby des Trump Tower bekanntzugeben: »Wir hatten keine Ahnung, dass unsere Welt auf den Kopf gestellt werden würde.«

Als sich Trumps Kandidatur von einem schlechten Scherz im Jahr 2015 zu einer Gewissheit im Jahr 2016 entwickelte, intensivierten die Medien, insbesondere die traditionellen Medien – die von Trump-Anhängern zunehmend als Elitemedien bezeichnet wurden, um sie nicht direkt als zionistische oder jüdische Medien zu bezeichnen –, ihre Berichterstattung über Kushner, der schließlich einer der ihren war. Medienanstalten, die nicht geglaubt hatten, dass Trump auch nur die geringste Chance hatte, die Vorwahlen zu gewinnen, und die immer noch nicht glaubten, dass Trump die geringste Chance hatte, auch die Präsidentschaftswahl zu gewinnen, tilgten ihre fast unbewusste Furcht in immer schärferen Kommentaren und diagrammreichen Erklärungen darüber, dass Kushner in Wirklichkeit ein Liberaler sei: Er ist ein demokratischer vegetarischer Jude aus Manhattan, dem einst der *New York Observer* gehörte! Sein Bruder, Josh Kushner, ist ein mächtiger Tech-Bro! Seine Frau ist mit Chelsea Clinton befreundet! Seien wir uns sicher, seien wir beruhigt – sie haben beide für Obama gestimmt!

Besonders nachdem die Wahl die Küstenblasen zum Platzen gebracht hatte und das Unvorstellbare zur Wahrheit geworden war, waren diese echten Fake News unvermeidlich, auch wenn sie mehr und mehr wie panische Gebete oder sos-Signale daherkamen: Jared und Ivanka, die zu den

Jüngsten in der neuen Regierung gehörten, mussten die Stimmen der Vernunft sein; gemeinsam würden sie sich einmischen und einen nächsten Weltkrieg verhindern.

Nur Jarvanka – oder, wie auf Twitter gefragt wurde, heißt es Javanka? – stand zwischen uns und dem Armageddon, und mit »uns« meinten die Schwätzer, die nichts aus der Wahl gelernt hatten, nicht Amerika, sondern die blauen Staaten, oder New York City ohne Staten Island, oder nur etwa die Hälfte der Hamptons. Dies ist einer der Ausnahmefälle, in denen die *New York Times* übereinstimmen konnte mit *Fox News* und sogar mit Steve Bannons *Breitbart*, *Newsmax*, *Infowars* und all jenen kontrafaktischen Fanfiction-Sendeplattformen, die QAnon hervorgebracht haben: Eine Schläferzelle der Ivy League kann sich sehr wohl direkt neben dem Oval Office einnisten!

Nach Kushners Angaben fühlte er sich in seinem Milieu in Manhattan so pudelwohl, dass er nie auch nur in Erwägung gezogen hätte, dem Trump-Team in offizieller Funktion beizutreten, bis die Kampagne seine – ganz richtig! – »Hilfe« erbat bei der Verwaltung der Social-Media-Werbeteams und der E-Commerce-Plattformen, die MAGA-Mützen verkaufen. (»Bald verzehnfachten wir die Online-Mützenverkäufe von 8 000 Dollar auf 80 000 Dollar pro Tag, womit wir den Großteil der Gemeinkosten der Kampagne deckten.«) Damit ihm niemand vorwirft, er habe seine Dienste nicht von Anfang an freiwillig angeboten, weil er der Politik seines Schwiegervaters, der fehlenden Politik seines Schwiegervaters oder den Umfragewerten skeptisch gegenüberstand, erinnert uns Kushner daran, dass er selbst nach der Wahl, als ihm ein Posten in der Regierung sicher war, unnachgiebig blieb: Er war sich noch nicht sicher. Ivanka war noch dabei, sich über ihre eigene Rolle klarzuwerden. Sie machten sich Sorgen um die Kinder.

Zum Damaskuserlebnis kam es nach Kushners Darstellung erst am Vorabend der Amtseinführung, als er und Ivanka zusammen mit Trump und Melania zu einem Treffen mit Barack und Michelle im Weißen Haus mitgingen. »Als jemand, der schon immer ein Auge auf Immobilien geworfen hatte, war ich schockiert über die begrenzte Grundfläche des Westflügels«, schreibt er in bester Bauaufsichts-Manier und beklagt die kleinen, engen, fensterlosen Büros, die »das genaue Gegenteil der offenen Arbeitsbereiche waren, die ich in meinen Unternehmen als förderlich für Zusammenarbeit empfunden habe«.

Nachdem Melania und Michelle den (sexistischerweise) obligatorischen Rundgang durchs Weiße Haus – wie zum Tag der offenen Tür – absolviert hatten und das Zweiergespräch zwischen Trump und Obama beendet war (bei dem Obama Trump offenbar davor warnte, General Michael Flynn als nationalen Sicherheitsberater einzustellen), machte sich die Trump-Entourage auf den Rückweg zum SUV, als Obama Kushner unter dem Säulengang zur Seite nahm und fragte: »Haben Sie und Ivanka entschieden, ob Sie nach Washington kommen?« Als Kushner zögerte, ging Obama zum Rekrutieren über, als kämen seine Worte direkt über den liberalen Äther des Radiosenders NPR oder von meinen Eltern: »Sie sollten auf jeden Fall nach Washington kommen … Sie könnten hier viel Gutes tun.«

Ob dies den Tatsachen entspricht oder nicht, ist unerheblich, oder zumindest nicht so erheblich wie die Tatsache, dass Jared es geschrieben hat – er will, dass es wahr ist, und Obama hat es bisher nicht dementiert. Unabhängig davon hat Kushner eine Hilfsklausel dazu abgegeben, und als ich auf diese Zeile stieß, blätterte ich zurück zum Vorwort des Buches, um diese Klausel erneut zu lesen: »In einigen Fällen habe ich Dialoge nachgestellt, um den Lesenden die Einfühlung zu erleichtern ...« Und dann – HILFE! – blätterte ich weiter zum Abschnitt mit den Danksagungen, wo Kushner mindestens einem halben Dutzend Anwälten dankt. Nirgends aber fand ich die eindeutig implizierten Worte: »Danke, Obama.«

Ehre, wem Ehre gebührt: Der Import von Manhattans Immobilien-Realpolitik ins Weiße Haus, der üblicherweise Trump zugeschrieben wird, geht ebenso sehr auf Kushners Konto – vielleicht ist dies besonders der Fall, wenn man bedenkt, dass Trump weite Teile seiner Amtszeit auf dem Golfplatz und mit »Executive Time« verbrachte und sozial netzwerkte, während Kushners Berater-Portfolio sich ständig weiter aufblähte – von der Neuverhandlung des NAFTA-Handelsabkommens bis hin zur Ausarbeitung einer Gefängnisreform, mit seinem Vater im Bewusstsein und der Lobbyarbeit von Kim Kardashian in der Tasche.

Bei der Bewältigung dieser unterschiedlichen Aufgaben ließ er sich weniger vom Latein des Großen Siegels – *E pluribus unum* – leiten als vielmehr von der Demotike eines Greg Cuneos, eines Bauunternehmers und Machers, der früher für die Kushner Company tätig gewesen war und Kushner einmal gesagt hatte: *Tutti mangia* oder »Jeder isst« (was Kushner bleiern übersetzt mit »Jeder muss etwas essen«). Kushner brachte dieses Prinzip, den Kuchen zu verteilen und Platz am Trog zu schaffen, ins Weiße Haus, als er von der Aushandlung von Luftbaurechten zur Aushandlung von Verträgen überging: »Die Leute fanden heraus, dass sie

Geld verdienen konnten, wenn sie mit mir zusammenarbeiteten, was zu vielen unglaublichen Möglichkeiten führte.«

Ganz egal, um welches Thema es sich handelt, Kushner vertritt immer die gleiche antiideologische Ideologie: Sein Ziel ist immer gewesen, das beste Geschäft für die Partei zu erzielen, die er eben gerade vertrat, sei es das Unternehmen, in das er hineingeboren wurde, das Unternehmen, in das er eingeheiratet hat, oder seine unbewusste Verquirlung dieser Unternehmen mit dem amerikanischen Volk, dessen Wählerinnen und Wähler Hillary Clinton mit deutlichem Abstand bevorzugten. Wenn er von seinen Bemühungen an den Verhandlungstischen gleich vor Steve Bannons verwüstetem, mit Football-Memorabilien übersätem Büro und in den protzigen Bankettsälen von Meerespalästen in Golfstaaten erzählt, unterstreicht Kushner wieder und wieder, dass die Regierung – die US-Regierung – nicht nur hinderlich, sondern vorsätzlich hinderlich sei. Er scheint schockiert gewesen zu sein – allerdings auf die Art und Weise, wie nur jemand schockiert sein kann, der offensichtlich lügt –, als er herausfand, dass nicht nur der private Sektor von Bürokratie und Überregulierung behindert wird. Die gleichen Probleme, die das New Yorker Bauamt behindern, behindern auch das US-Außenministerium, dessen zähschleppende Genehmigungsverfahren zu Verzögerungen bei der Erteilung von Bewilligungen und zu Kostenüberschreitungen in der Außenpolitik beitragen, wodurch selbst die mustergültigsten Zollabkommen und Handelspakte außer Reichweite geraten.

Kushner stellt seine Erfahrungen bei der Aushandlung von Abweichungen von Bebauungsplänen und Änderungsaufträgen für Gebäudegerüste so dar, als ob sie in irgendeiner

Weise auf die Deeskalation eines Patts mit Nordkorea oder auf die Bekämpfung einer tödlichen Pandemie mit einem durch die Luft übertragbaren Virus anwendbar wären: Jedes Mal, so sagt er, war der größte Gegner das System selbst, die Anzahl der Mitarbeiter auf mittlerer Ebene, mit denen man sich auseinandersetzen musste, bevor man mit einem Entscheidungsträger verhandeln konnte. Lauschen wir also dem Mann, der die Verfügbarkeit von persönlicher Schutzausrüstung, die Testkapazität sowie die Verteilung von Beatmungsgeräten verpfuscht hat: Amerika wird niemals groß sein oder wieder groß werden, solange der Kongress, die Gerichte und die Geheimdienste nicht endlich damit anfangen, sich weniger um ihre Budgets, ihre Protokolle und Verfahren zu kümmern, sondern mehr um ihre Quartalsergebnisse. Die Diplomatie nur über das Außenministerium, die Gesundheitspolitik nur über das Gesundheitsministerium oder die Bildungspolitik nur über das Bildungsministerium abzuwickeln, war so, als ob man eine sehr hohe, lange und schöne Mauer errichten wollte, aber daran scheiterte, den geeigneten Bauunternehmer auszuwählen. Wenn man nur den Bauunternehmer beauftragen könnte, der einem ohnehin zur Verfügung gestellt wird, welchen Anreiz hätte dieser denn, überhaupt einen Finger zu rühren? Wie würde man den Bauunternehmer zur Verantwortung ziehen? Wenn er die Rechnungen in die Höhe treiben würde, wäre es dann nicht besser, einfach Mexiko dafür zahlen zu lassen? Kushner arbeitete in einem Washingtoner Establishment, das sich weigerte, ihn oder seinen Schwiegervater für bare Münze zu nehmen, und das stattdessen versuchte, sie in ein konventionelleres Bild der Exekutive hineinzupressen, ganz ähnlich wie sich das Establishment jahrzehntelang nach dem 11. September geweigert hatte, den Irak so zu akzeptieren, wie er war, oder Afghanistan so zu akzeptieren, wie es war, und stattdessen versucht hatte, diese Länder in Demokratien und Bastionen der Freiheit nach amerikanischem Vorbild zu verwandeln (oder zumindest nach dem Selbstbild, das Amerika anstrebt).

Obwohl er diese Verbindung nicht ausdrücklich herstellt, bringt Kushner seine Empörung über erzwungene Veränderungen zum Ausdruck, und zwar sowohl in Bezug auf das Verhalten von Präsidenten als auch von ausländischen Regimen, und er interpretiert ausdrücklich die Traditionen und Normen, die einen Großteil dessen ausmachen, was wir als Regierung betrachten, bestenfalls als Starrheit und schlimmstenfalls als Sabotage. In seinem gewohnten Geschäft müssen sich die Verhandlungspartner auf gemeinsame Ziele konzentrieren, nicht auf gemeinsame Werte. Wenn es nur ums Unterzeichnen von Geschäftsverträgen geht, werden moralische und ethische Ideale zu einem Klotz am Bein. Wenn Amerika nicht darauf beharren müsste (oder vorgeben müsste, darauf zu beharren), dass seine Verhandlungspartner die bürgerlichen Freiheiten respektieren und die Rechtsstaatlichkeit aufrechterhalten – welch grandiose Geschäfte könnte man dann nicht machen: Geschäfte mit China, mit Russland und vor allem mit den sunnitischen Scheichs und ihren Nepotismus-Dynastien, die sich aus »den Jared Kushners des Nahen Ostens« zusammensetzen. Mit diesen Worten, so behauptet der Jared Kushner der Vereinigten Staaten, soll der saudische Kronprinz Mohammed bin Salman einmal die Gäste einer Party bei einem offiziellen Staatsbesuch beschrieben haben. An diese Typen – und das waren alles Typen – wandte man sich direkt, indem man sie auf ihren Privatnummern anrief, wenn man sich nicht die Mühe machen wollte, den Umweg über Rex Tillerson (Trumps ersten Außenminister) oder Mike Pompeo (Trumps zweiten Außenminister nach Tillersons Entlassung) zu gehen. Ihre Geschwister waren in den Finanzministerien und ihre Cousins waren in den übrigen Ministerien, und so wussten sie, wie sich Dinge erledigen ließen, und sie wussten auch, wie man Tillerson oder Pompeo umgehen konnte, wenn deren Aussagen Kushner widersprachen. Und während zu diesen erledigten Dingen in bin Salmans Fall die unbefristete Inhaftierung und angebliche Folter dieser Cousins und Geschwister gehörten, ganz zu schweigen von der Ermordung des Journalisten Jamal Khashoggi, verrenkt sich der naive Nepotist Kushner beim Abstreiten bis zur Unglaubwürdigkeit:

In der arabischen Welt ist die Politik ein Familienunternehmen, in dem Mitglieder königlicher Familien seit Generationen regieren. Als Schwiegersohn des Präsidenten und ehemaliger Geschäftsführer eines Familienunternehmens vertrat ich etwas, was [arabische Führer] vertraut und beruhigend fanden. Sie wussten, dass ich in einer Weise als verlängerter Arm des Präsidenten auftrat, wie es nur wenigen Regierungsvertretern möglich war.

Das war die Art von Sippschafts-Staatskunst, die hinter dem Abraham-Abkommen stand, einem quasi zufälligen politischen Erfolg, der aus einem Scheitern gesprossen war – insbesondere aus Kushners Unfähigkeit, Frieden zwischen Israel und Palästina zu vermitteln. Niemand wunderte sich über Kushners Unvermögen, einen der hartnäckigsten Konflikte der Welt zu lösen, und es gab viele, von der UNO bis zur örtlichen Synagoge, in der ich aufgewachsen bin, die sich über die Hybris des Wunderknaben lustig machten, dass er die Region überhaupt für seinen Verantwortungsbereich annektierte. Und doch kann man nicht bestreiten, dass das, was Kushner aus dem Schlamassel herausgeholt hat, auf eine schusselige Weise epochal ist – ein Bündel von Abkommen zwischen Israel und den ersten arabischen Staaten, die seit den Verträgen mit Jordanien (1994) und Ägypten (1979) ihre Beziehungen zum jüdischen Staat normalisiert haben. Das ist eine Errungenschaft, die, auch wenn sie für die Vereinigten Staaten keinen nennenswerten Nutzen mit sich bringt, seinen Vater sicher gehörig stolz gemacht hat. In Jerusalem gibt es mittlerweile sogar den Kushner Garden of Peace. Wie das Abraham-Abkommen zustande kam, ist eine reine Midtown-Nummer gewesen, bei der es um eine Neubewertung der Palästinenser und Palästinas selbst ging, und zwar im Sinne dessen, was der ehemalige Konkursanwalt und Trump-Botschafter in Israel David Friedman als »Konkursverfahren« bezeichnete: »Israel ist ein gesicherter Gläubiger«, zitiert Kushner Friedman und führt aus,

es ist die einzige Demokratie in der Region mit einer stabilen Regierung, einer starken Wirtschaft und einem lebendigen Markt. Die Palästinenser sind ein ungesicherter Gläubiger: Sie haben eine korrupte Führung, eine marode Wirtschaft und keinerlei Stabilität, und dennoch glauben sie, dass sie mit den gesicherten Gläubigern gleichgestellt sind. Meiner Erfahrung nach gerät man immer in Schwierigkeiten, wenn man die schwächere Partei glauben lässt, dass sie das Sagen hat.

Um Friedmans arglistige Analogie klartextlich zu formulieren: Die Palästinenser hatten sich als so riskant und unzuverlässig erwiesen, dass sie nicht nur (offensichtlich) die Israelis und (nur etwas weniger offensichtlich) die Amerikaner verprellt hatten, sondern auch den sunnitischen Teil der arabischen Welt, der dazu neigte, den mehrheitlich schiitischen Iran als gemeinsamen Feind anzusehen. Nachdem er begriffen hatte, dass sich die größeren arabischen Regierungen allesamt viel weniger um die Palästinenser scherten, als sie ein Wiedererstarken des Iran fürchteten, ließ Kushner die Palästinenser einfach kurzerhand fallen und unterzeichnete, besiegelte und übergab verbindliche Abkommen zwischen Israel und den Vereinigten Arabischen Emiraten, Bahrain, Marokko, dem Sudan und dem Kosovo sowie ein Versöhnungsabkommen zwischen den ewig verstrittenen Staaten Saudi-Arabien und Katar. So wie Trump vermutlich nur darauf aus war, seine Einschaltquoten zu steigern und die Bedingungen seines Fernsehvertrags aufzubessern, und auf dem Weg dorthin zum Präsidenten gewählt wurde, so hatte Kushner Sicherheitsgarantien von dem glücklosen, von der Hamas und der Hisbollah bedrohten Präsidenten der Palästinensischen Autonomiebehörde, Mahmud Abbas, gesucht und war plötzlich darin involviert, das Machtgefüge des Nahen Ostens neu zu ordnen.

Der Erfolg ist umso bemerkenswerter – oder erscheint noch mehr als reine Glückssache –, wenn man sich vergegenwärtigt, dass keine der beteiligten Parteien mit dem Abkommen gerechnet hatte oder ihm aus ähnlichen Gründen zustimmen wollte: Kushner wollte Gesicht wahren, nachdem er das israelisch-palästinensische Abkommen verpfuscht hatte; die arabischen Parteien waren auf der Suche nach Investitionsmöglichkeiten im israelischen Tech-Sektor sowie nach Möglichkeiten zum Austausch von Geheimdienstinformationen und zur Zusammenarbeit im Verteidigungsbereich gegen einen bald atomar bewaffneten Iran; und ein ramponierter Benjamin Netanjahu war am Vorabend einer weiteren Wahl dankbar für jede Art von Sieg. Netanjahu entging auch nicht, dass die Abkommen eine beinah fatale Niederlage für die Palästinenser darstellten, deren Einfluss in der sunnitischen *Umma* und deren Nützlichkeit für sie so sehr geschwunden waren, dass Kushner Trump dazu bewegen konnte, Jerusalem offiziell als Israels Hauptstadt und die Golanhöhen als souveränes israelisches Territorium anzuerkennen, ohne dass die neuen arabischen Partner Israels auch nur den geringsten Mucks von sich gaben und während die arabischen Straßen nur kleinlaut murrten.

Kushners Eroberung des Nahen Ostens zu erklären, ist nur für diejenigen schwierig, die ganz bewusst verdrängt haben, dass ein Großteil der Trump-Regierung nicht das Ergebnis sorgfältiger Planung und koordinierten Handelns war, sondern das Ergebnis eines reuelosen Chaos und eines bisweilen schwachsinnigen Opportunismus, der – ob man will oder nicht – sowohl für die besten [*sic*] als auch für die schlimmsten Momente der Trump-Jahre verantwortlich war, von den Abraham-Abkommen bis hin zum versuchten Quidproquo mit der Ukraine, bei dem militärische Hilfe im Austausch gegen *Kompromat* über Biden versprochen wurde. Doch im Gegensatz zu allen anderen Figuren in Trumpistan – von Stephen Miller, dem einzigen anderen Präsidentenberater, der die gesamte Amtszeit überlebte, bis hin zu Anthony Scaramucci, dem Kommunikationsdirektor, dessen Halbwertszeit keine zehn Tage überdauerte – im Gegensatz dazu war Kushner mit der Tochter des Präsidenten verheiratet und folgte ihrem Beispiel, wie man mit Trump umgeht, indem er zum Experte darin wurde, Trumps Wankelmut zu ignorieren und sogar so zu tun, als existierte er schlicht und ergreifend nicht. Weit davon entfernt, einen (mit den Worten der *Times*) »stabilisierenden Einfluss« auf den Präsidenten zu nehmen, stibitzte Kushner von seinem Schwiegervater das, was er brauchte, und schaltete ihn, wenn es sein musste, einfach aus; schließlich hatte er dringlichere Anliegen, etwa Rettung und Rache, die Leiden der Großmütter und die Sünden der Väter.

Dies waren die Felder, auf denen er sich auskannte – Felder, die durch das Erbe und das Kindheitstrauma blutgetränkt sind. Aufgewachsen im Schatten der Shoah, in einer Familie, die mit Netanjahu befreundet war, widmet sich Kushner der Verwaltung Israels und Bibis Wiederwahl; belastet durch das Stigma der Kriminalität seines Vaters, widmet sich Kushner dem sogenannten First Step Act, durch den die Haftstrafen für nicht gewalttätige Straftäter reduziert werden; nebenbei mischt er sich in Gespräche über Freihandelsabkommen ein, die ihn mit potenziellen Investoren in Kontakt bringen, deren Zahlungen gerade in dem Moment freigegeben werden, in dem Trump nicht mehr im Amt ist und die Regulierungsbehörden sich anderswo umschauen.

Dies ist das Bild von Kushner, das mir noch lange nach dem Ende seines farblosen, selbstverherrlichenden Memoirs im Kopf bleibt: Hinter der dürftigen Prosa und der strengst geschniegelten Fassade verbirgt sich ein Geheimselbst, das vor Wut und Zorn geradezu lodert, das Groll hegt und Rechnungen begleichen will. Unter der Oberfläche des gemachten Mannes ist Kushner zutiefst ungemacht, unvollendet, für immer in seinen frühen Zwanzigern steckengeblieben, dem Zeitpunkt, als seine Familie zerfallen ist. Er ist ein ewiger Sohn, pflichtgeplagt, besessen von angezweifelter Ehre; ein selbsterklärter geringgeschätzter Streber, der selbst nach der Eroberung von Washington immer noch durch so was Mickriges wie Status und Klasse ins Schwitzen gebracht wird wie ein ewiger Vorortspießer; ein perfekter, stummer Sprecher seiner verlorenen Generation, die den Zynismus der Generation X mit dem Anspruchsdenken der Millennials verknüpft hat; und letztlich ein übergroßes Baby der ehrgeizigen Boomer, dessen Rachedurst niemals gestillt sein wird, weil die Vergeltung, nach der er lechzte, nie seine eigene gewesen ist.

Am 23. Dezember 2020 begnadigte Kushners Schwiegervater seinen Vater in demselben winterlichen Schub geheuchelter Milde, mit dem auch Paul Manafort und Roger Stone begnadigt wurden. Dieses bedeutungslose, symbollose Dekret war die Krönung von Kushners intellektuellem Kreuzzug – nicht die letzte offizielle Auslandsreise, die er ein paar Wochen später unternahm, als er die Zeremonie leitete, bei der Saudi-Arabien und Katar offiziell ihre Absicht bekundeten, wieder volle diplomatische Beziehungen zu Israel aufzunehmen – ein Sieg in letzter Minute, den er persönlich ausgehandelt hatte, und eine Widerlegung der Behauptung, er setze sich ausschließlich für jüdische Belange ein.

Als Kushner am 6. Januar 2021 nach Washington zurückflog, erfuhr er noch in der Luft, dass Trumps Anhänger das US-Kapitol belagerten, doch ich kann mir nicht vorstellen, dass er sich wirklich große Sorgen gemacht hat: Pence könnte gehängt werden, Trump könnte in Ketten abgeführt werden, die Medien könnten ihm seinen Ruhm im Golf vorenthalten und stattdessen über den Kongress berichten, der vor Horden von Cosplay-Wikingern und Neo-Konföderierten fliehen muss – es machte keinen Unterschied. Kushner hatte bekommen, was er wollte. Er hatte aus der Regierung seines Schwiegervaters mehr herausgeholt als jeder andere – mehr als Trumps eigene Kinder, mehr als Trump selbst –, und was ihn betraf, war die Wahl verloren, oder es war einfach nicht die Kosten wert, sie anzufechten und zu kippen. Er war doch gerade dabei, mit seiner Familie nach Florida umzuziehen und sich eine spannende neue Karriere im Private-Equity-Bereich aufzubauen – mit zwei Milliarden Dollar Taschengeld-Startkapital von den Saudis.

(2022)

Aufzeichnungen #1

Was für ein Stadtviertel ist Palilula (Belgrad)?
Die Art von Stadtviertel, wo die Leute zum Spaß gestohlene, enthauptete Schaufensterpuppen auf ihren Balkonen ausstellen.

Den Haag
Der General antwortete dem Untersuchungsrichter: »Aber wie kann es denn Völkermord sein, wo wir sie doch einzeln umgebracht haben? Weil wir sie ja auch einzeln gehasst haben – ich habe sie unabhängig voneinander gehasst – jeden und jede einzelne.«

Klänge aus Odessa
Klipp-klapp, klipp-klapp: Pferdehufe auf dem Kopfsteinpflaster? Oder der Paarungsruf von Stöckelschuhen?

Ansichten aus Odessa
Potemkinsche Dörfer sind unechte Dörfer, die Potemkinsche Treppe ist echt steil.

Mode von Odessa
Die Mode von Odessa ist äußerst einfallsreich: Die Streifen der Matrosen sind die gleichen wie die der Sträflinge.

Odessa bei der Arbeit
Ein Mann verlangt Geld, nur weil er einen Affen besitzt.

Geografie von Odessa
Wo immer ein Aschenbecher steht, da ist die Mitte des
Tischs.

Stolpern in London
(Verspätung führt zu Schulden, die mit Komplimenten ab-
gezahlt werden müssen.) Doch er stolperte in die Kneipe
und sagte: »Es ist dunkel draußen und du siehst super aus.«

*Sätze aus einem englischsprachigen Arbeitsheft, das in Sofia
gefunden wurde*
»Ich gehe am Montag zur Arbeit. Ich arbeite in der zweiten
Etage. Ich schalte meinen Computer ein. Das Dach ist an der
Decke.«

*Eine Sentenz, die eigentlich jiddisch sein müsste, es aber nicht
ist*
Lügen sind Ratschläge an Gott.

Kompliment eines Griechen an eine Amerikanerin
»Du siehst echt edel aus. Weil du so groß bist.«

Hostel in Bukarest
Die Farbe ist von der Wand abgeblättert, und das Loch im
Putz hat die Form des Landes, das ich für dich gründen
werde, mein Liebling.

Ein bestimmter Winkel
»Denken Sie daran«, sagte die Rezeptionistin, nachdem sie
mir einen Stift geliehen hatte, »er schreibt nur, wenn er in
einem bestimmten Winkel gehalten wird.«

Genau wie der Geist
»[Der Stift] trocknet aus, wenn du ihn nicht in Bewegung hältst.«

a
Schwer zu formender Buchst...be beim Schreiben in f...hrenden Zügen und ...utobussen.

Nachwelt
Die Nachwelt könnte denken, dass ich eine grauenvolle Handschrift hatte. In Wahrheit habe ich immer alles in Flugzeugen geschrieben.

Gedanken über Kafka,
gefunden auf alten Computern

I

Das Werk von Franz Kafka zu lesen, ist ein Vergnügen, dessen Strafe darin besteht, auch darüber schreiben zu müssen.

Bei Kafka gibt es keine Ehre ohne Leiden, und kein Leid bleibt jemals ehrlos.

Gebeten zu werden, über Kafka zu schreiben, ist so, als würde einen jemand, der unmittelbar vor der Chinesischen Mauer steht, bitten, einmal die Mauer zu beschreiben. Das einzig Ehrliche, was man tun kann, ist die Hand auszustrecken und darauf zu zeigen.

Einmal wandte sich ein Schüler an Rabbi Schalom von Belz und fragte: »Was ist erforderlich, um ein anständiges Leben zu führen? Woher soll ich wissen, was Nächstenliebe ist? Was Güte ist? Woran erkenne ich, ob ich jemals in der Gegenwart der Barmherzigkeit Gottes gewesen bin?« Und so weiter. Der Rabbiner stand da und schwieg und ließ den Schüler reden, bis er sich leergeredet hatte. Und selbst dann verharrte der Rabbiner im Schweigen, und das – Abrakadabra! – war die Antwort.

Die Bedeutung von etwas erklären zu müssen, das für einen selbst völlig klar und offensichtlich ist, ist so, als müsste man *die Bedeutung eines Menschen* erklären. Es ist unmöglich, eine solche Erklärung zu geben, und daher eine Form der Folter. Sicherlich eine der weniger schlimmen Formen, aber dennoch eine Folter. Es ist keinesfalls eine Aufgabe für einen Fan, aber auch nicht für einen Kritiker, sondern allenfalls für einen sich selbst verachtenden Irren.

Kafkas Werk sollte Standardlektüre für eine Zeit sein, die nicht in der Lage ist, ihre eigenen Maßstäbe zu definieren: eine Zeit, die alle Identitäten als Spektren behandelt, alle Urteile jedoch als binär (»gefällt mir« oder »gefällt mir nicht«); eine Zeit, die auf geeignetem Verhalten besteht, aber Aneignung verbietet (man sollte mehr Bücher aus anderen Kulturen lesen, darf aber nie ein Buch schreiben, das in einer anderen Kultur als der eigenen spielt); eine Zeit, die Lesen und Schreiben durch Rechnen ersetzt hat, dann aber beklagt, dass ihre einzige gemeinsame Kultur politisch ist (»Erinnerst du dich an 2017?« »Wessen 2017?«).

Kafka: »Was habe ich mit Juden gemeinsam? Ich habe kaum etwas mit mir gemeinsam und sollte mich ganz still, zufrieden damit daß ich atmen kann in einen Winkel stellen.«

2

Ich bin in meinem Leben sechsmal gebeten worden, über Kafka zu schreiben. Die ersten fünf Mal habe ich abgesagt. Denn ich war zu beschäftigt, zu deprimiert, zu beschäftigt, zu beschäftigt, zu deprimiert.

Keiner von Kafkas Romanen wurde zu seinen Lebzeiten fertiggestellt oder veröffentlicht. Nur neun der literarischen Texte, die ich für das Buch *He: Shorter Writings of Franz Kafka* versammelt habe, wurden zu seinen Lebzeiten publiziert. Es ist nicht klar, wie viele von ihnen fertiggestellt wurden. Fertiggestellt *sind*.

Der Aspekt des Essayschreibens, den ich am meisten verabscheue: einen biografischen Bericht über den Autor zu schreiben. Es ist lächerlich, einen Bericht zu geben, den ich, zumindest teilweise, unweigerlich aus der gleichen Online-Allwissenheit bezogen habe, die auch den Lesenden zur Verfügung steht. Also habe ich mir vorgenommen, dafür nicht das Internet zu konsultieren – gar niemanden und gar nichts zu konsultieren. Wenn die Welt jetzt niederbrennen würde, und mit ihr das gesamte Internet, und dann alle Bibliotheken, und dann alle Bücher, dann wäre das Folgende, was ich weiß und woran ich mich messen lassen muss: Kafka wurde ungefähr 1880 in Prag, der drittgrößten Stadt der österreichisch-ungarischen Monarchie, geboren und verstarb ungefähr 1920 in einem Sanatorium in einer Stadt, die mit einem *K* beginnt, im unabhängigen Österreich nach dem Kaiserreich. Er hatte an der Karls-Universität Jura studiert und war als Anwalt in der Versicherungsbranche tätig. Er war dreimal verlobt, zweimal mit derselben Frau, die Felice Bauer hieß. Er hinterließ eine testamentarische Verfügung, derzufolge sein gesamtes Werk nach seinem Tod verbrannt werden sollte, die sein Freund Max Brod nicht befolgte. Im Jahr 1918 – woran ich mich erinnere, weil es das letzte Jahr des Ersten Weltkriegs war – schrieb Kafka in sein Notizbuch, das er sonst für seinen Hebräischunterricht benutzte, »Arbeit als Freude, unzugänglich den Psychologen.« Ich glaube, ich erinnere mich noch an einige andere Kafka-Zitate, aber dieses spreche ich mir wiederholt wie ein Mantra laut vor, wenn ich mich nach meinem jeden Mittwoch um 16 Uhr stattfindenden teuren Therapietermin, bei dem ich einem Fremden meine Kindheit beschreibe, nach Hause schleppe: »Arbeit als Freude, unzugänglich den Psychologen.«

3

Kafkas Figuren haben keine andere Wahl, als Kafka zu ertragen. Wir Lesenden hingegen haben uns aus freien Stücken dazu entschlossen, uns seiner Maschinerie zu unterwerfen, und das haben wir in jeder Generation seit Kafka getan, was Tausende von Essays und akademischen Abhandlungen, mehr als einhundert Biografien, mehr als ein Dutzend Filme und Fernsehsendungen hervorgebracht hat, ganz zu schweigen von der Kafka-Branding-Industrie, zu der eine Computerschriftart gehört, die die Handschrift des Autors imitiert (und neben dem großen K auch ein skurril-anachronistisches €-Zeichen enthält), dazu T-Shirts, Hüte, Schlüsselanhänger und Smartphone-Hüllen mit seinem Gesicht und vielem anderen mehr. Aus psychoanalytischer Sicht kann unsere Kafka-Objektbesetzung als ein Ergebnis unserer Ablehnung durch das Subjekt gelesen werden – eine Reaktion auf die Tatsache, dass jedes Mal, wenn ein neuer Anbieter von wissenschaftlichen Kafkaiana behauptet, einen bestimmten Aspekt des Lebens des Autors endlich fest im Griff zu haben – seine Identität als deutschsprachiger Tscheche oder Jude oder Zionist oder Antizionist oder Marxist oder Feminist oder Amerikanophiler oder Vegetarier oder Hypochonder oder Anwalt oder Bruder oder Sohn –, Kafka, wer auch immer Kafka war oder ist, weiter und weiter davonschwebt. Ich bin der Überzeugung, dass wir uns durch diese unerfüllte Suche immer mehr erniedrigen, weil Kafka der letzte wirklich große Schriftsteller war, den wir alle hatten, und mit *uns* meine ich deutschsprachige Tschechen, Jüdinnen, Zionisten, Antizionistinnen, Marxisten, Feministinnen, Amerikanophile, Vegetarierinnen, Hypochonder, Anwältinnen, Brüder und Schwestern und Töchter und Söhne.

Was selbst in den großen Kafka-Studien am stärksten fehlt, ist eine konkrete Betrachtung des Schreibens selbst – des Stils eines Kafka-Satzes, der typischerweise mit einem vollkommen klaren Gedanken beginnt und sich dann in einem Getümmel aus Kommata verliert, während er bemüht bleibt, alle Gedanken, die sich aus diesem einen Gedanken ableiten lassen, oft sogar noch den gegensätzlichen Gedanken, vor dem letzten Punkt unterzubringen. Dieser Versuch, die gesamten Konsequenzen eines einzigen Gedankens in einem einzigen Satz darzustellen – ein Gedankenstrom, der beinahe immer bequemer in zwei Sätzen oder sogar in einem schön bürgerlichen, kaminwarmen Absatz untergebracht wäre – verleiht der Prosa eine ansammelnde, durch grammatikalische Verzögerungen, die im Englischen weniger naheliegend sind als im deutschen Original mit seiner »invertierten« Wortstellung, ständig unterlaufene Intensität. Die englische SVO-Reihenfolge (Subjekt-Verb-Objekt) führt zu Sätzen, in denen es darum geht, *wer was mit wem macht*, während die deutsche SOV-Reihenfolge in Kafkas zahllosen Nebensätzen eher darauf abzielt, *wer mit wem was macht*. Dieser syntaktische Unterschied ist ein Grund – wenn auch nur einer – dafür, dass englischsprachige Lesende dazu neigen, von einem Satz zu erwarten, dass er sich sofort ausdrückt – dass er von Anfang an klarmacht, worum es geht –, während deutschsprachige Lesende eher auf Ungewissheit konditioniert sind, da sie das volle Verständnis eines Satzes bis zu seinem Ende aufschieben müssen. Da ein englischer Satz in der Regel seinen grundlegenden Zweck am Anfang ankündigt, kann er diesen Zweck fast immer nur erweitern oder modifizieren und ihn nie oder nur selten aufheben. Ein deutschsprachiger Satz hingegen kann das Verständnis der

Lesenden in dem Maße erweitern, wie sich der Satz selbst erweitert, indem er weniger provisorisch wird, wenn er am Objekt vorbei auf das abschließende Verb jedes Nebensatzes zusteuert, während der Satz selbst auf seine endgültige semantische Vollendung zusteuert.

Hier ist ein zentraler Satz von Kafka über den Bau der Chinesischen Mauer, übersetzt von Willa und Edwin Muir:

> In fact it is said that there are gaps which have never been filled in at all – according to some they are far larger than the completed sections – though this assertion is merely one of the many legends to which the building of the wall gave rise, and which cannot be verified, at least by any single man with his own eyes and judgment, on account of the extent of the structure.

Und hier ist derselbe Satz, übersetzt von Stanley Corngold:

> Indeed, it said that there are gaps that have not been filled in at all; according to some people these are much larger than the completed sections, although this assertion may be only one of the many legends that have grown up around the Wall and which, given the length of the Wall, is not something one person can verify, at least with his own eyes, and by his own standards.

Die Version der Muirs strebt nach einem solchen Drehmoment, dass sie Gefahr läuft, nicht nur originalgetreu, sondern auch unvollständig zu werden, während Corngolds Version so sehr um Genauigkeit und Erklärung bemüht ist, dass sie Gefahr läuft, weder das eine noch das andere zu erreichen.

Ich will nicht behaupten, dass ich es besser machen könnte – das könnte ich nicht. Ich will lediglich sagen, dass keine der beiden Versionen die Ängste des Deutschen einfängt:

> Ja, es soll Lücken geben, die überhaupt nicht verbaut worden sind, eine Behauptung allerdings, die möglicherweise nur zu den vielen Legenden gehört, die um den Bau entstanden sind, und die, für den einzelnen Menschen wenigstens, mit eigenen Augen und eigenem Maßstab infolge der Ausdehnung des Baues unnachprüfbar sind.

Wenn ich mich schon zum Narren machen muss, dann nicht durch eine Übersetzung, sondern durch eine grobe englische Annäherung an die deutsche Syntax, wobei ich eine Mischung aus Muirs und Corngolds Wortwahl beibehalte:

> Indeed, it is said that gaps there are, that filled in have never been at all, an assertion, however, that probably only to the many legends belongs, that around the Wall have arisen, and that, at least by any single person with their own eyes and standards, on account of the extent of the Wall, cannot be verified.

Wenn Verben am Ende eines Satzes stehen, wird der Sinn des Satzes vertagt, bis dieser Schluss eintrifft, sodass die Ankunft sich als Urteil erweist.

So wird es deutlich:

> *Indeed, it is said that gaps* there are,
>   *that filled in* have never been at all,

an assertion, however, that probably only to the many
  legends belongs,
that around the Wall have arisen,
and that, at least by any single person with their own eyes
  and standards, on account of
the extent of the Wall, cannot be verified.

Die Manipulation dieser verschachtelten »Inversion« zum Zweck der Variation, des rhythmischen Antriebs, der Klischee-Verhöhnung sowie des subversiven Humors ist ein bedeutendes Merkmal nicht nur von Kafkas Stil, sondern auch von Kafkas Geist und sollte uns Lesenden mindestens ebenso wichtig sein wie die Religiosität, Eschatologie, Libido und Schlaflosigkeit des Autors.

4

Der Satz ist das, woran man Schriftsteller misst. Das englische Wort *sentence* bedeutet nicht nur Satz, sondern auch Urteil, und somit steckt darin mehr als ein einfaches Wortspiel über Kafkas Berufung. Seine Prosa – vor allem die literarische Prosa, die er nachts und während seiner Krankschreibungen und Sanatoriumsaufenthalte schrieb – ahmt den Anspruch des Gesetzes nach: Beide sind Versuche, durch Abschnitte, Unterabschnitte und Nebensätze eine stattliche Struktur von völlig kohärenter Logik in einer völlig inkohärenten, unlogischen Welt zu schaffen. Diese kohärente Logik ist natürlich die eigentliche Fiktion, denn die Welt kann niemals so geordnet werden wie Prosa und niemals mit derselben ausgewogenen Eleganz der Form zur Entfaltung gebracht werden. Kafkas Fiktion diagnostiziert die Krisen seiner Figuren nur, und sie verweigert jede Linderung, so als wollte Kafka die Grenzen des Rechts nachformen, das lediglich Schäden ausgleichen, aber nicht verhindern kann. Die größte Ähnlichkeit zwischen Kafkas Schreiben und dem juristischen Schreiben besteht dabei allerdings in der Zweideutigkeit – beide Schreibweisen verhalten sich auf exakt dieselbe Weise zur Zweideutigkeit. Beide bestehen aus dem Bemühen des Schreibenden, immer wieder genau Maß zu nehmen und zu definieren, welcher Spielraum für Interpretation und Anwendung noch zur Verfügung steht. In seinen literarischen Texten lässt Kafka bestimmte Elemente unbeschrieben (Gesichter der Figuren) oder unterbeschrieben (Schauplätze), um den Lesenden die Möglichkeit zu geben, eigene Beschreibungen vorzunehmen und somit die Universalität zu personalisieren. Er fördert diesen Spielraum, indem er nur selten Oberflächenmetaphern verwendet und stattdessen lieber strukturelle Metaphern (oder Allegorien oder Parabeln) einführt und indem er seine Themen negativ definiert: »Unser Städtchen liegt nicht etwa an der Grenze, bei weitem nicht, zur Grenze ist es noch so weit, daß vielleicht noch niemand aus dem Städtchen dort gewesen ist« (»Die Abweisung«). Im Allgemeinen zieht es Kafka vor, Dinge oder Personen innerhalb seiner fiktiven Welt nicht mit Dingen oder Personen außerhalb von ihr in Verbindung zu bringen. Die Selbstreferenz ist sein Hauptmodus: Seine literarischen Texte stecken voller Formulierungen wie »wie ich zu tun pflege« und »wie ich dachte«, die durch Vergleich und Kontrast einen Präzedenzfall schaffen. Kafkas tiefste Zweideutigkeit liegt allerdings in seinem Gebrauch des Konjunktivs – seine Momente des »als ob«: »Gehe ich nur in der Richtung zum Ausgang, sei ich auch noch durch Gänge und Plätze von ihm getrennt, glaube ich schon in die Atmosphäre einer großen Gefahr zu geraten, mir ist manchmal, als verdünne sich mein Fell, als könnte ich bald mit bloßem kahlen Fleisch dastehen und in diesem Augenblick vom Geheul meiner Feinde begrüßt werden.« (»Der Bau«). Hier und anderswo macht Kafka die einfachste Grammatik zu einer metamorphen Kraft, bis der vorherrschende Effekt nicht mehr das Vorhandensein eines unzuverlässigen Erzählers ist, sondern die Abwesenheit des einzig verlässlichen Erzählers des Universums, also Gott.

Die Zweideutigkeit des Gesetzes ist berüchtigter und von größerer Tragweite. Kurzum, die abscheulichsten Gesetze werden von denjenigen verfasst, die am meisten darauf hoffen, sie zu umgehen. Für die Gesetzgeber besteht ein systematischer Anreiz, alle Bestimmungen des Gesetzes, die ihre Macht einschränken, auszulassen oder zu verschleiern. Ganz deutlich gesagt: Das Gesetz, auf das ich mich hier beziehe, umfasst nicht die offen unterdrückende Gesetzgebung, die keinen Versuch unternimmt, ihre diskriminierende Absicht zu verschleiern (wie etwa die Nürnberger Gesetze der Nazis, denen Kafkas drei Schwestern zum Opfer fielen, oder die Sklavereigesetzgebung, die rassistischen Black Codes und Jim Crow-Gesetze meines Landes). Stattdessen beziehe ich mich auf das Gesetz der vorsätzlichen Unzulänglichkeit, das sich Schlupflöcher zunutze macht, um der Politik zu entkommen, und das die Korruption in wohltätige Rhetorik hüllt, bevor es sie tief unter oberflächlichen Reformen vergräbt. Noch zweideutiger, zumindest hinsichtlich ihrer Autorität, und mit Sicherheit noch schädlicher, sind geheim oder unter Verschluss gehaltene Gesetzeskodexe eines Landes, die gegen das öffentlich anerkannte Gesetz verstoßen.

Ein Beispiel, wiederum aus meinem eigenen Land, ist das offiziell geheime Gesetz, das es der US-Regierung unter Verletzung der US-Verfassung erlaubt, die gesamte Kommunikation ihrer Bürgerschaft zu überwachen, einschließlich dessen, was ich hier gerade auf meinem Computer schreibe.

Während Recht und Gesetz immer zweideutiger werden, wird es die Literatur immer weniger, und wir Menschen werden hauptsächlich als Daten lesbar – als Knotenpunkte aus Gewohnheiten, Vorlieben und demografischen Informationen, die verwendet werden, um Algorithmen zu generieren, und diese werden zu unseren Begrenzungen und bindenden Urteilen. Algorithmen sind Sätze und somit Urteile, die auf der Grundlage von Eingaben (fast hätte ich *Einkommen* geschrieben) Ergebnisse berechnen. Sie bestehen aus einer Folge von binären Entscheidungen – *wenn* dies geschieht, *dann* sollte das geschehen; *wenn* dies *nicht* geschieht, *dann* sollte das *nicht* geschehen –, die im ständigen Wechsel etwas ein- oder ausschließen. Die ersten Algorithmen wurden von Menschen geschrieben, um Computer anzuweisen, Berechnungen durchzuführen, die der Mensch allein nicht bewältigen konnte. Heute werden diese Algorithmen von Computern »selbst« geschrieben, um andere Computer anzuweisen, immer kompliziertere, weltbeherrschende Aufgaben auszuführen.

Diese Automatisierung ist das ultimative Zeichen für den Niedergang der Autorität des Gesetzes – einer Autorität, die einst von Kirchen und Monarchien ausging, die für sich beanspruchten, von Gott eingesetzt zu sein; anschließend von Regierungen, die für sich beanspruchten durch Wahlen eingesetzt zu sein. Heute geht sie von unseren Maschinen aus, die für jeden von uns ein individuelles Gesetz generieren, das auf jedem unserer Klicks und Tastendrücke, auf jeder unserer schwächlichen Entscheidungen beruht. Diese automatisierten Gesetze bestimmen nun unser Leben. Sie sind für fast alles verantwortlich, was wir sehen und hören. Sie sagen uns, wo wir essen, wann wir Sport treiben und sogar mit wem wir Sex haben sollen. Sie sagen uns, was wir lesen sollen, und damit sagen sie uns, wer wir sind. Es gibt keine Möglichkeit zu berechnen, welche Auswirkungen diese Automatisierung auf unser Seelenleben hat, denn unsere Seelen existieren nicht in der Domäne der Berechnung. Jeder Versuch, diesen Schaden aufzuzählen, stärkt bloß den Aufzählungsschaden, den die Technokratie verursacht.

5

Einmal saß ich in Jerusalem in einem Café und las Kafka (auf Englisch). Irgendwann war das Café zu einer Bar geworden – das heißt, das Kaffee- und Teetrinken war den Alkoholika gewichen –, und als ich eine Lesepause machte und mich umsah, stellte ich fest, dass eine Menge von Leuten angetrunken war. Ein Mann kam an meinen Tisch, drehte einen Stuhl um, setzte sich drauf, nahm mir das Buch aus der Hand und musterte es. »Wovon handelt es?«, fragte er. Er war Anfang zwanzig, voller Tics, aggressiv, bierernst. »Es geht um unmögliche Situationen«, sagte ich auf Hebräisch, und in dem Moment, als der Satz aus meinem Mund kam, bereute ich ihn, weil sich die Worte – vor allem angesichts meines ausländischen Akzents – anhörten, als würde ich einen journalistischen Euphemismus für den Konflikt zwischen Israel und Palästina zitieren. Der Mann lehnte sich ganz dicht zu mir und sagte mit Säuferatem: »Unmögliche Situationen wie was?« Mir wurde klar, dass ich *diese unmögliche Situation* entschärfen musste, und so erzählte ich ihm, dass es in einem von Kafkas Büchern um einen Mann geht, der eines Verbrechens beschuldigt wird, wobei ihm aber niemand mitteilt, um welches Verbrechen es sich handelt, weshalb er sich nicht verteidigen kann. Ich erzählte ihm, dass es in einem anderen Buch um einen Mann geht, der unfähig ist, ein Land zu vermessen (ich kannte das hebräische Wort für »Landvermesser« nicht, also sagte ich ungefähr so was wie »Kartenmacher«), und der im Rahmen seiner Arbeit in eine fremde Stadt kommt und von den Behörden, die die Stadt von ihrem Schloss aus regieren, eine Erlaubnis braucht, um seinen Beruf dort auszuüben oder auch nur dort bleiben zu können, wobei die Schlossbehörden sich weigern, ihm eine Arbeits- oder sogar eine Aufenthaltsgenehmigung zu erteilen, und jede Entscheidung über seinen rechtlichen Status auf unbestimmte Zeit aufschieben. Inzwischen hatte sich das Gesicht des Mannes vor mir alarmrot verfärbt, und die Gefäße in seinem Hals schwollen an und pochten vor Wut. Da ich nicht wusste, was ich gesagt haben könnte, das ihn so wütend machte, oder was ich sonst noch tun könnte, um ihn zu beruhigen, fuhr ich einfach mit meiner Erklärung fort und sagte, dass dieses Buch – das er immer noch in der Hand hielt und so fest umklammerte, dass ich meinte, er würde es jeden Augenblick in zwei Teile reißen – *Amerika* hieß und dass es von Amerika handelte, und weil es der erste Roman des Autors war, war es nicht ganz typisch für –

Der Mann sprang vom Stuhl auf, klatschte das Buch auf den Tisch und schrie (in meiner losen Übersetzung): »Also sind die Leute in den Büchern verdammte Vollidioten? Es soll lustig sein, dass sie so dumm sind? Als ich mal ganz schnell einen neuen Pass gebraucht hab, weil mein alter abgelaufen war und ich geschäftlich nach London musste, haben die mir im Passamt gesagt: Nein, das geht nicht. Und ich hätte es dabei belassen können und hätte aufgeben können, aber das habe ich nicht getan. Ich hätte zu viel Geld verloren. Also habe ich einfach meinen Cousin angerufen, der Bruder seiner Frau arbeitet für das Innenministerium, und in einer Woche hatte ich meinen neuen Pass. So muss man das machen. Ich meine, du hast einen Job zu machen, also mach ihn. Lass dich von nichts aufhalten.« Er warf das Buch jetzt auf den Boden, und mittlerweile war allen Gästen der Café-Bar dieses Geschehen aufgefallen, und manche entfernten sich, um ihm Raum für seinen Wutanfall zu geben. »Und wenn mich jemand beschuldigen würde, dass ich ein Verbrechen begangen hätte, das ich nicht begangen habe«, fuhr er fort, »dann würde ich meinen Kumpel aus der Armee – der ist Anwalt –, den würde ich dazu bringen, den Typen auf sein ganzes Geld zu verklagen und ihm seine Wohnung und sein Auto wegzunehmen. Und wenn sie mich danach weiter beschuldigen, würde ich ihnen den Arsch aufreißen. Ich würde rausfinden, wo ihre Büros sind, und draußen warten, bis sie rauskommen. Dann würd ich sie von hinten überfallen und so machen und so« – er schlug und trat durch die Luft auf einen imaginären Feind ein, nahm imaginäre Gegner in den Schwitzkasten und würgte sie.

Ich rannte davon und lief den Block entlang und drehte mich erst an der Ecke um: Der Mann wurde von Kellnern festgehalten. *Amerika* war verloren – es ist das einzige Buch von Kafka, das ich nie zu Ende gelesen habe. Aber bis heute sind mir die Worte des Mannes und sein Luftkampf im Gedächtnis geblieben, und ich bin mir immer noch nicht sicher, wie ich das Ganze auffassen soll – wenn nicht als klares Indiz für die Unterschiede zwischen dem mitteleuropäischen Willen zur Zweideutigkeit und der nahezu universellen Ungeduld der Gegenwart.

Kafka ist auf dem Neuen Jüdischen Friedhof am verfallenen Stadtrand von Prag begraben. Der ursprüngliche Grabstein wurde gestohlen (einige sagen, von einem literaturbegeisterten Nazi, andere sagen, von der tschechoslowakischen kommunistischen Regierung). Dann wurde der Ersatzgrabstein gestohlen (einige sagen, von einer tschechoslowakischen antikommunistischen Untergrund-Jugendbewegung, andere sagen, von einem privaten Sammler aus dem Westen). Heute ist der Stein, unter dem der Autor ruht, ein Ersatzgrabstein des Ersatzgrabsteins – ein hässlicher sechseckiger Monolith. Als ich das letzte Mal den Friedhof besuchte, um einen Mann zu beerdigen, der den Holocaust überlebt hatte und dessen Memoiren ich als Ghostwriter verfasste, waren Arbeiter gerade dabei, dort Überwachungskameras zu installieren.

(2020)

Gregor von Rezzoris gewaltiges Nachkriegsmeisterwerk

I

Wenn man mir eine Pistole an den Kopf halten und mich bitten würde, Gregor von Rezzoris zusammengehörige Romane *Der Tod meines Bruders Abel* und *Kain: Das letzte Manuskript*, die im Englischen zusammen als *Abel and Cain* erschienen, in drei Sätzen zu beschreiben, würde ich Folgendes antworten: Mord. Mord. Mord. Ersten, zweiten und dritten Grades: vorsätzlich, unvorsätzlich, unfreiwillig. Brudermord, Geschwistermord, Elternmord. Völkermord, Geschichtsmord, Gottesmord.

Jede erdenkliche Mordart, mit all ihren Gewalten, durchzieht, angefangen bei seinem Titel, der an das Opfer und den Täter des ersten biblischen Mordes erinnert, jeden einzelnen Aspekt dieses bemerkenswerten grimmigen Werks bis hin zu den immer wiederkehrenden Beschwörungen von Nazi-Todeslagern und deutschen Städten, auf die die Alliierten ihre Bomben herabregnen lassen. Hinzu kommen die zahllosen weniger wörtlichen Morde, die *Gedankenmorde* des Werks: der Mord, den Schreibende begehen, wenn sie ihre Familie und Bekannten in ihren Büchern verarbeiten, und der Mord an Schriftstellern und Büchern, der von ihren Agentinnen, Lektoren, Verlegerinnen und Vorwortschreibern begangen wird. Nicht zu vergessen der »Mord« an Büchern durch ihre Verfilmungen und der »Mord« an der Literatur selbst durch Film und Fernsehen.

In einem Pariser Café am Vorabend des Jahres 1968 trifft ein galizischer Jude namens Brodny, der sich als amerikanischer Literaturagent ausgibt, einen zunächst unbenannten deutschsprachigen Schriftsteller und bittet ihn um »seine Geschichte«, was der Schriftsteller als »die Geschichte seines Lebens« versteht, die aber im Hollywood-Stil erzählt wird: knapp genug, um sie auf einer Serviette skizzieren zu können, schnell genug erzählt, um in einem Aufzug gepitcht zu werden. In der Filmbranche heißt der suggestiv psychoanalytische Begriff für diese Art von Exposé »Treatment«, also Behandlung, und der Autor ist, gelinde gesagt, dagegen resistent. Inzwischen fragt der Agent nicht mehr, nein, er schreit förmlich: »Erzählen Sie mir die *story* in drei Sätzen!«

Der Schriftsteller ist von dieser Forderung nach Abkürzung, Verkürzung, Verkapselung und so fort derart beleidigt, dass er den Agenten abserviert, in sein Hotel zurückeilt und, seine Schreibblockade vergessend, dieses Buch oder diese Bücher abfasst – in denen er sich »Aristides Subicz« nennt, wobei unklar ist, ob dies sein »echter« Name ist oder ein Pseudonym, das er für seinen Brotberuf als Drehbuchautor angenommen hat, oder eine Überlebensidentität, in die er in Kriegszeiten geschlüpft ist. (Aristides war ein athenischer Staatsmann. Subicz war der Name eines antiken Herrscherhauses in Dalmatien, das sich über das heutige Kroatien und Bosnien erstreckte.)

Je mehr der Schriftsteller Subicz dem Agenten Brodny erklärt, warum sein Leben nicht für den Film komprimiert werden kann, desto mehr erzählt er naturgemäß aus diesem Leben selbst: Er erzählt von seiner Geburt 1919 in Bessarabien, kurz nachdem es von Rumänien annektiert worden war, von seiner österreichisch-dalmatischen Mutter, die ihn an der Côte d'Azur herumschleppt, während sie verschiedene Liebhaber an der Angel hat, die Subicz »Onkel« nennt (ein Sammelsurium aus »bolivianischen Zinnminenbesitzern, argentinischen Viehzüchtern, irischen Bierkönigen, holländischen Erdölmagnaten« und einem rumänischen Adligen mit osmanischen Wurzeln – Onkel Ferdinand –, der vielleicht, vielleicht aber auch nicht, der Vater des Jungen ist), den Selbstmord seiner Mutter und seine anschließende Adoption durch die entfremdete Familie seiner Mutter im verwahrlosten, entbürgerlichten Wien der Zwischenkriegsjahre; seine schulische Rivalität mit dem chronischen Masturbator und gewichsten Nazi Vetter Wolfgang, seine Affäre mit einer Jüdin namens Stella und seine Freundschaft mit ihrem Mann John, einem britischen Diplomaten und Spion, der ihn in die Haute Society einführt, als diese gerade zusammenbricht.

Die Anekdoten reißen nicht ab, nicht mal für den Anschluss: Subicz stopft wieder und wieder, wo immer er kann – in den Haupttext, in Dialoge, in Klammern – welche rein, etwa wie er Tante Selma einmal dazu brachte, eine Handvoll Eichenlaub in den Lauf von Vetter Wolfgangs Gewehr zu stecken:

1939: Ich war schon in Rumänien, um für mein Teil Soldat zu werden, konnte ihn also nicht verabschieden, als er in einen Zug verladen wurde, um ins Polenland zu stürmen. Im Feldgrau, in dem er sich ein paar Wochen früher so rührend vor mir aufgepflanzt hatte (»Na – was sagst du nun?«). Aber ich hatte Tante Selma gebeten, ihm zum Abschied (wie's doch so üblich ist in großen deutschen Stunden) ein Büschel Eichenlaub in den Gewehrlauf zu stecken. Sie hatte das auch sehr folgsam und gerührt von meinem Zartsinn getan. Vetter Wolfgang fuhr mit dem Zug stracks in seine Feuertaufe. Hatte gar keine Zeit und Gelegenheit, das Eichenlaub aus dem Gewehrlauf zu ziehen. Dachte wahrscheinlich gar nicht daran, daß es dort steckte. Wußte lediglich, daß der Zug auf freier Strecke gehalten hatte und daß es splitterte und krachte. Begriff somit, daß er beschossen wurde, und daß es seine Pflicht war, zurückzuschießen, wohin er mit seinen halbblinden Augen nur zielen konnte. Also schoß er zurück. Und da mein Büschel Eichenlaub ihm das Gewehr verstopfte, ging der Schuß nach hinten raus, riß ihm das Schloß aus der Kammer und den rechten Daumen ab. Ein Tausendguldenschuß. Nagel [von dem später die Rede sein wird] mit Hingabe seines ganzen rechten Arms war nicht gründlicher von weiteren Kriegsdiensten befreit.

Vetter Wolfgang wurde mit einem Verwundetentransport nach Wien zurückgeschickt. Gleich mit dem Gegenzug. Dort biß ihn eine Ratte, die sich unprogrammgemäß in den Waggon für acht Pferde, beziehungsweise vierzig (lädierte) Mann eingeschlichen hatte. Als er nach ein paar Tagen in Wien eintraf, lag er im Sterben.

Subicz desertiert von der rumänischen Armee, um beinahe unmittelbar nach der Einberufung in Berlin einen wahnwitzigen Versuch des Wiedersehens mit Stella zu unternehmen, die in die Schweiz geflüchtet ist. Er wartet auf sie, doch sie taucht nicht auf; die ss hat sie ins Gas und in die Öfen verschleppt. Am Ende des Krieges befindet sich Subicz in Hamburg, einer Stadt, die gerade durch den bis dahin schwersten Angriff in der Geschichte der Luftkriegsführung dem

Erdboden gleichgemacht wurde. Dort beginnt Subicz als Romanautor zu arbeiten, doch da die Reichsmark wertlos und die D-Mark knapp ist – und er eine Frau, einen Sohn, eine Geliebte und eine Prostitutionsvorliebe hat –, nimmt er Nebenjobs an, indem er Drehbücher für die »Produzentenferkel« der deutschen Filmindustrie schreibt, die den Ruhm, wenn auch nicht die Ästhetik, der Weimarer UFA wiederbeleben wollen.

2

Wie viele Abels haben wir inzwischen? Auf jeden Fall Vetter Wolfgang, auf jeden Fall Stella. Aber hat Hollywood nicht ein drittes Urteil gefordert – ein drittes Todesurteil?

Hier kommt Schwab ins Spiel.

Die zentrale Präsenz in Subiczs Nachkriegsleben ist ein Mann namens Johannes Schwab, der wie Subicz selbst ein frustrierter Schriftsteller, im Gegensatz zu Subicz allerdings nicht billig genug für den Film ist und deshalb als Buchlektor arbeitet. Man kann Mitleid haben mit dem ernsthaften Deutschen – er glaubt, er sei ehrlich.

Schwab ist in Wahrheit Subiczs Lektor, was bedeutet, dass er sich für Subiczs Talent verbürgt und seinem Autor eine Reihe von Vorschüssen verschafft hat. Natürlich muss nicht erwähnt werden, dass Subciz noch nicht eine Seite abgeliefert hat.

Schwab, der ebenfalls in Hamburg lebt, auch wenn ihn sein Nachname eher als Schwabe markiert, ist der deutsche »Bruder« von dem irrlichternden »Österreicher« Subicz. Schwabs erster Auftritt ist beinahe eine Diagnose: »Er trug einen dicken Rollkragenpullover (nicht Hanseaten-*outfit*, sondern mit Schnürlsamthosen und *Béret basque* die Zunfttracht der deutschen Intellektuellen in den fünfziger Jahren, die er in die sechziger tradierte – typisch für Epochenverschlepper, die sich für Avantgardisten halten!)«

Zwei Jahrzehnte des Wartens auf Subiczs Seiten haben ihren Tribut gefordert. Schwab reist nach Paris, um Subicz zu treffen (so wie der Agent Brodny Subicz trifft, obwohl dies in der Chronologie des Romans erst Jahre später geschieht), und zwischen zimmerwarmen Gin Tonics, Zigaretten und Tabletten gesteht Schwab Subicz: Er ist nicht einverstanden mit dem Wirtschaftswunder, aber er braucht das Gehalt und die Vergünstigungen, die mit ihm einhergehen; auch ist er nicht einverstanden mit der aufkeimenden Studentenbewegung, aber er braucht die Exzesse und Absichten, die mit ihr einhergehen. Subicz sollte besorgt sein, doch Männer, die Massenabschlachtungen überlebt haben, neigen dazu, sich nicht allzu viele Gedanken über Drogenmissbrauch zu machen, und denken schon gar nicht an Interventionen – bestenfalls betrinken sie sich maßlos und übernehmen die Rechnung, was Subicz auch tut. Schwab kehrt nach Deutschland zurück und säuft sich zu Tode. Subicz nennt es Selbstmord, was nur der höfliche Ausdruck für einen weiteren Mord ist, den ihm niemand anlasten konnte.

Tatsächlich wird Schwab in Subiczs Erzählung, die die beiden mit A und B bezeichneten Abschnitte oder »Mappen« einnimmt, als der Abel zu Subiczs Kain dargestellt: Subicz »tötet« Schwab, indem er ihn wegen des Films im Stich lässt oder indem er es versäumt, ein Buch zu schreiben, das Schwab wieder zu Ansehen verholfen hätte in seinem Verlag, der unter zunehmendem Druck steht, Gewinne zu erzielen, während die Muttergesellschaft des Medienkonzerns zu einem globalen Hegemon wird. Je mehr man sich der Mappe C nähert, desto mehr drängt sich allerdings der Gedanke auf, dass die Rollen auch getauscht werden und dass Schwab in Wahrheit Kain und Subicz in Wahrheit Abel sein könnte: Schwab »tötet« Subicz, indem er zu ausschweifend wird, um ihn zu lektorieren, oder indem er sich auch für Nagel einsetzt, einen berühmten, aber schwerfälligen deutschen Schriftsteller, dessen Erfolg Subicz in die Quere kommt (Nagel ist aus verschiedenen Personen zusammengesetzt, aber er steht auch für Nobelpreisträger und Mitglied der Waffen-ss Günter Wilhelm Grass). Eine weitere Möglichkeit, das titelgebende Brüderpaar zu lesen, ist durch die Linse der Nationalität: Subiczs Österreich-Ungarn ist der Abel, der vom deutschen Kain ermordet wurde, der den Nationalsozialismus förderte und ihn Europa aufzwang. Oder anders: Schwabs Deutschland ist der Abel, ermordet vom Kain Österreich-Ungarns, Hitlers Heimatland.

Doch wer welche Rolle spielt, ist letztendlich egal: Am Ende des Buches sind all diese Figuren, all diese Nationen, tot.

Wie berichtet wurde, stirbt Schwab an seinen Gewohnheiten, und Subicz stirbt bei einem Autounfall mit einem französischen Starlet kurz vor Avignon, als sie sich auf dem Weg von Paris nach Cannes befinden. Deutschland und Österreich sind inzwischen zu geistigen Gewohnheiten, zum Aberglauben verkommen – weil alle ihre Städte im Wesentlichen zu Vorposten Amerikas geworden sind, dessen Energie nach Kursivschrift schreit:

eingebaut in diese schundigen Schachtelungen bereits wieder die Ruinen von morgen: die Zement-und-Blech-Ödnis der Amerikanik zweiter Hand mit ihren Räudegürteln aus Rost und Mörtel, durchwest, durchwimmelt von stetig anschwellenden, beängstigend ausschwärmenden Massen immer farbloserer immer unzufriedenerer immer anspruchsvollerer immer hoffnungsloserer immer bösartigerer Supermarkt-Konsumenten in immer schnelleren blechigeren eiliger zusammengeklopften gefährlicheren Fahrzeugen: den Fressern in den Autobahn-Raststätten mit den leeren Blicken über den mampfenden kauenden schluckenden knetenden Mündern ...

Während sich die Mappen ordentlich entfalten und Subiczs erzählte Gespräche Dialogen aus Szenen von Subiczs aufgegebenen Romanen weichen, die dann wiederum Dialogen aus Szenen von Subiczs aufgegebenen Drehbüchern weichen – die wiederum alle mit Schwabs redaktionellen Notizen durchsetzt sind –, wird die Grenze zwischen den »Brüdern« beinahe ausgelöscht, wie die Grenze zwischen Österreich und Ungarn, deren Mauer ein halbes Jahr vor der Mauer in Berlin fiel, als ob das große alte Reich einen letzten Versuch unternommen hätte, sich selbst zu restaurieren und seine Standards wieder zu behaupten, bevor Coca-Cola und Levi's die Macht übernehmen.

3

Als Gregor von Rezzori 1998 starb, war er mit diesem Material noch nicht fertig geworden. 1976 hatte er das publiziert, was er das einleitende Pneuma nannte (das von den beiden Pariser Treffen, dem Interview mit Brodny und dem Saufgelage mit Schwab gerahmt wird), sowie die Mappen A und B; er veröffentlichte alles in einem Buch mit dem Titel *Der Tod Meines Bruders Abel*, das 1985 als *The Death of My*

Brother Abel ins Englische übersetzt wurde. Die Mappe C wurde im Jahr 2000 posthum unter dem Titel *Kain* veröffentlicht und nie ins Englische übertragen. Hier liegen beide Bände zum ersten Mal zusammen vor, was den Effekt zur Folge hat, dass das Geben und Nehmen in Subicz und Schwabs Beziehung eher zu einer Abzweigung oder Verzweigung wird: Es sind die beiden Leben oder Tode, die auch Rezzoris Leben oder Tode sein könnten.

Gregor Arnulph Hilarius d'Arezzo, allen als »Grisha« bekannt, wurde nicht nach dem Ersten Weltkrieg geboren, wie seine beiden »Brüder«, sondern gleich zu dessen Beginn, im Jahr 1914, in der Stadt Czernowitz, damals Hauptstadt des Herzogtums Bukowina, später eine Großstadt im Königreich Rumänien und heute eine Provinzstadt in der Ukraine. Seine Familie bestand aus sizilianischen Aristokraten aus Ragusa, die als habsburgische Beamte dienten. Grisha erbte deren Weltoffenheit und beherrschte sieben Sprachen fließend. Den Krieg verbrachte er zunächst in der rumänischen Armee, dann mit falschen Papieren in Berlin, wo er unablässig versuchte, über das zu schreiben, was er gerade erlebte. Doch jeder Versuch, seine Gegenwart zu dokumentieren, führte ihn in die Vergangenheit, und so schuf er schließlich ein beachtliches Werk von grausamen, wunderschönen autobiografischen Romanen über seine Kindheit und Jugend in der k.u.k.-Monarchie. Vorhersehbarerweise wurden sie in Deutschland größtenteils ignoriert zugunsten der leichteren Kost, die er verfasste, um seine Rechnungen zu begleichen (sein vierbändiges Werk *Idiotenführer durch die Deutsche Gesellschaft* und, ja, seine Drehbücher für Film und Fernsehen).

Der deutschsprachige Literaturkosmos wusste nicht, was

mit ihm anzufangen sein könnte: Er schrieb auf Deutsch, war aber kein Deutscher; nicht einmal die Österreicher wollten ihn für sich beanspruchen (nicht, dass er von *ihnen* beansprucht werden wollte). Seine Fremdheit – ja, seine zeitweilig offizielle Staatenlosigkeit – sowie der *prächtige Prunk* seines Stils entfremdeten ihn von der *Trümmerliteratur* (dieser direkten und auf eine Weise rudimentären deutschen Nachkriegsliteratur, die versuchte, das zeitgenössische Szenario objektiv zu beschreiben, nicht subjektiv zu bewerten, womit das Kriegstrauma ihrer Leserschaft aber unabsichtlich gelindert wurde), und er war ein zu großer Nostalgiker des Wiens von Hermann Broch, Robert Musil, Joseph Roth und Stefan Zweig, um sich an der explizit experimentellen Gruppe 47 zu beteiligen (dieser Gruppe von Romanautoren, Dichterinnen und Dramatikern, die sich bekanntlich zwischen 1947 und 1967 traf und zu der zu verschiedenen Zeiten unter anderem Ingeborg Bachmann, Heinrich Böll, Peter Handke und Uwe Johnson gehörten).

Es war ein zweischneidiges Schwert, dass Grishas Nostalgie – oder besser gesagt, sein extremes Flirren zwischen warmem Gefühl und gewalttätigen Vorfällen – ausgerechnet in Amerika am meisten wertgeschätzt wurde, wo man womöglich auch wertzuschätzen wusste, wie sehr er es genoss, Amerika zu verunglimpfen, es dumm, krass, uninteressiert und puritanisch zu nennen. Er liebte es, die Tatsache, dass er seinen Lebensunterhalt mit Schufterei bestreiten musste, der Amerikanisierung der europäischen Nachkriegskultur anzulasten; doch er hatte schon immer ein durchtriebenes sadistisches Verständnis für den Appetit des amerikanischen Intellektuellen auf Masochismus (vielleicht weil dieser den Appetit des emigrierten jüdischen Intellektuellen auf Masochismus abkupferte). Fast all seine weiteren Bücher spielten in der Erinnerung, doch dieses Werk – oder diese Werke – *handelt* – oder handeln – von der Erinnerung, davon, wie sie gemacht und neu gemacht, fortgesetzt und verkitscht wird; wie die Erinnerung, wenn sie die Familie, die Gemeinschaft, die Nation und schließlich das Zeitalter verlässt, unweigerlich verallgemeinert und für den Massenkonsum ausgeweitet (und ausgeweidet) wird. Er war der festen Überzeugung, dass etwas umso stupider – und ideologisch korrekter – wird, je mehr sich das Publikum dafür vergrößert. Ob wir an dieses Diktum glauben oder nicht, wir beweisen es im dritten Jahrtausend Christi immer mehr – mit unseren parteiischen »Nachrichten« ebenso wie mit unseren literaturfeindlichen »Medienerzeugnissen« und vor allem mit unseren Online-Interaktionen.

Das Werk, das die Romane *Abel* und *Kain* umfasst, steht in einer anderen Tradition. Es ist eines jener großen Meisterwerke für die wenigen Auserwählten. Das bedeutet, dass es dazu bestimmt ist, zu überdauern, wie *Reise ans Ende der Nacht* und *Die Enden der Parabel*. Von Rezzori ist ein Céline mit Sinn für Humor und einem Gewissen. Er ist ein Pynchon, dem es gelungen ist, das Kino hinter sich zu lassen.

(2019)

In der Flüsterkneipe: Über Bohumil Hrabal

Es war einmal ein Freund eines Freundes, der in einer Kneipe in Prag – U Zlatého Tygra (Zum Goldenen Tiger) – etwas trank. Dass dieser Freund eines Freundes ein *Fellow American* war, sollte verdeutlichen, dass sich dies nach 1989 ereignete – nach der Samtenen Revolution, als Horden von Tschechen und Slowakinnen sich gegen den Sowjetismus auflehnten, mit ihren Schlüsseln auf dem Wenzelsplatz klirrten und eine *Literokratie* als Regierung wählten: einen Dramatiker-Präsidenten (Václav Havel), der andere Schriftsteller zu Ressortleitern ernannte: Dichter-Minister, Roman-Botschafter. Dieser *Fellow American* war nach Prag gekommen, um Geschichte hautnah zu erleben, sich kostenschonend zu betrinken und Sex zu haben (vielleicht schrieb er auch gerade an einem Roman). Entfremdet, aber ermächtigt durch die *Reaganomics*, begierig darauf, die Ruinen des Kalten Krieges – den einzigen Krieg seiner Generation – zu besichtigen, sollte dieser heutige Hemingway an der Massenkapitalisierung der Hauptstädte des Ostblocks teilnehmen: Nachdem die Balten rebelliert hatten, fiel die Berliner Mauer, der Warschauer Pakt war passé – und mit ihm auch Moskau. Bald hatte die UdSSR keine Satelliten mehr, außer denen, die Fernsehbilder von alledem übertrugen.

Plzeňský Prazdroj (auch bekannt als Pilsner Urquell, das böhmische Pils schlechthin), Krušovice (ein feineres, milderes Bier, stereotypisch »für die Damen«), Staropramen (»das Bier der Arbeiter«) – der Freund eines Freundes hat sie alle getrunken und musste schließlich pinkeln. Ein alter Mann lehnte sich zur Tür in die sicherlich schummrige, mit Graffiti beschmierte Toilette hinein. Er hielt die Hand auf und verlangte zwanzig Kronen – auf Deutsch, da er nicht glaubte, dass unser Held Tschechisch verstand: *Zwanzig koruny, bitte.* Empfand der Freund eines Freundes das als seltsam? Vielleicht nicht: Bis heute werden die Toiletten in vielen postkommunistischen Ländern von älteren Menschen – Rentnerinnen, meist Frauen – beaufsichtigt, die von den wenigen *koruny, złote, forintok* oder *rubli* leben, die für ein Pissoir oder eine Kabine, ein paar Quadrate Toilettenpapier und eine Handvoll rosa Seifenpulver gelöhnt werden müssen.

Der Freund eines Freundes, der sicher zu betrunken war, um zu verstehen, dass zwanzig Kronen zu viel waren, bezahlte den Mann, ging rein und öffnete seinen Reißverschluss. Während er pisst, sollten wir uns daran erinnern, dass die tschechische Sprache findige Verniedlichungen für männliche Genitalien bereithält, die es mit denen jeder anderen Sprachen aufnehmen können: »Feder«, »Stift«, »Schornstein«, »Vogel und Eier« sind alle gebräuchlich. Als unser Held wieder auftauchte, sah er denselben Mann, umgeben von Journalisten und Fotografen, in der hintersten Ecke der Bar hin- und herschwanken. Als Amerikaner im Ausland wird man ausgenutzt; alle Expats müssen damit rechnen, dass sie von einem Barkeeper übers Ohr gehauen werden. Zurück an seinem Tisch fragte er einen Kellner, wer der einstige Toilettenmann war, woraufhin der Kellner die Augenbraue wie ein Schauspieler lüpfte: »Bohumil Hrabal«, antwortete er. »*Nejlepší český spisovatel*« – »der beste tschechische Schriftsteller.«

•

Diese Geschichte ist im Wesentlichen nicht faktencheckbar, was ganz angemessen ist für Hrabal, den König der betrunkenen Anekdote. Hrabal perfektionierte das Genre in all den Nächten, die er im U Zlatého Tygra verbrachte, wo er, wie er seiner Frau Eliška Hrabalová erzählte, literweise literarisch recherchierte und seine Sitznachbarn studierte, die praktisch seine literarischen Mitarbeiter waren.

Bevor Ende des 18. Jahrhunderts in Prag Straßenadressen eingeführt wurden – es erwies sich als einfacher, die Steuern von nummerierten Häusern einzutreiben –, kennzeichnete die Stadt ihre Unternehmen durch Wappen, die über den Eingängen angebracht waren. Über dem Eingang zur Husova-Straße 17, einer ehemaligen Brauerei, prangt noch immer ein goldener Tiger. Der Tiger ist ein gewalttätiges Tier, ein Symbol des Streits, das heimtückische Gegenstück zu der edleren Großkatze, dem Löwen, dem offiziellen Maskottchen der Tschechen und von Böhmen.[1] Übrigens, die Bar, in der mir diese Anekdote eingefallen ist, hieß U Rotundy (Die Rotunde) oder U Černého Vola (Der schwarze Ochse) oder, ach, keine Ahnung – jedenfalls war das irgendwann im Winter 2001.

Aber »Anekdote«, der Begriff, mit dem Hrabals Kritiker die informelle Form seiner Schriften sowohl lobten als auch verunglimpften, ist ungenau. »Anekdote« – verwandte

---

1 Historisch gesehen hat das Wort Čech auf Tschechisch zwei Bedeutungen. Es meint sowohl einen Bürger oder eine Bürgerin der heutigen Tschechischen Republik als auch eine Person aus den Gebieten des ehemaligen Königreichs Böhmen. Die Tschechische Republik vereint die Gebiete zweier Königreiche: Böhmen und Mähren. Ein Mähre ist ein Tscheche, weil er ein Bürger Tschechiens ist, doch er würde sich dagegen verwahren, als Böhme bezeichnet zu werden.

Worte gibt es in allen slawischen Sprachen – leitet sich ab von den geheimen Chroniken des Prokopios von Caesarea, dem Biografen von Justinian I. sowie dem letzten antiken Historiker; *anecdota* bedeutet »unveröffentlichte Schriften«. Da er in der Tschechoslowakei fast ein Jahrzehnt lang offiziell unveröffentlicht war und fast sein ganzes Leben lang zensiert wurde, schlug Hrabal ein anderes Wort für seine Werke vor: *pábení*, von dem Schriftsteller Josef Škvorecký als »palavering« und im Deutschen als »Bafeln« übersetzt, was so viel wie »müßiges Geschwätz« oder »schmeichelndes Geplapper« heißt und in diesem Fall eine sich in Schleifen drehende (und verdrehte) Unterhaltung bezeichnen soll, wie es die lateinische Wurzel *parabola* nahelegt, von der auch die rekursive Form der Parabel stammt. Es handelt sich um Geschwätz oder geschwätziges Schreiben, das irgendwo beginnt, ganz woanders hin ausschweift, um dann wieder zu seinem Ursprung zurückzukehren: zu seinem ursprünglichen Thema und auch, unabhängig von den intellektuellen Höhenflügen, zu einem geerdeten Humor.

Pábení hat eine zweite Bedeutung: Es ist das Wort für ein Zwiegespräch von Parteien mit unterschiedlichen Vorstellungen von Höflichkeit, wie bei einem Gespräch zwischen Einheimischen und Fremden. Hrabals Verwendung von *pábení* umfasst beide Bedeutungen, denn seine gefallenen Erzähler – bürgerlich geboren und zur körperlichen Arbeit abkommandiert – mäandern zwischen akademischen Diskussionen über Goethe und dem niederen Geplapper ihrer Fabrikkollegen, dem Geschwafel des un- oder anti-intellektuellen Proletariats.

Was Hrabals Bafeln von diesem zweiten Sinn unterscheidet, ist, dass es nie dialogisch ist: Seine Bücher, in denen meistens die Anführungszeichen fehlen, können als ein einziger Monolog gelesen werden, vorgetragen von einem einzelnen Mann, halb Eroberter und halb Eroberer – dem *pábitel, dem* »Bafler«. »Ein *pábitel* hat in der Regel so gut wie nichts gelesen«, erklärte Hrabal einmal, »andererseits hat er aber viel gesehen und gehört. Und er hat beinahe nichts vergessen. Er ist gefangen genommen von seinem eigenen inneren Monolog, mit dem er durch die Welt stolziert wie ein Pfau mit seinem schönen Gefieder.«

Nirgendwo kommt dieses Bafeln besser zur Geltung als in Hrabals autobiografischer Trilogie und in *Tanzstunden für Erwachsene und Fortgeschrittene*, obwohl es sich um Hrabals ersten, 1964 veröffentlichten Roman handelt, so ziemlich das letzte Wort an Hrabalovština. Dieser Begriff wurde geprägt, um die von Hrabal erfundene Sprache zu beschreiben und zu verkörpern: ein Amalgam aus Standard-Tschechisch, böhmischem und mährischem Slang, vermischt mit der Handelssprache und ideologischem Gerede, das aus dem Deutschen und Russischen übernommen wurde. Die Trilogie – einer der letzten Texte, die Hrabal geschrieben hat – ist sicherlich einer der großartigsten Versuche der Autoanalyse eines europäischen Schriftstellers im Kommunismus, während *Tanzstunden* leichter und eigenwilliger daherkommt: als flinker Foxtrott durch spärlich unterbrochene hundert Seiten, in denen ein Punkt oder ein Fragezeichen, ein Ausrufezeichen oder gar ein Semikolon den berauschten Fluss der Sprache zu unterbrechen scheint wie das Zwicken der Blase, das dem Brechen des Siegels vorausgeht:

zu meinem Neffen kam der Dichter Bondy mit dem Kinderwagen, in dem er seine zwei Kinder kutschierte, Bondy und mein Neffe tranken drei Kannen Bier und holten für die Nacht sogar welches im Lavoir, weil die Gassenschenke geschlossen wurde, und führten ihre akademische Debatte weiter, bis sie der Schlaf übermannte, mein Neffe wachte plötzlich auf, aha, der Wasserhahn tropft, und er machte Licht, der arme Bondy pinkelte seine zwei Kannen Bier auf den Teppich und fiel wieder um und schlief weiter, gegen Morgen weckten ihn die Kinder, und er guckte und begann mir nichts, dir nichts zu schreien, ich hab es! er jauchzte und hüpfte auf dem triefnassen Teppich, Leutchen, schrie er, nicht nur jene gehen mit uns, die nicht mit uns gehen, sondern es gehen auch diejenigen mit uns, welche gegen uns gehen, weil man sich von der Epoche eben nicht abscheren kann! so ist es, Fräulein, so steht es mit der Vorliebe der Dichter für Suff und Meditation, wenn die Verzweiflung nahe ist, öffnet sich der Himmel, und eine Hand hilft dem Gedanken ans Licht

•

Das Verwandeln von Lebensmitteln in Getränke, das Brauen, nimmt sich etwas Nährendes und macht es zu etwas Lähmendem. Die Umwandlung von Wasser in Wein ist eine vergleichsweise sanfte Transsubstantiation. Wein wird im kultivierten Westen Europas gezecht, Wodka – »Wässerchen« – im roheren Osten, während die Mitte sich mit Bier bläht. Am Anfang dieses Getränks steht das Getreide; die Weizen-, Hafer- und Hopfenernte des Landes wird eingebracht (der Hopfen wurde im selben Jahrhundert ins Brauereiwesen eingeführt, als die slawischen Stämme ein Alphabet bekamen: im neunten) und vergoren. Auf ähnliche Weise hat Hrabal das Fachgesimpel aus seinen Arbeitsplätzen – der Eisen- und Stahlgießerei in Kladno, dem Papierpresswerk in der Prager Spálená-Straße – geerntet und aus diesem rohen Gerede Literatur gebraut.

Hrabal wurde 1914 in Brünn (Brno) in Mähren geboren, das damals zur österreichisch-ungarischen Monarchie gehörte, und erreichte das Trinkalter, als er im böhmischen Nymburk lebte und hinter den Mauern der Brauerei seines Stiefvaters arbeitete, die, wie alle tschechoslowakischen Unternehmen nach dem Zweiten Weltkrieg, verstaatlicht wurde. Hrabal war in jeder Hinsicht ein begeisterter Anhänger Böhmens. Er ließ die Religiosität und das Volkstum Mährens hinter sich und begab sich in modernere, germanische Gefilde: in die Hauptstadt der freien Tschechoslowakei zwischen 1918 und 1939 und erneut nach 1989 sowie der Tschechischen Republik nach dem Austritt der unabhängigen Slowakei 1993 – sein ultimatives Ziel war Prag.

Unzählige Gedichte, Geschichten und abgegriffene Werbekampagnen haben sich ausgemalt, dass der Fluss, der durch Prag fließt, die Vltava – Moldau auf Deutsch –, ein Fluss aus Bier sei. Am einen Ufer befindet sich das Verwaltungszentrum der Stadt, am anderen das der Nation – die Prager Burg, das Schloss, das von einem anderen Sohn, Franz Kafka, verewigt wurde. Prag ist eine Stadt der Kirchen, in der niemand in die Kirche geht, eine Stadt der Synagogen ohne Juden. Das literarische Prag, das das literarische Leben der kaiserlichen Städte Budapest und Wien imitierte, erfreute sich einst eher einer Café-Kultur, die nicht auf Tschechisch, sondern auf Deutsch geführt wurde. Kafka und sein späterer

Nachlassverwalter Max Brod sowie Oskar Baum und Franz Werfel waren Ersatz-Wiener, die nach dem Koffein der Hauptstadt strebten und ihre Bohnen mit einem Schuss Sahne tranken. Für sie war sie bedeutungslos, die slawische Demimonde mit ihren schäbigen, mit Sägespänen ausgelegten Wirtshäusern, ihren rostigen Kesseln und Zapfhähnen – die östlichen Akzente dieser westlichen Metropole waren den Autoren von *Die Verwandlung* und *Das Lied von Bernadette* zu plump.

Hrabals literarischer Vorgänger war allerdings nicht Kafka, sondern Jaroslav Hašek, der Autor des *Braven Soldaten Švejk* (oft als *Schwejk* eingedeutscht) mit einem prototypisch undurchschaubaren »Narren« als Helden. Švejk, das Musterbeispiel des tschechischen Bewusstseins, ist entweder ein Idiot oder ein gerissener Subversiver, denn es gelingt ihm, sich im Ersten Weltkrieg dem Kampf zu entziehen, indem er sich in einer gestohlenen russischen Uniform von den eigenen Truppen gefangen nehmen lässt. Hašek, alles andere als ein eingefallener Schwindsüchtiger, war im Gegenteil ein trunksüchtiger Koloss; sein überepisches Geschreibsel hatte nichts von ausgefeiltem Tagebuch oder quälend psychologischer Korrespondenz wie das von Kafka – Hašek und Kafka waren unmittelbare Zeitgenossen und nur zwanzig Häuserblöcke voneinander entfernt im selben Jahr 1883 geboren –, sondern schöpfte eher aus skurrilen Artikeln über Morde und Vergewaltigungen in der tschechischen Lokalpresse. Hrabal war ein gebildeter Erbe der Deutschen, doch vom Temperament her passte er besser zu Hašeks Gesellschaft aus syphilitischen Prostituierten und, wenn man so will, Syphilitikern. Die deutsche *Kaffeekultur* brachte expressionistische und symbolistische Texte hervor, während die tschechische Bierkultur, *pivní kultura,* auf trotzige Art erzählerisch und reißerisch war – als ob der Kaffee nur als Chiffre für das Gespräch diente und das Bier in Wirklichkeit das Gespräch erst in Gang brachte.

•

Der Alkoholismus scheint eine der geringsten Sorgen des Kommunismus gewesen zu sein. Die Tschechoslowakei hatte bereits eine der höchsten Pro-Kopf-Bierkonsumraten der Welt – 1989 wurde sie nur noch von der DDR übertroffen – und betrieb wie alle sowjetischen Protektorate eine Pro-Forma-Propaganda, die, insbesondere am Arbeitsplatz und während des obligatorischen Militärdienstes, vom Trinken abriet. Eigentlich konnte es sich der Staat aber gar nicht leisten, dass seine Bürger nüchtern wurden: Da sich die Brauereien in Staatsbesitz befanden, war die Partei in jeder Hinsicht umso reicher, je betrunkener das Volk war. Dass der perfekte kommunistische Genosse ein pflichtbewusster Abstinenzler sein sollte, konnte man nur ironisch verstehen – es handelte sich um eine fiktive Figur, nicht um einen echten Menschen.

Homo sozialistischer realismus – die Literatur sollte zusammen mit neuen Figuren ihre eigene Leserschaft hervorbringen. Die Literatur des sozialistischen Realismus musste vom Proletariat handeln und fürs Proletariat geschrieben sein, sie musste das tägliche Leben dieser Bevölkerung schildern, diese Schilderung musste in einem realistischen Stil erfolgen, das heißt sie musste dem Ideal des proletarischen Lebens entsprechen und durfte keine Experimente oder Formalismen enthalten, und schließlich musste sie die Ziele der Kommunistischen Partei unterstützen, durfte diese aber nicht unabhängig von der Partei fördern (dies waren die Diktate, die auf dem ersten Kongress des Schriftstellerverbands der UdSSR 1934 beschlossen wurden). Das Ergebnis war in den Sputnik-Ländern des Warschauer Pakts wie in der Sowjetunion ein Kanon aus kindlich unsubtilen Werken – ein Fabelkorpus, in dem keine Geschichte ohne ausdrückliche oder angedeutete Moral erzählt werden durfte. Das Ziel dieser Literatur [*sic*] war es nicht, zu unterhalten, sondern zu belehren, den perfekten Genossen und die perfekte Genossin zu produzieren, indem man einen neuen Typus von Schriftsteller schuf – keinen Dichter von tintenschwarzer Individualität, sondern, wie der große Dichter Stalin es ausdrückte, einen »Seeleningenieur«.

Eine verrückte, verrücktmachende Tautologie: Ein sozialistisch-realistischer Schriftsteller muss in einem realistischen Stil über die Realität schreiben, gleichzeitig aber parteiisch bleiben und jederzeit die Parteilinie vertreten. Wenn diese beiden Impulse miteinander in Konflikt gerieten, riskierte der Schriftsteller, in den Bereich der Ironie oder der Satire hinüberzugleiten, und plötzlich wurde das, was zuvor didaktisch und simpel war, komplex und revolutionär. Dies war die Literatur derer, die für das Vergessen oder für die Schublade schrieben, für eine unbestimmte freie Zukunft oder für eine zynisch betrachtete, weil illegale Nachwelt. Diese Schriftsteller, die im Kommunismus (meist) unveröffentlicht blieben, die, wenn sie publizierten, dies (meist) im Samisdat taten, repräsentierten den einzigen authentischen internationalen Stil des Ostblocks, allerdings nur rückblickend. Damals waren seine Vertreter über zu viele Länder und Sprachen hinweg verstreut und reagierten sowohl auf die allgemeine sowjetische Politik als auch auf die besonderen Zensurmaßnahmen ihrer Heimatländer (in Jugoslawien scheint es zum Beispiel leichter gewesen zu sein, mit subversivem Schreiben durchzukommen, als in Russland).

Die fiktionalen Werke des Sozialistischen Realismus waren zu sehr mit der schematischen Oberfläche beschäftigt: Ein Mann wird als Held aus der Roten Armee entlassen und kehrt zurück nach Hause, um seine Heimatstadt rund um eine hyperprogressive Zementfabrik umzustrukturieren (der Roman *Zement* von Fjodor Gladkow). Alles spielte sich äußerlich ab, eine Reihe von Ereignissen oder Handlungspunkten, die lediglich das Schicksal – in diesen Büchern gleichbedeutend mit einer politischen Berufung – demonstrierten. Im Gegensatz dazu interessierten sich die Korpora der zensierten oder verbotenen Schriftsteller in der Regel mehr für das menschliche Innenleben – den Geist als einzigen Raum, aus dem niemand verbannt werden kann. Zeigt man einen Veteranen, der produktiv in einer Fabrik arbeitet, hat man Propaganda geschaffen, doch erzählt man die Gedanken dieses Mannes, erzählt man, was er fühlt, wenn er sich nachts besäuft und seine Kinder und seine Frau verprügelt, hat man ein Kunstwerk – ein gefährliches Kunstwerk.

●

Es war Hrabals Genie, den Sozialistischen Realismus zu erlösen, indem er ihn wörtlich nahm, bis zu seinem wortwörtlichen Extrem, indem er wortwörtliche Aufzeichnungen von Menschen schuf, die versuchten, sich den gesellschaftlichen Normen zu fügen, und die, selbst wenn sie daran scheiterten, dennoch damit Erfolg haben wollten. Hrabal vermied es, die Kneipe mit Plattitüden über die Unterdrückung der Seele durch den Totalitarismus zu langweilen, und bevorzugte den objektiven Ansatz der Wiedergabe von Gerede, aus dem jeder, der am Tisch aufmerksam lauschte, selbst die entsprechenden Schlussfolgerungen ziehen konnte.

In den Autobiografien schreibt Hrabal sein eigenes Gerede auf, lässt es aber aus dem Mund seiner Frau hervorströmen, der Erzählerin Eliška, auch Fräulein Pipsi genannt. Gräfin Tolstaja schrieb ein Erinnerungsbuch über ihren Mann, das sogar mit Gorkis klassischer Tolstoi-Reminiszenz mithalten kann, Anna Dostojewskaja schrieb ähnliche Memoiren, Hrabal feinjustiert diese ehrwürdige Tradition durch Bauchrednerei. Er kommt dem Nachleben zuvor, indem er seine Frau, wenn sie nicht gerade mit Hrabals Mutter, Marie Kiliánová, einer gescheiterten Schauspielerin, spricht, die Lesenden direkt ansprechen lässt. Hrabal nutzt diese ehefrauliche Distanz, um sich selbst zu parodieren und seine Frau behutsam aufzuziehen. Während er mit seinem Malerfreund, dem »Explosionalisten« Vladimír Boudník, heftige Diskussionen über Action Painting und Allan Kaprows Happenings führt, tut Eliška Hrabalová so, als begnüge sie sich mit schönen Nadelmalereien der Prager Turmspitzen-Skyline. Der erste Band der Trilogie, *Hochzeiten im Hause*, erzählt vom schüchternen Werben des Paares, im zweiten, *Vita nuova*, beginnt Hrabal zu schreiben und zu veröffentlichen, und der dritte, *Ich dachte an die goldenen Zeiten*, füllt die Lücken mit Ruhm: Hrabal entspannt sich mit seinen Kätzchen in seiner Datscha in Kersko und reist um die Welt, bis er schließlich – ein Schicksal, das vielleicht zu jemandem passt, der so viel getrunken hat – durch Publikationsverbot »liquidiert« wird.

Tanzstunden ist eine wildere Angelegenheit, die in einer ähnlichen Technik ausgeführt wurde: Hrabal transkribierte die Tiraden des Bruders von seinem Stiefvater, Onkel Pepin, Veteran der »herrlichsten Armee der Welt«, der Kaiserlich-Königlichen Armee. Im Roman wird Pepins lästerliche Logorrhoe (und Wortspielerei) einem namenlosen Mann in den Mund gelegt, dessen Meta-Erzählung – er schildert, wie er früher einem Haufen »Schönheiten«, Sonnenanbeterinnen in Bikinis, Geschichten aufgetischt hat – Themen wie Freud, den tschechischen Nationalismus von Karel Havlíček und den Übergang von der Monarchie zur Ersten Tschechoslowakischen Republik berührt. Der Erzähler – »empfindsam [...] wie Mozart und ein Bewunderer der europäischen Renaissance« – erzählt und interpretiert seine eigenen Träume auf eine Weise, in der die Wiener Psychoanalyse mit dem Pariser Surrealismus oder Dadaismus verflochten wird. Kunstschaffende aus allen mitteleuropäischen Städten verbrachten Zeit in der Pariser Rive Gauche, und die Avantgardia, denen sie begegneten, fanden häufig einen stärkeren, dunkleren Ausdruck in ihrer Heimat als in Paris: mit Hrabals Cut-up-Techniken oder den Collagen von Jindřich Štyrský und Vítězslav Nezval. All diese geografischen und kulturellen Komplikationen erinnerten Hrabals Lesende daran, dass die Straßen der Stadt, selbst als sowjetische Panzer anrückten, um den Aufstand des Prager Frühlings 1968 niederzuschlagen, noch von Statisten der tschechischen Geschichte wimmelten: KZ-Opfer, Schulkameraden von T. G. Masaryk, dem ersten tschechoslowakischen Präsidenten, Möchtegern-*poètes-maudits* oder alte abgesetzte Adlige, die mit Kaiserin Maria Theresia geflirtet hatten.

Genau dieser parabolische Panoramablick ist es, der auch

die Perspektive seiner Autobiografien bestimmt: Hrabalová war, wie ihr Mann sie erklären lässt, gebürtige Sudetendeutsche und, nachdem ihre Familie infolge des Zweiten Weltkriegs durch die Vertreibung der Deutschen aus Westböhmen durch die Beneš-Regierung auseinandergerissen worden war, nur zufällige Tschechin. Während ihre Verwandten im republikanischen Wien in Wohlstand lebten, zog Hrabalová in die beengte Bröckelputzwohnung ihres Mannes in der Straße Na Hrázi im runtergekommenen Prager Vorort Libeň, wo man ihr aufgrund ihrer Herkunft mit Misstrauen begegnete. Die persönliche Erfahrung der Geschichte dient dazu, kategorische Vorstellungen von Gut und Böse zu untergraben, und suggeriert stattdessen eine paneuropäische Mitschuld am Niedergang der Nachkriegszeit. Das schiere Flechtwerk aus Allianzen und Geburtsrechten belegt Hrabals Prinzip der historischen Passivität, die bloß ein anderer Begriff für die Politik eines Säufers ist.

•

Der staatlichen Behauptung, dass Trinken schlecht für die Arbeit sei, entgegnete Hrabal, dass er ohne Trinken überhaupt nicht in der Lage gewesen wäre zu arbeiten, weder schlecht noch recht, weder als Arbeiter noch als Romanautor der Arbeit. Hrabals Protagonisten sind allesamt engagierte Arbeiter, und niemand schreibt mit mehr Würde über die Arbeit als Hrabal, der wie die meisten tschechischen Schriftsteller – mit Ausnahme derer, die vom Regime gebilligt wurden – jahrzehntelang unter den allerniedrigsten Arbeitsbedingungen litt. Der pepinisierte Bafler aus *Tanzstunden* ist etwa ein Schuster. In seinen Autobiografien nennt Hrabalová ihren Mann zwar »Doktor«, doch obwohl Hrabal an der Karls-Universität in Jura promoviert hat, hat er nie als Jurist praktiziert. Er arbeitete als Eisenbahner und Zugabfertiger (Erfahrungen, von denen in *Scharf überwachte Züge* erzählt wird), als Versicherungsvertreter, Handelsreisender, Schlosser und Kulissenschieber in einem provinziellen, aber einflussreichen Theater. Hrabalová selbst schuftete als Kellnerin, was ihrem Mann Einblicke verschaffte, die er in *Ich habe den englischen König bedient* verwertet hat, während Hrabals Arbeit als Packer und Presser von Altpapier seinen berühmtesten Roman *Allzu laute Einsamkeit* prägte. (In den Autobiografien lässt Hrabal seine Frau vermerken, dass sich unter den vielen hundert Büchern, die er vor der Vernichtung rettete, auch Exemplare seiner eigenen frühen Bände befanden, die zum Einstampfen geschickt wurden, nachdem sein Werk die Zensoren nach 1968 erzürnt hatte.)

Nur in einer Stadt, deren größter Schriftsteller ein Müllmann war, der sein eigenes Werk in den Schmutz ziehen musste, konnte Václav Havel den Ausdruck »die Macht der Ohnmächtigen« prägen, der als Titel eines provokanten Essays und einer ganzen Generation von Ostblockkünstlern als bedauernswerte Grabinschrift diente. Eine Zeit lang suchte Havel Hrabal in seinen Stammkneipen auf, um ihn zu ermutigen, seine Unterschrift unter die Charta 77 zu setzen, die tschechische Dissidentenpetition, die Havel mitverfasst hatte, aber Hrabal weigerte sich wiederholt und zog es stattdessen vor, die Veröffentlichung von *Allzu laute Einsamkeit* nicht weiter zu gefährden – eine Handlung oder Untätigkeit, die vielleicht egoistisch oder unnahbar war, aber mit Hrabals Ziel im Einklang stand: weiterhin zu veröffentlichen, und sei es illegal. Es war genau diese Kapitulation, die für Hrabal die wesentliche Macht der Ohnmächtigen darstellte: ihre Macht, sich nicht daran zu beteiligen, die alltägliche Normalität aufrechtzuerhalten, während man täglich Avantgardekunst erschafft.

Wie die großen Schriftsteller während der kommunistischen Ära, so die kleinen Kulturen im Europa des Kaiserreichs. Die Menschen Tschechiens und der Slowakei sind immer noch Völker am Scheideweg, die den benachbarten Nationalstaaten stets ausgeliefert sind. Mitteleuropa, das laut Hrabal im russifizierten Osten am letzten habsburgischen Bahnhof – also in Lemberg, dem heutigen Lwiw in der Ukraine – endete, war nie ein Toponym gewesen, das auf Landkarten zu finden war, sondern ein transnationales Gebilde, das auf dem Geschick seiner Unterschicht, der Slawen, beruhte. Jede Bahnhofshalle, jede Kirche, jeder Palast und jedes baufällige städtische Gebäude in Deutschland, Österreich, Ungarn oder Polen wurde höchstwahrscheinlich von slawischen Arbeitern errichtet – den mobilsten einer Gruppe, die inmitten Europas ständig gefährdet waren durch ihre geringe Zahl, ihren Mangel an Technologie und ihre Klostersprachen, die sich gegen deutsche Lehnworte wehrten. Die Macht der Ohnmächtigen, so erkannte Hrabal, war ein Erbe, das weit älter war als der Kommunismus; *Tanzstunden* verkündet dies in seinem Motto, das von dem tschechischen Philosophen Ladislav Klíma stammt:

Man kann sich nicht nur vorstellen, dass das Höhere immer und nur aus dem Niederen hervorgeht; man kann sich angesichts der Polarität und vor allem der Lächerlichkeit der Welt sogar nur zu gut vorstellen, dass alles aus seinem

Gegenteil hervorgeht: der Tag aus der Nacht, die Schwäche aus der Stärke, die Missbildung aus der Schönheit, das
Glück aus dem Unglück. Der Sieg setzt sich nur aus Schlä-
gen zusammen.

Auf der Karlsbrücke in Prag befindet sich ein berühmtes
betatschbares Wundermittel: eine Statue des Johannes von
Nepomuk, dem Schutzpatron der Tschechen, der in eine
Rüstung gekleidet von der Brücke geworfen wurde, weil er
die Beichte der Königin nicht ihrem Mann, König Wen-
zel IV., offenbart hat. Der Aberglaube besagt, dass ein kurzer
Klaps oder eine flüchtige Berührung der Bronzetafel des
Heiligen Wünsche erfüllen kann: Der Ziergiebel des Heili-
gen Johannes glänzt von den zahllosen Berührungen, und
die Verzierungen des Wappenschilds sind durch Jahrhun-
derte von Pilgerhänden beinahe vollständig abgegriffen. Ein
Jahrzehnt nach der Veröffentlichung seiner autobiografischen
Bücher war Hrabal selbst eine wandelnde, schwatzende
Statue – eine glückliche lebende Ikone, durch regelmäßiges
Zuprosten abgenutzt.

Das Problem eines notorischen Trinkers ist, dass jeder mit
ihm anstoßen will: Sogar Bill Clinton machte sich auf den
Weg zum Goldenen Tiger, um die zittrige Hand des Schriftstellers, ein gut getränktes Relikt, zu schütteln. Einige tschechische Kritiker sahen nach dem Fall des Kommunismus
ihre Aufgabe darin, zu argumentieren, dass es bei Hrabals
Trinken ums Trinken ging; andere sahen in dem Alkohol-
konsum des Autors eine Protesthandlung, einen Angriff auf
den Staat, der seinerseits als Angriff gegen das Selbst daher-
kam. Diese Ambivalenz liegt im Herzen (oder der zirrhoti-
schen Leber) von Hrabals zwanghaftem Unterfangen. Aus-

schweifung wird bei ihm auf perverse Weise zu einer Methode der Abstinenz: Regime kommen und gehen, aber Alkohol ist immer legal. (»Die Wirklichkeit ist alkoholisch«, schrieb er einmal.)

An einem Winternachmittag es Jahres 1997, als er sich aus dem Fenster seines Krankenhauszimmers lehnte, um die Tauben zu füttern, stürzte Hrabal – aus dem fünften Stock; demselben Stockwerk, in dem Hrabal zufolge einst Kafka lebte und von dem er erwog, sich aus dem Oppelt-Haus auf den Prager Altstädter Ring zu stürzen; demselben Stockwerk, in dem Rainer Maria Rilke, noch ein Prager, in Paris lebte und in das er seine dem Untergang geweihte Figur Malte Laurids Brigge verfrachtete – ganz zu schweigen von der anhaltenden Vorliebe der Prager für Fensterstürze. Hrabal, dessen Unfall – dank der Anspielungen voller böser Fünfer-Omen auf deren Schicksale, die in seinen späteren Texten wie Vogelfutter ausgestreut sind – Gerüchten zufolge ein Selbstmord war, stieß nie auf einen Zufall, den er nicht zu nutzen wusste.

Während die Welt den Fall der Berliner Mauer im Fernsehen verfolgte, fuhren die Ostdeutschen nach Westdeutschland, um Fernseher zu kaufen. Diese Art des Konsumerismus war für die Literatur ein paar Jahre lang förderlich – nach '89 waren die Auflagen von Hrabals Büchern schnell ausverkauft –, doch was damals wie die ersten Tropfen einer beispiellosen Flut aussah, scheint heute nur noch der allerletzte Bodensatz vor der Homogenisierung der Eurozone gewesen zu sein. Bücher von Hrabal, Ivan Klíma und Milan Kundera wurden aus denselben Gründen gekauft wie Fernseher: weil man sie eben kaufen konnte. Waren waren Waren, und der freie Markt war wahrlich gut. Hrabals Manuskripte waren immer grammatikalisch eigenwillig, denn er schrieb auf einer Perkeo-Schreibmaschine, einem beliebten deutschen Schreibmaschinenmodell, das der Autor während des Zweiten Weltkriegs von einigen sowjetischen Soldaten durch ein Tauschgeschäft ergattert hatte. Da es sich um eine deutsche Maschine handelte, fehlten ihr die Aufwärtsakzente, Hatscheks und Kringel der tschechischen Buchstaben. Heute können wir diesen materialistischen Effekt auf einen Text als einen Mechanismus des Kapitalismus interpretieren – das größere Land exportiert seine Schreibmaschinen in das kleinere Land und beeinflusst damit dessen zukünftige Literatur –, so wie zu Hrabals Zeiten die Auslöschung einer autonomen Kultur ein kommunistisches Anliegen war. Die Macht ändert sich, die Getränke bleiben dieselben.

(2015)

Zibaldone-Tagebuch

20.08.2013
Hier ist es also, das *Zibaldone,* eines der größten Blogs des neunzehnten Jahrhunderts, genauer gesagt: *aller* Jahrhunderte – und was für ein sagenhafter Stoff es ist! 2 584 Seiten! Übersetzt, redigiert, gedruckt, gebunden, verschickt und übergeben von den tätowierten Händen meines Montags/ Mittwochs/Freitags-ups-Mannes Phil – ein Prozess, der sieben Jahre und die Bemühungen von sieben Übersetzerinnen und Übersetzern, zwei Herausgebern, mehr als zwei Dutzend »Experten« für Deutsch, Französisch, Hebräisch, Mongolisch/Tibetisch, Philosophie, Wissenschaftsgeschichte usw. erforderte, und darüber hinaus den Jockel, den Hafer, den Ochsen und den Phil, ganz zu schweigen von *Il Cavaliere* höchstpersönlich, Silvio Berlusconi, der sich eine Auszeit von seinen Frauen und seinen Medienunternehmen sowie dem Medienunternehmen namens Italien nahm, um eine Teilfinanzierung des Projekts zu arrangieren und in den Genuss einer Steuererleichterung wegen Kulturförderung zu kommen. Und dann waren da noch die täglichen E-Mails und Anrufe von *bedeutenden* Zeitungsredakteuren, die den Verlag Farrar, Straus and Giroux dazu bewegen wollten, mir die Druckfahnen zu schicken. Als ich den Stapel Rezensionsexemplare auspackte, verstand ich das Zögern des Verlags. Der Versand von Exemplaren, und selbst wenn es nur Taschenbuch-Rezensionsexemplare waren, von Giacomo Leopardis Meisterwerk muss äußerst kostspielig sein – ähn-

lich wie der Versand von Rezensionsmodellen des römischen Kolosseums –, aber warum investierte man Hunderttausende von starken Euros oder schwachen Dollars, um ein solches Buch zu veröffentlichen, nur um dann bei den entscheidenden Gratisexemplaren zu knausern? Warum arbeitet man so intensiv daran, ein Tagebuch zusammenzustellen, das so sehr von der Buchseite handelt, nur um dann zu versuchen, einen Kritiker – der, um das Ganze zu lesen und bis zum Abgabetermin irgendetwas auch nur annähernd Kohärentes zu schreiben, alle anderen bezahlten Aufträge, Sexualkontakte, das Schlafen und das Wäschemachen aufschieben muss – mit einer E-Book-Version abzuspeisen? Diese und ganz ähnliche Sorgen über die menschliche Torheit sind Leopardis Thema.

21.08.2013

Die Online-Zeit setzt sich aus allen Zeiten aller Texte zusammen, die wir anklicken. Jede Sitzung ist also eine Geschichte von Sitzungen, ein Zeitlichkeits-Salat, ein chronologisches *Zibaldone,* was offenbar ein Slangbegriff ist für eine Mahlzeit oder ein Gericht, das aus den verfügbaren Zutaten zusammengemixt wurde. Ich befinde mich gerade Downtown in einem Café mit Schwarzweißfotos von Neapel an den Wänden und Akkordeonklängen von »'O Sole Mio« in den Boxen und mit einer Speisekarte, die auf dem Adjektiv »italienisch« vor jeder Rubrik beharrt – italienische Vorspeisen, italienische Sandwiches, italienischer Kaffee –, und auf der Liste der italienischen Desserts fehlt nichts außer *Zabaglione,* jener Speise aus Eigelb, Zucker und süßem Wein, die man löffeln oder schlürfen kann, oder auch beides.

Das Gedruckte folgt einer anderen Zeitrechnung – wenn ich die Metapher fortsetzen muss, liest man Druckerzeugnisse am besten wie ein Rezept: erst eine Zeile, dann die nächste, in einer Richtung und nacheinander. Rückwärtslesen ist wie Mehl als Garnitur zu verwenden.

Online-Lesen wird zum Schreiben mit Interaktivität: Social-Media-Feeds zwingen zu ständiger Aktualisierung und kontinuierlicher Reaktion. Leopardi war seinen Tagebüchern treu, aber er war nie ihr Sklave. Er schrieb nur dann, wenn er etwas zu schreiben hatte (keine Abgabetermine!), und nur für sich selbst (keine Redakteure!). Was mich betrifft, so versuche ich mich daran zu erinnern – da ich kein Smartphone, sondern nur ein Stupidphone besitze, muss ich mich immer noch daran erinnern –, welcher Autor es war, der einmal behauptete, dass, egal wie blasphemisch ein Buch auch erscheinen mag, alle Bücher im Grunde moralisch seien, weil man beim Lesen und Schreiben nicht aktiv sei, also zum Beispiel auch nichts und niemanden ausplündert oder Bomben baut. Als ich das zum ersten Mal gelesen habe, war ich beeindruckt, aber jetzt – in dieser Pause der Prosa eines toten Dichters mitten an einem Mittwoch – bin ich es nicht. Auch Passivität hat ihre Moral: Während ich lese und schreibe, rufe ich zum Beispiel nicht meinen Onkel im Krankenhaus oder meine Schwester in L. A. an, was ich beides noch vor dem Wochenende machen muss. Leopardi, bucklig und hässlich, lebte die meiste Zeit seines Lebens auf dem Landgut seiner Familie in Recanati und verließ nur sehr selten die dortige Bibliothek, die mit Anthologien, Wörterbüchern, Enzyklopädien und Manuskripten in allen großen und einigen kleineren und sogar untergegangenen Sprachen bestückt war, von denen er viele selbst beherrschte. Die erste Seite des

Zibaldone trägt das Nichtdatum »Juli oder August 1817«, was perfekt zu ihm passt, zumal es laut der Einleitung der Herausgeber erst 1820 dem Werk hinzugefügt wurde. Die letzten Einträge stammen von 1832, geschrieben in Rom und Florenz, wohin Leopardi im Alter von 34 Jahren geflohen war, um die Welt ungedruckt zu erleben. Er starb mit 38 Jahren an Cholera in Neapel.

Die Tische um mich herum sind voll mit Laptops, was eigentlich übersetzt werden sollte in: »Ich bin Freiberufler mit einer Einzimmerwohnung und habe keinen anderen Platz zum Arbeiten als den hier.« Der Marmor ist unecht, aber im Kontext dieser Unechtheit könnten die Marmoradern »echt« sein. Ich hätte in die Bibliothek gehen sollen. Die Schlange zum Bestellen endet dort, wo die Schlange für die Toilette anfängt.

23.08.2013

Zibaldone Nummer 3: »Ein Tier oder eine Pflanze, die wir in der Wirklichkeit erblicken, sollten uns mehr Freude bereiten, als wenn sie gemalt oder auf andere Weise imitiert werden, denn es gibt keine Nachahmung, die nicht etwas zu wünschen übrig ließe. Doch offenbar entspricht das Gegenteil der Wahrheit: Daraus geht hervor, dass der Quell der Freude an den Künsten nicht die Schönheit, sondern die Imitation ist.«

Ich bin mir da nicht so sicher – aber vielleicht gilt das auch nur für Pflanzen und Tiere. Was ist mit Literatur – beispielsweise den Unterschieden zwischen einem Original und einer Übersetzung? Was ist mit Erfahrungen? Denn wenn ich die Wahl hätte zwischen einem weiteren Tag in diesem Café oder einer All-Inclusive-Reise nach Italien, würde ich mich für das Ticket nach Italien entscheiden, keine Frage.

Nummer 29: »Alles ist oder kann glücklich sein, außer dem Menschen, was den Beweis erbringt, dass seine Existenz nicht auf diese Welt beschränkt ist, wie es bei anderen Dingen der Fall ist.«

Ein weiterer Grund zum Herumkritteln. Ich kann mir gut vorstellen, dass man diese Aussage auch einfach umdrehen oder negieren könnte: »Alles ist oder kann glücklich sein, außer dem Menschen, was den Beweis erbringt, dass seine Existenz auf diese Welt beschränkt ist, wie es bei anderen Dingen NICHT der Fall ist.« Das heißt, ich bin ziemlich sicher, dass gerade unser Bewusstsein (des Todes) unser Glücklichsein verhindert. Was mich an dieser Aussage allerdings besonders beunruhigt, ist die Ergänzung von »alles« um »andere Dinge«. Was meint Leopardi damit? Was hält er sonst noch für nicht allein glücksfähig, sondern sogar für ernsthaft glücklich? Tiere? Können Tiere glücklich sein? Vielleicht. Aber Pflanzen? Echt? Wie kann man eine hirnlose Wurzel als »glücklich« bezeichnen und nicht bloß als »lebendig«? Vielleicht will Leopardi damit sagen, dass für einige Dinge, für einige halbe Dinge, »Glück« einfach »Leben« bedeutet? Was ist dann von dieser billigen Keramiktasse mit Untertasse und diesem billigen Metalllöffel zu halten, den ich drehen und biegen kann, ohne dass er aufschreit? Leopardi muss wahnsinnig gewesen sein, nicht zuletzt, weil er ein nächstes Leben erwartete, und noch dazu davon ausging, dass es glücklich sein würde. Ich würde mich schon mit einem Cappuccino zufriedengeben, der weniger als vier Dollar kostet.

»Langeweile«. Leopardi verwendet das Wort sehr oft – bei ihm steht wohl *noia*, was in Kursivschrift weniger langweilig daherkommt. Baudelaire hat sein *ennui* (1857), Durkheim seine *anomie* (1893), aber vor ihnen beiden gab es Leopardi – der sich ähnlich wie Baudelaire um die Individualität des Geistes und ähnlich wie Durkheim um den sozialen Körper sorgt –, der für die *noia* prädisponiert war, für »die Leidenschaft, die der Natur am meisten zuwiderläuft und am weitesten von ihr entfernt ist«, »das Gefühl des Nichts und der Nichtigkeit dessen, was existiert, und desjenigen, der es erdenkt und erfühlt und in dem es *subsistiert*« (Leopardis Kursivierung). Dennoch haben die Übersetzerinnen und Übersetzer dieses Bandes beschlossen, *noia* aus dem Text herauszuhalten und stattdessen auf »Langeweile« zu setzen.

Die Wiederholungen. Noch einmal.

Nummer 2: »Leidenschaften, Todesfälle, Stürme usw. bereiten uns trotz ihrer Bedrohlichkeit enorme Lust, aus dem schlichten Grund, dass sie gut imitierbar sind, und wenn es wahr ist, was Parini in seiner Rede über die Poesie sagt, so deshalb, weil der Mensch nichts mit mehr Verdruss begegnet als der Langeweile, und daher ist er mit Freude durchströmt, etwas Neues zu sehen, wie bedrohlich es auch sein mag.«

Nummer 89–90: »Eher würde ich meinen wollen, dass das Unbekannte uns mehr Schmerzen bereitet als das Bekannte, und da dieser Gegenstand uns erschreckt oder betrübt oder uns erschaudern lässt, wissen wir nicht, wie wir von ihm ablassen sollen. Und selbst wenn es uns abstößt, so verspüren wir doch noch einen gewissen Wunsch, es in ein bestimmtes Licht zu rücken, um es besser zu verstehen. Vielleicht, so

glaube ich, entspringt es auch der Liebe zum Außergewöhnlichen und der natürlichen Verachtung von Monotonie und
Langeweile, die allen Menschen angeboren ist, und wenn
sich ein Gegenstand uns zeigt, der diese Monotonie durch-
stößt und aus dem gewöhnlichen Lauf der Dinge heraustritt,
so sehr er uns auch lästiger erscheint als die Langeweile (aber
vielleicht bemerken wir das in jenem Moment nicht und
denken nicht darüber nach), so empfinden wir doch einen
wohligen Schauer durch den Schock und die Erregung, die
der flüchtige Blick auf diesen Gegenstand in uns hervor-
ruft.«

Nummer 239: »Die Verachtung der Langeweile ist der einzige Grund dafür, dass wir heute Menschenansammlungen
vorfinden, die sich an blutigen Spektakeln ergötzen – etwa
öffentlichen Hinrichtungen und dergleichen mehr –, die an
sich nichts Angenehmes haben (im Gegensatz zum Wett-
kampf, zur Zurschaustellung usw. von Gladiatoren und wil-
den Tieren im Zirkus), sondern nur, weil sie einen lebhaften
Kontrast zur Monotonie des Lebens bieten. Dasselbe gilt für
alles, was allein durch seine Außergewöhnlichkeit reizvoll
wirkt, auch wenn es an sich keineswegs angenehm, sondern
in Wahrheit zutiefst unangenehm ist.«

Nummer 345–346: »Setzt sich der Mensch ein Ziel, sei es
zum Handeln, sei es zum Nichthandeln, wird er Freude an
Dingen verspüren, die nicht angenehm sind, sogar an Dingen, die unangenehm sind, ja fast noch an der Langeweile
selbst.«

Leopardi, der offizielle Interpret von Leopardi.

Die Erfahrung der Leere der Welt (*noia*) führt uns also dazu, nach der nächstmöglichen Rettung zu greifen, die erwartungsgemäß die hässlichste ist. Was also tun? Welches Heil sollen wir suchen? Nicht das einfachste, sondern das simpelste, das treffendste. Wir sollten ein bisschen werden wie ein Kind. Oder wie »die Alten«, die »Nachlässigkeit, Gewissheit, Sorglosigkeit und, ich würde gar sagen, unwissendes Vertrauen« besaßen. Was ist mit uns geschehen, dass wir heutzutage so vorsichtig sind? Welche Niederlage hat uns so ängstlich und bewusst gemacht? Die Natürlichkeit – eine »Illusion«, die zuletzt unter der Herrschaft von Augustus Bestand hatte – zerbröckelte, als das Imperium in die Barbarei und die Moderne überging. Wir wurden der Leere überlassen und von *noia* denaturiert. Unfähig, zu unserer Illusion zurückzukehren, erfanden wir die »Vernunft« und folgten ihrem Diktat bis zur Korruption. Philosophien, Religionen – alles Künstlichkeiten, die von Systemen geschaffen wurden.

Leopardi hält die Verfehlungen des Heidentums für reiner als die des Christentums, weil die Heiden, die unethisch handeln, zumindest natürlich und nicht widersprüchlich handeln. Die griechischen und römischen Götter seien zumindest menschlich gewesen, da sie menschliche Leidenschaften empfunden hätten, die so weit gingen, dass sie sich in unsere Angelegenheiten einmischten; sie hätten unsere Kunst gefördert und sich von ihr beeinflussen lassen. Wenn man als Grieche oder Römer starb, nahm man seine Erinnerungen und Gefühle mit in eine Art Exil. Dies war weit besser als der christliche Himmel, der das Leben auf der Erde als Exil darstellte, aus dem die Erlösung eine Berechnung oder eine Transaktion darstellte. Im römisch-katholischen Ritus wurde die Hölle durch eine formalisierte Buße, das Sakrament der Beichte, vermeidbar. Die Seele eines jeden Verstorbenen musste jedoch vor dem Zutritt beurteilt werden – dies deutete auf ein Fegefeuer hin, einen amorphen Übergangszustand –, bis die mittelalterliche Kirche die Hölle als lokalisierbaren Raum oder Ort ansah, weil das Schicksal der toten, ungetauften Neugeborenen die Unterbringung in einer nahe gelegenen Vorhölle erforderte. Die nächste logische Vorkehrung war die Zeit, und obwohl jede Sünde dem Sünder eine bestimmte Wartezeit einbrachte, boten die Päpste einen schnelleren Durchgang gegen Bezahlung an: Ablässe. Für Leopardi entfernte sich die Menschheit mit jeder dieser Neuerungen immer weiter von der wahren Religion, die nicht diejenige war, die Konstantin zur Staatsreligion gemacht hatte, oder diejenige, für die Jesus Blut gelassen hatte, oder gar die des Olymps, sondern stattdessen »Gewissheit«, »Unbekümmertheit«, Einzigartigkeit.

Leopardis Lebenszeit war von einer großen europaweiten Zyklizität geprägt, eine Rückkehr zu Vico und seiner *Scienza nuova:* die Idee der Geschichte als wiederkehrend. Die politische Geschichte als etwas, das sich in einem Zyklus anordnet, von einem Zeitalter des Mythos über ein Zeitalter epischer Helden oder ikonischer Herrschaft bis hin zu einem Zeitalter des egalitären Populismus, der sich selbst wieder in einen Mythos zurückzerstört. Später sollte die Biogenetik – via Lamarck und Haeckel – dem beipflichten: Embryonen reiften zum Erwachsenenalter durch eine Rekapitulation der evolutionären Fortschritte ihrer Vorfahren. Beide Ideen waren klug – schriftstellerisch klug –, aber falsch. Leopardi lag niemals falsch. Das konnte er auch gar nicht, nicht mit einem

Talent, das jedes Thema in Literatur verwandelte. Das Non-plusultra seiner Weitläufigkeit bestand darin, die Welt als einen Stil zu betrachten.

Das Martyrium der Kultur war deckungsgleich mit dem der Religion, fiel aber später mit der Habsburgerherrschaft Spaniens (1516–1713) zusammen. Das *Seicento* (wie das 16. Jahrhundert in Italien genannt wird) war nicht ganz das *Quattrocento,* und dennoch: das Klavier wurde in Florenz erfunden, die Violine in Cremona perfektioniert; Monteverdi, Vivaldi; Caravaggio, Tiepolo, Bernini, Borromini. Ganz zu schweigen von Galilei. Und was ist mit der Literatur der Zeit? Gabriello Chiabrera, na, kennt den noch jemand? Fulvio Testi, ja / nein? Manfredi? Zappi? Filicaia? Guidi? Leopardi lobt sie als originell, nur um dann einzuschränken: »in begrenztem Maße«; er verbündet sie und gruppiert sie in Schulen, um sie dann als Nachahmer von Dante und Petrarca anzugreifen; Guidi kann niemals »inkonsequent« genannt werden, weil jedes einzelne seiner Gedichte eine »formale Mittelmäßigkeit und Frostigkeit« aufweist. »Selbst die besten *Canzoni* von Chiabrera sind meist nichts weiter als wunderschöne Skizzen.« Boccaccio hätte auch nichts Freundlicheres über diesen Haufen zu sagen gehabt: Nichts als Sentimentalisten, Hyperbolisten, Akademiker, die mit vermeintlicher Gelehrsamkeit hausieren gehen. Ihre Raffinessen waren Formsachen: Lateinische und griechische Lehnwörter, Komposita, verwirrende Wortspiele, Texte, die sich wie glühende Bibelkommentare lesen, die nicht außerhalb des Klosters verbreitet werden dürfen; eine abstruse, fanatische Mathematik. Leopardi schreibt natürlich nur auf, was er gesehen und gehört hat, und das ist sein Erbe einer Tradition, die vergessen hat, wie man selbst sieht und hört. Italiens jüngere Vergangenheit hat Gedichte aus seiner fernen Vergangenheit geformt, doch in Zukunft wird es unmittelbar aus dem Gefühl schöpfen. Die einzige Möglichkeit, ein Gefühl zu vermitteln, besteht darin, zu kommunizieren, wodurch das Gefühl hervorgerufen wurde (der Anblick und der Klang): das ist eine Lektion, die Leopardi bei Homer fand. Dies kann immer noch stattfinden, wenn nicht »mühelos«, so doch in »Verborgenheit«: das ist eine Lektion, die Leopardi bei Vergil fand. Gefühle werden bei ihm zu etwas Sinnlichem, das Selbst wird bei ihm zu etwas Natürlichem.

Homer und Vergil praktizierten beide »Prosopopoeia«, das Erfinden von Stimmen für Gegenstände und Landschaften; Leopardi aber lässt alles mit »seiner Stimme« sprechen. Den Himmel, die Himmelskörper, Italien, seine Freunde, vor allem aber »sich selbst«. Damit spricht er ein Du an, Singular, Plural, spezifisch, unspezifisch, alles, nichts. Die Persönlichkeit gebiert Irrtümer.

Leopardis Prosa personifiziert die Natur, allerdings vor allem, indem sie ihre Gleichgültigkeit personifiziert.

Was ist ein Reim? Die Illusion von Vernunft. Was ist ein Bild? »Ein Teil der Welt erdrückt von Nebel/und mürrischem Jupiter.«

06.09.2013
Herzlichen/Bedauerlichen Glückwunsch zum Geburtstag für mich. Ich bin jetzt ein Jahr jünger, als Leopardi es zum Abschlusses dieses *Zibaldone* war. Als er es unabgeschlossen abschloss. Vollendung als Hoffnung, als Unmöglichkeit. Für Leopardi besteht der Kampf darin, ausgewogen, ausgeglichen

zu bleiben. Ein weiteres Problem der Übersetzung. Die Übersetzerinnen und Übersetzer gestehen ein, dass »die Übersetzung von *noia* als ›Langeweile‹ eine Art umgekehrter Anachronismus ist«, behaupten aber, dass »der Begriff im *Zibaldone* durchgehend verwendet wird und, um Verwirrung zu vermeiden, nur mit einem einzigen Wort übersetzt werden sollte, auch wenn *noia* und ›Langeweile‹ nicht exakt dasselbe sind«. Anschließend weisen sie auf die Herausforderung hin, der sie sich mit *convenienza* und seinem Adjektiv *conveniente* gegenübersahen: »Bei *convenienza* schwingt einerseits Ganzheitlichkeit mit, die wahrgenommene Beziehung zwischen dem Ganzen und den Teilen, oder den Teilen untereinander (Proportion, Harmonie, Übereinstimmung), und andererseits Zugehörigkeit (Angemessenheit, Tauglichkeit, Richtigkeit, Eignung, Gewordensein und so weiter). Letzten Endes scheinen die englischen Begriffe ›propriety‹ und ›proper‹ beide Bedeutungen am besten abzudecken und trotz des Beigeschmacks von ›richtigem Verhalten‹, mit dem das *Zibaldone* sich für gewöhnlich nicht befasst, auch eine gewisse *Gravitas* anklingen zu lassen.«

Ich hasse das Wort »Gravitas«. Es erinnert mich an Hoden – es ist ein Begriff für »Eier«, der »keine Eier« hat – ich weiß, dass es nicht zum »richtigen« Ton gehört, das hier festzuhalten. Aber ich stelle mir gerne vor, dass die Alten, wer auch immer sie sind, es erwähnt hätten. Nur weil es sich unnatürlich angefühlt hätte, sich zurückzuhalten, sprich unnatürlich *gewesen* wäre. Das ist mein Problem. Das ist unser Problem heutzutage. Zurückhalten oder nicht zurückhalten, das ist hier die Frage – wir sind nicht sicher, was sich unnatürlich anfühlt; ich bin nicht einmal sicher, was »ist«.

08.09.2013

Nummer 307: »Wenn mir eine Bemerkung über eine Kleinigkeit gestattet ist, die auszuformulieren töricht erscheinen mag und es kaum verdient, aufgeschrieben zu werden. Es existieren einige wahrlich winzige Teile des menschlichen Körpers, die der Mensch nur schwerlich, äußerst selten und nur rein absichtslos bei anderen zu beobachten vermag und die er nur bei sich selbst zu beobachten gewohnt ist.«

10.09.2013

Aber ist *convenienza* auf natürliche Weise entstanden? Oder ist sie nur unsere eigene künstliche Konstruktion? Ich habe darüber nachgedacht und dann festgestellt, dass ich nicht in der Lage wäre, darüber nachzudenken. Wir / ich glaube/n an das Ganze, lebe/n aber in Teilen. Nicht einmal in Teilen (Fragmenten, Scherben), sondern in den Nichtigkeiten dazwischen, den Rissen, aus denen unsere Zersplitterung besteht.

Ausgewogenheit und Harmonie – das ist das Angestrebte oder Ersehnte. Wer wünscht sich keine Erfüllung, Vollendung – endlich alles im Gleichgewicht? Aber wer will schon die Kultur, die zu ihr dazu gehört?

Die totale leopardische Vollkommenheit des Charakters erfordert ein totales Bewusstsein: von Selbstfrustration, Selbstsabotage, Perversion. Leopardi will, dass ich mir meiner Schwächen bewusst bin; ich will das auch, aber ich will genauso an meinen Zigaretten, meinem Bourbon, meinem Humor festhalten.

Für Leopardi ruft »Schwäche« ein »Mitgefühl« hervor, das er bezeichnet als »die einzige menschliche Eigenschaft oder Leidenschaft, die nicht berührt wird von der Selbstliebe. Die einzige, weil sogar die Selbstaufopferung für Heldentum, Patriotismus, Tugend oder einen geliebten Menschen immer deshalb erfolgt, da das erbrachte Opfer in diesem Falle für unseren Geist befriedigender ist als jeder uns mögliche Gewinn.« Das bedeutet, dass »Schwäche« nicht zu einer Stärke alchimiert werden kann; sie kann nur zu etwas Gegenseitigem gemacht werden. Ich wünschte mir nur, Leopardi würde deutlicher sagen, welche Form des Mitleids ihm am liebsten war: ein Auge, ein Ohr, ein Wort, ein Herz, einen Sack *Scudi*; ein insomnischer Leser fast zweihundert Jahre nach seinem Tod. Er starb (zumindest laut seinem Freund und schwulen Schwarm – der seine Liebe jedoch nicht erwiderte –, dem Schriftsteller und Staatsmann Antonio Ranieri) unberührt.

12.09.2013
Nummer 1979: »Es bleibt nichts zu sagen. Der gegenwärtige Zustand des Menschen, der ihm abnötigt, vernünftig zu leben, zu denken und zu handeln, und der ihm verbietet, sich selbst zu richten, ist widersprüchlich. Entweder ist der Selbstmord nicht wider die Moral, obwohl er wider die Natur ist, oder unser Leben, das wider die Natur ist, ist wider die Moral. Da letzteres nicht der Fall ist, ist auch ersteres nicht der Fall.«

14.09.2013
Ich habe die Philologie übersprungen. Aber ich bleibe stehen bei Nummer 2053: »Das Unermessliche muss vom Vagen

oder Unbestimmten unterschieden werden. Sie erfreuen den Geist aus den gleichen Gründen oder aus Gründen gleicher Art. Doch das Unermessliche ist nicht notwendigerweise vage, und das Vage ist nicht notwendigerweise unermesslich. Gleichwohl ähneln sich diese Qualitäten stets in der Wirkung, die sie auf den Geist ausüben.«

16.09.2013

Da ist es wieder, dass wir angeblich mögen, was uns zerstört, Nummer 2118: »Es ist angenehm, der Zuschauer von kraftvollen (usw. usw.) Gegebenheiten jeder Art zu sein, nicht nur von jenen, die in Verbindung zum Menschen stehen. Donner, Sturm, Hagel, ein kraftvoller Wind, den man gesehen oder gehört hat, sowie seine Auswirkungen usw. Jede profunde Empfindung des Menschen öffnet eine Ader der Aufgewühltheit, ganz gleich, wie unangenehm sie an sich auch sein mag, ganz gleich, wie schrecklich oder schmerzhaft sie auch sein mag usw. Ein Bauer, dessen Land durch einen Fluss in der Nähe häufig schwer beschädigt wurde, sagte einst, der Anblick der Flut bereite ihm trotz allem Lust, wenn sie mit donnerndem Lärm auf seine Felder zustürmt und eine große Masse von Steinen, Schlamm usw. mit sich führt. Und Bilder dieser Art, mögen sie an sich auch hässlich sein, erweisen sich in der Poesie, in der Malerei, in der Rhetorik usw. ausnahmslos als schön.«

Einträge zur Politik (Nationen entwickeln sich zusammen mit ihrer Bürgerschaft) und zur Politik der Sprache: Wie es scheint, waren alle Zeitgenossen Hegels auch Hegelianer, ob sie wollten oder nicht (Leopardi wollte nicht). Er kritisiert das Deutsche – wegen seiner mangelnden Strenge –, und er

kritisiert das Französische – wegen seiner Unfähigkeit zum
Erhabenen? Ich denke, auch Sprachen entwickeln sich weiter. Das heißt, es ist noch nicht jede Hoffnung verloren für
den italienischen Roman.

Aus Nummer 2136: »Was ist die Herkunft des Verbs
aptare [sich anpassen], von dem sich unser *attare, adattare*,
und das Französische, etc. herleitet? Von *aptus*. Und was
glauben wir, was dies sei? Ein Partizip des sehr alten Verbs
apere. Und was ist die ursprüngliche Bedeutung von *aptare*?
Die des Verbs *apere*, die *binden* bedeutet.«

Was für Dichter das Metrum, ist für Sterbliche der Tod.
Und für Prosateure die Protzigkeit.

20.09.2013

In einem Bus nach Atlantic City, unterwegs zu meiner Familie – nicht wegspülbare Scheiße in der Chemietoilette,
Pisse im Gang, abgelaufene Buffetgutscheine zwischen die
Sitze gesteckt. Leopardi sagt, dass jedes Lebewesen sich
selbst gleichermaßen liebt, weil sich jedes Lebewesen unend-
lich liebt. Zuneigung lässt sich nur in Abstufungen verglei-
chen, und nur mit der Unendlichkeit. Die Absolutheit.
I Heart New York. Jersey Strong. Ich möchte ein weiteres
Zitat über »Langeweile« rausschreiben, aber eigentlich
möchte ich so vieles rausschreiben, so viele Widersprüche:
Nummer 4175. »Nicht allein einzelne Menschen, sondern
das gesamte Menschengeschlecht war und wird immer notwendigerweise unglücklich sein. Nicht allein das Menschengeschlecht, sondern die Tierwelt in ihrer Gesamtheit. Nicht
allein die Tiere, sondern alle anderen Geschöpfe auf ihre
eigene Weise. Nicht nur Individuen, sondern Arten, Gattun-

gen, Reiche, Sphären, Systeme, Welten. Gehe in einen Garten mit Pflanzen, Gras, Blumen. Ganz gleich, wie zauberisch er aussieht. Selbst in der mildesten Zeit des Jahres. Auf nichts wirst du dein Auge heften können, ohne Leiden zu erblicken.«

In Trenton in den Zug nach Hause umsteigen. Leopardi im versehentlichen Modus der Palinodie: Er übertrug das Unglück, das er schon für die Menschheit bestimmt hatte, auf den Rest der Flora und Fauna. Doch nicht nur das: Er behauptet auch, dass jedes Unkraut, jeder Samen und jede Tierklasse seine eigene Verzweiflung verspürt, als wäre Verzweiflung die Substanz der Vielfalt. Aber was ist mit Nummer 29: »Alles ist oder kann glücklich sein«? Was ist aus dem Tagebuchschreiber geworden, der sich selbst verdammte und dennoch zuversichtlich blieb, was die Aussichten auf das Glücklichsein der »anderen Dinge« betrifft? Die Welt ist plötzlich leidend, »böse«. Leopardi ist, in unserer Wortwahl, »depressiv«. Das liegt an einer enttäuschten Liebe (zu Ranieri? zu seiner Cousine Geltrude Cassi?) oder an einem Gebrechen: der Biografie.

Ein bewusster Widerspruch ist kein Widerspruch. Er ist eine Veränderung. Ein zufälliger Widerspruch ist kein Widerspruch. Er ist ein Wachstum. Trotzdem. Es gibt so etwas wie einen Widerspruch.

»*Perversato* für *perverso*«: Leopardi bemerkt die Substitution von »rasend« oder »Wut« durch »pervers« oder »verdorben« – ein Wort muss einen Körper haben, eine Bewegung, ein Gefühl, eine Intelligenz. Die monströse Inkohärenz der Welt verlangt ein Opfer, kriegt stattdessen aber einen Zeugen.

»Dies sind Dinge, die wir nicht wissen und auch nicht

wissen können; nichts von dem, was wir wissen, macht sie auch nur wahrscheinlich, und noch minder berechtigen sie uns, sie zu glauben. Lasst uns daher diese Ordnung, dieses Universum bewundern. Ich bewundere es mehr als jeder andere. Ich bewundere sie für ihre Perversion und Deformation, die mir extrem erscheinen. Doch bevor wir sie loben, sollten wir wenigstens warten, bis wir mit Bestimmtheit wissen, dass sie nicht die schlechteste aller möglichen Welten ist.«

Tu dormi: io questo ciel, che sì benigno Ja, du schläfst, während ich zu meinem Fenster komme

appare in vista, a salutar m'affaccio, diesen Himmel zu grüßen, der so liebenswürdig scheint

e l'antica natura onnipossente, und die ewige, alles beherrschende Natur

che mi fece all'affanno, die mich geschaffen hat zum Leiden.

(2013)

Über die Gegenwart schreiben:
Spiegel, Körper, Schatten

Spiegel

Stendhal war es, der unter dem Deckmantel eines gefälschten Epigrafen (dem Historiker »Saint-Réal« zugeschrieben) entschied, es sei die Aufgabe des Romanciers, einen sich die Straße entlang bewegenden Spiegel hochzuhalten, um alles einzufangen, was daran vorüberzieht. Dies sollte für die nächsten anderthalb Jahrhunderte das Rezept für die Beschreibung dessen bleiben, was man später den realistischen Roman nennen würde. Heute wird allerdings jeder Mensch auf jeder Straße von Spiegeln heimgesucht: Wir werden von diesen Spiegeln ins Büro und zum Mittagessen und durch alle Räume unseres Zuhauses verfolgt, und obwohl wir unser Lebenstempo natürlich beschleunigt haben, um ihnen zu entgehen, werden sie immer billiger in der Herstellung und Installation und noch leichter und unauffälliger für unsere Familie und Freunde und umherschleichende Fremde, die sie in Form von Computern und Handys in ihren Taschen mit sich herumtragen können. Und nicht nur das – diese Spiegel reflektieren nicht mehr nur etwas für eine kurze Zeit, nein, sie zeichnen auch auf und verwandeln somit all unsere Augenblicke zu etwas Ewigem. Die endgültige Veränderung wird dann einsetzen, wenn diese Spiegel damit aufhören, uns nachzustellen, und wir damit anfangen, sie zu verfolgen – wenn wir auf der Suche sein werden nach ihrer Überwachung und damit nach ihrer Unsterblichkeit, wenn wir so sehr in unsere Suche nach ihnen verwickelt sein werden, dass wir vergessen, mit was für einer Art von Maschinen wir es wirklich zu tun haben, und alles, was wir werden wahrnehmen können, sind diese seltsamen Menschen, die mit Höchstgeschwindigkeit auf uns zurasen – einfach bloß »Menschen«, denn wir werden nicht mehr in der Lage sein, unser eigenes brüllendes Selbst zu erkennen, und so werden wir unweigerlich entweder in unsere eigenen Repräsentationen hineinkrachen oder stattdessen einfach im letzten Moment ausweichen und auf den Abgrund zusteuern, in den wir hineinfallen werden – denn wir werden fallen –, denn das ist der einzige Prozess, durch den Realismus zur Realität wird.

Körper

Stendhal verwendete die Spiegelmetapher für den Roman mit einem einzigen Zweck: Er wollte das politisch / ästhetische Argument vorbringen, dass es nicht am Autor liegt, wenn ein Roman sich mit dem Unmoralischen oder Hässlichen befasst, sondern dass dies der darin reflektierten Sache / Situation geschuldet ist. Gebt nicht dem Spiegel die Schuld für die Pfützen auf der Straße, sagte Stendhal, sondern dem Straßenvermesser oder -inspektor. In den fast zwei Jahrhunderten, die seit *Le Rouge et le Noir* vergangen sind, wurde Stendhals Absicht jedoch verzerrt oder verwässert, und was der Literatur geblieben ist, ist das Bild des Romans als Bild, als Wiedergabe nicht von Konsens oder objektiver »Realität«, sondern von der subjektiven Erfahrung eines Autors.

Zola, geboren 1840, zwei Jahre vor Stendhals Tod und ein

Jahr nach der Erfindung der Daguerreotypie – dem ersten kommerziell nutzbaren fotografischen Verfahren –, bezeichnete diese unmögliche Reproduktion einer Konsensrealität als »Idealismus« und stellte ihr den »Naturalismus« entgegen, der jene Romane kennzeichne, die versuchten, die Kräfte aufzudecken, die diesen Konsens hervorbringen. Von seiner Geburt im späten 19. Jahrhundert bis zu seiner verdeckten Blütezeit im zwanzigsten Jahrhundert ging es im naturalistischen Roman genau darum, wie die Wirklichkeit »gemacht« wird, im Gegensatz dazu, was die Wirklichkeit »ist«.

Zola definierte diesen naturalistischen Ansatz in einem Essay, der auf einen medizinischen Text eines Zeitgenossen, des Physiologen Claude Bernard, reagierte, der versucht hatte, die wissenschaftliche Methode, die für Experimente in der Chemie gilt, auf den Bereich der Biologie – und die Behandlung von Krankheiten – zu übertragen. Zolas Ziel war, die französische Gesellschaft so zu untersuchen, wie ein Arzt den Körper eines Patienten untersucht: indem er mit einer Feder, so scharf wie ein Skalpell, die verschiedensten Krankheiten nach und nach analysiert. Erst nach dieser Diagnose wäre eine – außerliterarische, politische – Behandlung möglich.

Zola nannte seinen Essay »Der Experimentalroman«, und da der angedeutete Beiname »experimentell« die Karrieren zahlloser moderner Schreibender belastet hat, muss sein ursprünglicher Kontext in Erinnerung gerufen werden:

»Experimenteller Romanschriftsteller ist also derjenige«, schreibt Zola, »der die bewiesenen Tatsachen akzeptiert, der im Menschen und in der Gesellschaft den Mechanismus der Erscheinungen aufzeigt, die von der Wissenschaft beherrscht werden, und der seine persönliche Meinung nur bei den Erscheinungen zur Geltung bringt, deren Determinismus überhaupt noch nicht festgestellt ist, indem er diese persönliche Meinung, diese apriorische Idee so sehr wie möglich durch Beobachtung und Erfahrung zu kontrollieren versucht.« Nach einer Absatzpause wagt Zola ein persönliches Gefühl kundzutun, allerdings nur, indem er sein Unverständnis zum Ausdruck bringt: »Anderswie kann ich unsere naturalistische Literatur nicht verstehen. Ich sprach nur vom experimentellen Roman, ich lebe indessen in der festen Überzeugung, dass die Methode, nachdem sie in der Geschichte und in der Kritik triumphiert hat, überall, auf dem Theater und sogar in der Poesie triumphieren wird. Es ist eine Entwicklung voller Notwendigkeit.« Zolas Hoffnung, die er in diesem Essay skizziert und in seiner Serie *Les Rougon-Macquart* verwirklicht hat, bestand darin, zu zeigen, wie Charaktere und die Charaktere von Nationen und Klassen usw. in einer riesigen sozialen Hierarchie taxonomisch erfasst werden können und wie ihre Entwicklung durch die Vererbung und Aneignung körperlicher, geistiger, emotionaler und psychologischer Eigenschaften als etwas Methodisches dargestellt werden kann, und zwar in einem Prozess, dessen steuernder Geist nicht Darwin oder Lamarck oder gar Gott war, sondern der Romanautor-Wissenschaftler, der ebenso streng an die Naturgesetze gebunden war wie jede seiner fiktiven Kreaturen.

Schatten
Zola beruft sich zu Beginn seines Experimentalessays auf die Autorität von Balzac (geboren 1799 und somit eine Genera-

tion jünger als Stendhal und vielleicht zwei oder drei Generationen älter als Zola) als Verkünder dieser neuen prozessualen Literatur:

Der Romanschriftsteller geht auf die Erforschung einer Wahrheit aus. Ich will als Beispiel die Figur des Baron Hulot, in der *Cousine Bette* von Balzac, nehmen. Die von Balzac beobachtete Haupttatsache ist das Unheil, das von der Liebesleidenschaft eines Mannes in ihm selbst, in seiner Familie und in der Gesellschaft erzeugt wird. Sobald die Wahl seines Gegenstandes getroffen war, ging Balzac von den beobachteten Tatsachen aus, dann führte er sein Experiment ein, indem er Hulot durch verschiedene Lebenskreise hindurch einer Reihe von Prüfungen unterwarf, um damit die Tätigkeit des Mechanismus seiner Leidenschaft darzutun. Es ist also offenbar, dass hier nicht bloß eine Beobachtung, sondern auch ein experimentelles Verfahren stattfindet, da Balzac sich zu den von ihm gesammelten Tatsachen nicht genau als Photograph verhält, da er sich in einer unmittelbaren Weise einmischt, um seine Person in Verhältnisse zu bringen, deren Meister er bleibt.

Ein Dutzend Seiten später zitiert Zola Claude Bernards medizinisch-metaphorisches Konzept des »Kreislauf des Lebens«: »Die Muskeln und Nerven unterhalten die Aktivität der Organe, die das Blut vorbereiten; aber das Blut nährt seinerseits die Organe, die es erzeugen.« Dann schreibt Zola:

Ich nehme wieder das Beispiel des Baron Hulot in der *Cousine Bette*. Man sehe das Endresultat, die Lösung des Romans: eine völlig zerstörte Familie, alle Arten von

Nebendramen, die unter dem Einfluss der Liebesleidenschaft Hulots zum Ausbruch kommen. Hier, in dieser Leidenschaft, liegt der ursprüngliche Determinismus. Ein Glied, Hulot wird brandig, und sofort verdirbt alles um ihn, der soziale Kreislauf ist zerstört, die Gesundheit der Gesellschaft gefährdet. [...] [A]ngenommen, man kann Hulot heilen oder ihn wenigstens zurückhalten und unschädlich machen, sofort hat das Drama keine Berechtigung mehr, man stellt das Gleichgewicht, oder besser gesagt, die Gesundheit im sozialen Körper wieder her. Die naturalistischen Romanschriftsteller sind also wirklich experimentierende Sittenbildner.

Engels meinte einmal, dass er von Balzac mehr über Frankreich »gelernt habe als von allen berufsmäßigen Historikern, Ökonomen und Statistikern dieser Zeit zusammen genommen.«

Paul Lafargue schreibt in *Karl Marx, persönliche Erinnerungen*, dass Marx – der 1818 geboren wurde, dem Jahr, in dem Balzac beschloss, sein Leben der Schriftstellerei zu widmen – Balzacs *La Comédie humaine* so sehr liebte, dass er, sollte er jemals mit der Ökonomie fertig werden, eine Studie darüber schreiben wollte. Obwohl kein einziger Satz dieser Studie jemals erschien (vielmehr entlieh Marx einige Sätze von Balzac für *Der achtzehnte Brumaire des Louis Bonaparte*), scheint Marx an Balzacs Romanzyklus vor allem die Art und Weise geschätzt zu haben, wie in den Romanen Prozesse veranschaulicht werden, durch die ein Individuum, während es in dem Wahn lebt, die Gesellschaft zu formen, in Wahrheit von ihr geformt wird. Marx übertrug die Persönlichkeiten und Kämpfe von Balzacs Figuren – ihre Kämpfe mit Ehepartnern, Liebhaberinnen, Arbeitgebern, Angestellten, dem Klerus und dem Chaos der Restauration sowie der Julimonarchie – auf ganze Gesellschaftsschichten: den neuerdings individualisierten Block des arbeitenden Proletariats, das eine gescheiterte Revolution anzettelte und unter den Repressionen von Napoleon III. zu leiden hatte.

Man muss kein Žižek sein, um darauf hinzuweisen, dass die Identifizierung eines sozialen Problems innerhalb der Literatur dieses Problem nicht auch im Leben löst und dass ein Buch zwar die Prozesse beschreiben kann, die ein Problem erzeugen, diese Beschreibung aber selbst zu einem integralen Bestandteil der Unauflöslichkeit des Problems wird. Der Schriftsteller ist also niemals vom Schreiben befreit und steht niemals außerhalb desselben, sondern bleibt ebenso ein Produkt der Ideologie, wie dies bei jeder seiner Figuren der Fall ist.

Die Formen des Selbst, die alle wahren Schriftsteller im ideologischen Spiegel erkennen und anerkennen müssen – die Selbstformen, die am vollständigsten dadurch entstehen, dass der Schriftsteller sich seiner Verortung in mehreren Identitätskontinuen gleichzeitig (ökonomisch, geschlechtlich, sexuell, ethnisch usw.) bewusst wird –, fühlen sich so übernatürlich an, dass sie paradoxerweise selbst die phantastischsten Fiktionen »naturalistisch« erscheinen lassen. Marx bezeichnete diese Ichformen, diese Negativbilder der Gesichter, die ein Schriftsteller der Welt präsentiert, als »Schatten«.

Für viele meiner Kolleginnen und Kollegen ist das Schreiben über die Gegenwart offenbar wie die Suche nach einem Spiegel, der nur noch Schatten zeigt.

(2018)

Aufzeichnungen #2

Meditationen

Von meinen Literaturprofs habe ich gelernt, dass man die Wahrheit durch bloße Überzeugung ersetzen kann. Von meinen Geschichtsprofs habe ich gelernt, Details mit dem Geist einer Sache zu verwechseln. Von meinen Eltern habe ich gelernt, was Schuld ist. Von meinen Arbeitgebern habe ich gelernt, dass Ehre Lohn genug sein muss.

Man bedenke die Beziehung zwischen Depression und Geschmack beziehungsweise Urteilsfähigkeit. Beides führt zu Ausgrenzung. Bald erträgt man kein Fernsehen und keinen Film und nicht mal mehr ein Buch. Bald stiftet nichts mehr Befriedigung. Während aber der depressive Mensch allem mit einem Gefühl von Sinnlosigkeit begegnet, ist das, was den Menschen mit Geschmack letztlich allem entfremdet, das Gefühl des Kompromisses oder der Eindruck kompromittiert worden zu sein.

Die Kunst ist in der Lage, jede Emotion auszulösen – das heißt »auszulösen«, nicht »auszudrücken« –, außer Traurigkeit. Denn die Kunst, die Traurigkeit ausdrückt, ist selbst Trost und Heilung. Dies ist eine ganz grundlegende Prämisse. Traurigkeit.

Handle immer gemäß deinen eigenen Widersprüchen, und wenn es keine Widersprüche gibt, handle gegen dich selbst.

Meditationen aus dem Fitnessstudio
Rauche und trinke in Maßen, aber definiere dieses Maß nicht im Vergleich mit anderen, sondern richte es an den Extremen deines eigenen Verlangens aus. Schlafe, als wäre es eine Übung für den Tod.

Verurteile deine Freunde und verliere sie. Verachte alles, was nicht so ambitioniert ist wie Entfremdung.

Vermeide Fantasie. Sie ist nichts als der Abklatsch deiner Unerfahrenheit oder deiner Unkenntnis.

Was in der Schule der Wahrheit entsprach, ist im Leben falsch und wird im Tod bedeutungslos sein.

Im Büro: arbeiten. Außerhalb des Büros: arbeiten, um zu vergessen.

Liebe nur den oder die, die dich ernähren. Und liebe dich selbst am allerwenigsten.

Nimm kein Taxi, denn selbst wenn du ermordet würdest oder Selbstmord begingest, indem du dich vor einen Bus oder einen Zug wirfst, wäre dein Geld noch für andere nützlich.

Ohne Fleiß keinen Preis. Ohne Schmerz kein Gewinn. Doch auch mit Schmerz gibt es keinen Gewinn. Gewinn gibt es niemals. Schmerz ist also sinnlos.

Salz- und Pfefferstreuer
Um als Paar zu überleben, muss man beieinanderstehen, ganz egal, was auch geschieht, man muss reglos beieinanderstehen.

*Als wir aufhörten zu sagen, wir würden aus der Stadt weg-
ziehen*
Als wir aufhörten zu sagen, wir würden aus der Stadt wegziehen, blieb uns: nichts, worüber wir auf Partys reden konnten; nichts, worüber wir in den Q-, N- und R-Zügen reden
konnten; nichts, worüber wir mit meiner Tante, ihrer Mutter, dem Pizzaboten, bei anständigem, aber unausstehlichem
Sushi oder in der Kinoschlange reden konnten. Als der Brötchenladen dichtmachte. Das Mitternachtskino in Midtown.
Als der Feinkostladen, der seine eigene Pastrami herstellte,
ebenfalls dichtmachte. Ich hab' den Brötchenladen immer
gemocht. Als wir aufhörten zu sagen, wir würden aus der
Stadt wegziehen, waren wir leichter zu ertragen. Wir trenn-
ten uns und blieben für immer die Kinder, die wir nie haben
würden.

Aufzeichnungen zur Vorlesung
»[…] besser hätte man Anachronismen und Inkongruenzen
nicht miteinander verbinden können […]«

Memoir
Das Genre einer Zeit, die jede Hoffnung auf einen Biografen
verloren hat.

Bibliothanatos, oder:
Motti für ein letztes Buch

Irgendwann einmal, in der Zukunft, wollte ein Mann vor allen Menschen ein Geheimnis bewahren. Er schrieb es in einem Buch nieder.

Irgendwann einmal, in der Zukunft, wird ein Kind am Computer nachschlagen müssen, was ein Buch ist. Was ein Buch war.

Wenn die Bücher verschwinden, können wir dann noch das Wort »Bindung« oder »gebunden« verwenden? Was wird uns jetzt noch verbinden, was wird bindend sein? Sicherlich nichts zwischen zwei Buchdeckeln.

Mit anderen Worten: Was ist in einer Welt nach dem Buch mit »Rand« oder »marginal« anzufangen?

Ich mag das archaische englische Wort für Buch: »*boke*«. Wie bei Chaucer, der am Ende der *Canterbury Tales* eine Reihe von Büchern zurückweist: »*the boke of Troilus, the boke also of Fame, the boke of the five and twenty Ladies, the boke of the Duchesse, the boke of Seint Valentines day of the Parlement of briddes*«. »*Boke*« ist wie das englische Wort für Buch, »*book*«, bloß in der Vergangenheitsform, »gebucht«.

Seiten sind bedeutungsgeladener als Bildschirme. Bei einer Seite, die man gerade liest, weiß man immer, dass es auf der Rückseite eine Seite gibt, die man gerade nicht liest.

Lesezeichen: (persönliche) Briefumschläge, Bleistifte und Kugelschreiber, Baculum (Penisknochen) eines Hermelins, der abgelaufene Führerschein meines Vaters, ein Stück des

Exlibris eines toten Nachbarn, auf das ich das Wort »*bibliothanatos*« geschrieben habe; (historische:) Mao ließ Lesezeichen mit seinen Sprüchen »Sei ernst, sei aktiv« anfertigen, Bambus-Lesezeichen aus Nepal, Maishülsen aus der Tschechoslowakei, amerikanische Lesezeichen, die als Werbung für Heinz in der warzigen Form von Essiggurken angefertigt wurden; es wird angenommen, dass es Königin Elisabeth i. (1533–1603) war, die Lesezeichen populär gemacht hat; der Begriff bezeichnet heute eine Computerfunktion, die eine Web-»Seite« mit (falschen) Einzelheiten über das Leben von Elisabeth enthält.

Die Offenbarung ist das letzte Buch der Bibel, zumindest des Neuen Testaments. Es scheint zu absehbar, dass die Bibel mit der Apokalypse endet. Kein guter Romanautor hätte das jemals zugelassen.

W, ein befreundeter Bibliothekar, erwähnte, dass er etwa dreißig Bücher mit dem Titel *Das letzte Buch* oder einer Abwandlung dieses Titels katalogisiert habe.

Die Menschen schwärmen vom Duft der Bücher, dabei steckt dahinter bloß der Geruch von Staub. Dieser lehrt etwas über die Vergänglichkeit: Ein Buch wird erst komponiert, dann kompostiert. Deshalb (und aus anderen Gründen) gibt es mehrere Exemplare.

Die Menschen schwärmen davon, ein Buch zu berühren: die Textur, das Gewicht in der Hand. Für die Nachwelt sollte festgehalten werden, dass man bei geschlossenen Augen mit den Fingerspitzen über eine Seite fahren und erkennen konnte, welche Teile der Seite leer und welche mit Tinte bedruckt waren. Worte waren tastbar, Worte fühlten sich greifbar an, bis zum Aufkommen des Recyclings – und des Digitaldrucks in den 1990er Jahren.

Der Geschmack der Bücher. Mönche vergifteten die Seitenkanten von verbotenen Büchern, um deren Leser zu bestrafen. Rabbiner trugen dort Honig auf, um ihre Schüler zu ermutigen, sich die Finger zu lecken und weiterzublättern. Zumindest war das die Geschichte, die mir mein Onkel erzählt hat (kein Mönch – sein Name ist ebenfalls Cohen).

Ich fragte: »Aber wenn du die Lektion beendet hast und das Buch zuklappst, kleben dann nicht alle honigbekleckesten Seiten zusammen?«

Er sagte: »Das Problem mit eurer Generation ist nicht nur, dass ihr keine Geschichte erzählen könnt, sondern auch, dass man euch keine erzählen kann.«

(2011)

Thomas Pynchon:
erstens Familie, zweitens Zweitleben

Pinco de Normandie segelte mit Wilhelm dem Eroberer nach England. Sein Sohn Hugh besaß Lehen in der Größe von sieben *»knights' fees* in Lincolnshire« und vier *»bovates* in Friskney«. Vier Jahrhunderte später wurde sein Nachkomme Edward Pynchon in den Adelsstand erhoben und bekam ein Wappen zuerkannt, das »drei schräglinksgeteilte Kreise in Silber und Schwarz mit gedorntem Bord« zeigt. Zu diesem Zeitpunkt hatten sich die Pincheuns bereits ins Adelsdasein in Essex eingelebt. Nicholas Pinchon wurde 1533 High Sheriff von London, und sein Sohn (oder Neffe) John heiratete Jane Empson, die Tochter von Sir Richard Empson, einem Minister (und Opfer) des verhängnisvollen Regimes von Heinrich VII. Johns Sohn hieß ebenfalls John, und dessen Sohn war William Pynchon, der 1630 mit John Winthrop zur Gründung der Massachusetts Bay Colony in die Neue Welt segelte, wo er zum Kämmerer der Kolonie ernannt wurde. Er gründete die Stadt Roxbury, und während er dem Pelzhandel nachging, gründete er auch die Stadt Springfield, wo er die angeklagten Hexen in dem Salem vorausgehenden Prozess verhörte. Er diente als Vorbild für Colonel Pyncheon in Hawthornes *Das Haus mit den sieben Giebeln* und schrieb 1650 das Buch *The Meritorious Price of Our Redemption* (*Der rechtschaffene Preis für unsere Erlösung*), dessen Kritik am puritanischen Calvinismus dazu führte, dass es in Boston verbrannt und zum ersten verbotenen Buch der Neuen Welt wurde, und das, obwohl nur neun Exemplare die Flammen überlebten. (Zu denjenigen, die gegen die Zensur stimmten, gehörte William Hauthorne, Hawthornes erster Vorfahre aus den Kolonien). Dies war das proto-amerikanische literarische Debüt einer Familie, der später eine Reihe von Autoren angehörten, der Reverend Thomas Ruggles Pynchon (1823–1904), Präsident des Trinity College in Hartford und Autor von *Die Kräfte der Chemie: Hitze – Licht – Elektrizität … Eine Einführung in die chemische Physik;* Dr. Edwin Pynchon (1853–1914), Autor von »Chirurgische Eingriffe zur Behebung von Missbildungen der Nasenscheidewand«; und Thomas Ruggles Pynchon, Jr., geboren 1937 in Glen Cove, Long Island, Autor von *V., Die Versteigerung von No. 49, Die Enden der Parabel, Spätzünder, Vineland, Mason & Dixon, Gegen den Tag, Natürliche Mängel* und zuletzt *Bleeding Edge.*

Jeder, der am Ende einer so langen und bedeutenden Reihe selbst zum Schreiben kam, stand vor der Wahl: entweder das Erbe annehmen oder versuchen, sich davon loszusagen. (Hawthorne fügte seinem Namen das »w« bei, um sich von John Hathorne, dem grausamsten der Salem-Richter, zu distanzieren.) Das ist natürlich nur eine eher öffentliche Reaktion auf die Frage, ob und wie man individuelle Erfahrungen in Prosa umwandeln soll. Thomas Pynchon – der privateste oder gegenüber der Öffentlichkeit privateste unter den amerikanischen Romanautoren – umkreist solche Enthüllungen nun schon seit einem halben Jahrhundert, und zwar sowohl was seine berühmte Familie in seinem Werk als auch was den eigenen Ruhm in seinem Leben angeht. Die einzige offenkundig autobiografische Aussage, die er bisher gemacht hat, findet sich in der Einleitung zu einer

Sammlung seiner frühen und einzigen Kurzgeschichten, *Spätzünder:*

> Irgendwann hatte ich die Maxime aufgestellt, daß das private Leben nichts mit der Literatur zu tun hätte – während in Wahrheit, wie jeder weiß, fast das genaue Gegenteil der Fall ist. […] Tatsächlich war damals wie heute die Literatur, ob veröffentlicht oder unveröffentlicht, die mich bewegte und mir etwas gab, immer genau die, die ihren Glanz und ihre unleugbare Echtheit der Tatsache verdankte, daß sie – stets unter hohem Einsatz – aus den tieferen, von mehr Menschen geteilten Schichten des Lebens, das wir alle wirklich führen, an den Tag gefördert worden war.

Ich habe diese Einleitung ein Dutzend Mal gelesen und die meisten Romane von Pynchon mindestens zweimal, aber ich bin mir immer noch nicht sicher, was ich von dieser Behauptung halten soll. Ich bin mir immer noch nicht sicher, ob der Roman *V.* (1963) – der von der Suche nach einem geheimnisvollen, frei schwebenden Zeichen ausgeht, bei dem es sich um eine Frau namens Victoria und / oder Veronica und / oder eine Inkarnation der Göttin Venus und / oder die Stadt Valletta und / oder den Sieg im Ersten und / oder Zweiten Weltkrieg handeln könnte – klarer wird, wenn man weiß, dass Pynchon ihn geschrieben hat, nachdem er in der Navy gedient und in Cornell studiert hatte, wo er Vorlesungen des bekannten Formwandlers Nabokov hörte (Véra erledigte die Korrespondenz und vergab die Noten). Auch bin ich mir nicht sicher, ob *Die Versteigerung von No. 49* (1966) – in dem es um die Machenschaften einer gewissen Yoyodyne

Inc. geht, »eines der Riesenunternehmen in der Raumfahrt-industrie« – durch die Information bereichert wird, dass Pynchon zwischen 1960 und 1962 in Seattle lebte und für Boeing als technischer Redakteur für das Bomarc-Flug-abwehrprojekt arbeitete. Andererseits scheint mir, dass Pyn-chons Arbeit für das Verteidigungsministerium direkt in *Die Enden der Parabel* (1973) zum Ausdruck kommt, wo es um das V2-Raketenprogramm des Dritten Reichs geht. Aber ich bin immer noch verwirrt, ob ich den Helden dieses Romans – Tyrone Slothrop, ein amerikanischer G.I., dessen Erektionen den Einschlag von V2-Raketen in London vor-hersagen – als Verkörperung von John Winthrop lesen soll oder, weil Slothrops Vorfahre William Slothrop als Heraus-geber eines umstrittenen theologischen Traktats mit dem Titel *Vom Übergangensein* geschildert wird, als Stellvertre-ter des Autors.

Die Enden der Parabel wurde in Mexiko City und in einem weiß getünchten Bungalow auf der 33. Straße im kaliforni-schen Manhattan Beach geschrieben, mit der Hand auf Qua-drille-Papier, mit Hilfe von Kool-Zigaretten, Kaffee und Cheeseburgern (um nur die legalen Substanzen zu nennen). Das Komitee des Pulitzer-Preises 1974 weigerte sich, den Roman auszuzeichnen, obwohl die Jury sich einstimmig für ihn entschieden hatte (das Komitee nannte ihn »schwülstig« und »überfrachtet«, »obszön« und »unlesbar«). Trotzdem wurde das Buch 1974 dann mit dem National Book Award ausgezeichnet, zu dessen Verleihung Pynchon einen Come-dian, »Professor« Irwin Corey, schickte, um eine Nonsens-Rede zu halten: »[Ich] akzeptiere diese finanzielle Forde-rung, nein Förderung im Namen von, ähm, Richard Python für den großartigen Beitrag, den er geleistet hat, und um aus einigen seiner Projektile zu zitieren [...].« In den 8oer Jahren verließ Pynchon seine Agentin Candida Donadio, um sich von Melanie Jackson vertreten zu lassen, der Urenkelin von Theodore Roosevelt und Enkelin von Robert H. Jackson, dem Richter am Obersten Gerichtshof sowie Hauptanklage-vertreter der Nürnberger Prozesse. Die beiden heirateten in den 90er Jahren und bekamen einen Sohn, Jackson, der ein solcher Fan von den *Simpsons* war, dass Pynchon einen Cameo-Auftritt in der Serie hatte (seine Animationsfigur wurde mit einer Papiertüte über dem Kopf dargestellt). Nur zehn Bilder von Pynchon sind öffentlich zugänglich, da-runter ein Video, das 1997 von CNN aufgezeichnet wurde und seine Agentin / Ehefrau zu dieser Schelte per Fax veran-lasste: »›Lebt zurückgezogen‹ ist ein von Journalisten gene-rierter Code ... es bedeutet so viel wie: ›spricht nicht gerne mit Reportern‹.« Dann gibt es noch das 1997 von der Lon-doner *Times* veröffentlichte Foto, das Pynchons damaligen Verleger Henry Holt dazu veranlasste, rechtliche Schritte anzukündigen.

Was noch? Pynchon ist katholisch aufgewachsen und ging regelmäßig zur Messe. Er war der beste Freund von Richard Fariña (Autor von *Been down so long it looks like up to me*) und der Trauzeuge bei Fariñas Hochzeit mit Mimi Baez (Joans Schwester). Berichten zufolge schämte er sich so sehr für seine Bugs-Bunny-Zähne, dass er sich einer umfangrei-chen kosmetischen Zahnoperation unterzog ...

All diese Informationen stammen aus dem Internet, das Pynchon zu seiner literarischen Gottheit gemacht hat. Nicht Philip K. Dick, nicht William Gibson – Pynchon ist es, der über die größte und lauteste Online-Community verfügt. Es ist eine Jüngerschar aus Fanboys, Akademikern, Techno-

Anarchisten, Möchtegern-Literaten, Elternkellerbewohnern und Burnouts – manche unter ihren echten Namen, manche unter falschen, viele anonym –, die auf der Suche nach der Heilsbotschaft jeden Fetzen des Grabtuchs und jeden Splitter des Kreuzes analysieren und darüber streiten.

In den Anfängen des privaten Internets, als der erste große E-Marketer unter dem Sammelbegriff Yoyodyne auftrat (der 1998 für 30 Millionen Dollar in Aktien an Yahoo verkauft wurde), behaupteten die Nutzer von Yahoo- und AOL-Messageboards wie Chatrooms, Pynchon sei eigentlich J.D. Salinger oder der Unabomber, ein Branch Davidian-Adventist oder »Wanda Tinasky«, die sich in witzigen Quasi-Pynchon-Briefen an die Redaktion des *Anderson Valley Advertiser* als eine unter einer Brücke in Nordkalifornien lebende Stadtstreicherin ausgab. Mit dem allmählichen Hochladen wissenschaftlicher Erkenntnisse in Form von PDF-Dateien aus Zeitschriften und Dissertations-.docs hatte das digitale Pynchonverse mit der Zeit die Kurve gekriegt und sich Mitte der 90er Jahre zu einem halbwegs disziplinierten Forschungskollektiv aus Amateuren und Profis ausgewachsen, das allerdings immer mal wieder ein Päuschen einlegte, um spekulativ zu wildern. Hey, Leute, hört euch das mal an – Pynchon arbeitet an einem Roman über Lewis & Clark (besser gesagt, *Mason & Dixon*); Michael Naumann, vormaliger Verleger von Henry Holt und ehemaliger deutscher Kulturstaatsminister, half Pynchon beim Sammeln von Material über den David-Hilbert-Kreis in Göttingen und gab zu Protokoll, dass das nächste Buch des Autors den Liebschaften der russischen Mathematikerin Sofja Kowalewskaja nachspüren würde (Material, das in *Gegen den Tag* auftaucht). Pynchon selbst hat sich natürlich nie an alldem beteiligt, obwohl es mindestens ein Dutzend Forumsteilnehmer gab, an die ich mich erinnern kann, die behaupteten oder verdächtigt wurden, selber Pynchon zu sein. Mein Favorit hat unter dem Pseudonym Martin Scribler gepostet, und wer sich schon langweilt, voilà: waste.org.

•

Die ersten ernsthaften literarischen Diskussionen im Internet wurden von Pynchon-Fans geführt – eine Verallgemeinerung, die einen Blitzkrieg mit den Science-Fiction-Freaks auslösen könnte, die behaupten, die Pynchonianer seien zu spät auf den Zug aufgesprungen. Auf mich trifft das jedenfalls zu. Es war das Jahr 1994, und ich war dreizehn oder vierzehn, als ich die *Playboys* im Keller und die Pynchon-Romane in einem Regal im Arbeitszimmer meines Vaters fand. Im Stockwerk dazwischen stand der neue Computer, der erste der Familie, ein Gateway. Pornos waren schwer zu finden und langsam runterzuladen, doch die Pynchon-Ratgeber, die auf Text basierten, gewährten unmittelbares Glück. Ich las die Threads – Klatsch- und Tratsch-Geschacher, Verschwörungen und Paranoia –, als wären es lose Stränge aus Pynchons Erzählkosmos. Ich hatte ein 28.8k-Einwahlmodem und trotz aller Warnungen Pynchons vor den Krakengriffen der Technokratie keinen Schimmer davon, was die Zukunft an Überwachung und sozialer Kontrolle bereithalten würde.

Über zeitgenössische Literatur wurde ich durch das Internet aufgeklärt, nicht durch Primär- oder gar Sekundärtexte, die dort veröffentlicht wurden, sondern allein durch seine Nutzung. Online zu gehen hieß, im Leben das zu erfahren, worauf Pynchon und seine Erben, die meiner Generation näherstehen – wie William T. Vollmann und David Foster Wallace –, in der Belletristik hinarbeiteten: eine Handlung, die nicht von den Beziehungen ausgeht, die die Figuren (»Menschen«) entwickeln, sondern von den Beziehungen, die sich zwischen Institutionen (Unternehmen, Regierungen), Objekten (Raketen, Erektionen) und Konzepten (Hippie-Dippie-Free-Love und der deutsche *Liebestod*) erkennen lassen. Ich las über den Modernismus – mit großem »M« – und die postmoderne Literatur – mit kleinem »p« – auf Links, die irgendwelche seltsamen anagrammatischen Usernamen mir schickten, und wenn ich mich auch noch nicht durch Fredric Jameson durchbeißen konnte, dann doch immerhin durch eine GeoCities-Seite, die sein Werk zusammenfasste. Modernismus war von einem begrenzten, aber anspruchsvollen Publikum gemacht und für dieses bestimmt; postmoderne Literatur hingegen hatte populäre oder populistische Absichten – sie wollte berühmt sein – *und komplex!* Sie wollte Geld – *und Respekt!* Die beiden Bewegungen verbanden sich im »Systemroman«, einem Begriff, der von dem Autor Tom LeClair geprägt wurde, um die Verfahren von John Barth, Robert Coover, Don DeLillo, William Gaddis, Joseph Heller, Ursula Le Guin, Joseph McElroy und Pynchon zur Erzeugung von Komplexität zu beschreiben.

Vor diesen Schriftstellern entwarfen Romane geschlossene Symbolsysteme, die, wenn man sie entwirrte, ein Bedeutungssubstrat lieferten, das von der Handlung und den Dialogen abgekoppelt war, jedoch mit ihnen kommunizierte (man denke an Fitzgeralds Reklame für Dr. T. J. Eckleburg oder Hemingways Stierkampf). Die neue Generation bevorzugte stattdessen Romane, die mit offenen Systemen operierten, die die ganze Welt als Symbol ansahen und untrennbar mit dem literarischen Ganzen verwoben waren (man denke an den Kontrast zwischen der Mentalität des 20. Jahrhunderts und der Sprache des 18. Jahrhunderts in *Mason & Dixon* oder an die Durchmischung der Genres – Wissenschaft, Spionagethriller, Jugendabenteuer, Western – in *Gegen den Tag*). Das Paradebeispiel für die assoziativen Prozesse des Systemromans ist vielleicht »Die Geschichte von Byron, der Birne« in *Das Ende der Parabel.* Eine angeblich unsterbliche Glühbirne namens Byron beleuchtet im Berlin der Weimarer Zeit unter anderem eine »Opium-und-Lesben-Höhle« und »einen Kellerraum, in dem ein Glasbläser haust, der sich vor dem Dunkeln fürchtet«, das Bordellzimmer einer Hamburger Prostituierten – »Kunde der jungen Frau in dieser Nacht ist ein Betriebskostenkalkulator, der sich gerne *Glühbirnen ins Arschloch schrauben* läßt« – und die Koje eines Naziwissenschaftlers in einer unterirdischen Raketenfabrik bei Nordhausen. In diesem Abschnitt, der sich über einen Zeitraum von fünfzehn Jahren erstreckt, finden darüber hinaus Betrachtungen der folgenden Phänomene Platz: »›Phoebus‹, das internationale Glühbirnenkartell mit Hauptsitz in der Schweiz«, die gegenseitigen Geschäftsinteressen von General Electric und Krupp, die Herstellung von Glühfäden sowie die Synthese von Wolfram.

Seit Langem – und mindestens seit dem Ende der Vakuumröhre – wird fiktionale Literatur anhand von Begriffen aus der jeweils zeitgenössischen Technik beschrieben, doch das Genie der Systemromanciers bestand darin, Fiktionen zu erschaffen, die sich ausdrücklich an deren Verfahren orientieren. In den 70ern konnte man sagen, ihre Romane funktionierten wie Transistoren, während man in den 8oern sagen konnte, sie funktionierten wie integrierte Schaltkreise. In den 90ern jedoch wurde die Systemliteratur vom Internet verdrängt: Das Internet bediente sich seiner Prozeduren, während das Web seine Oberflächenverschiebung – die schnell wechselnden Szenen, die Figuren, die eingeführt, entwickelt und wieder fallen gelassen wurden – aufgriff.

Damals, als ich noch häufig Amazon besuchte – bevor meine bevorzugten unabhängigen Buchhandlungen zu schließen begannen und ich die Website 2007 auf kaltem Entzug aufhörte zu nutzen –, war ich fasziniert davon, wie sehr die Plattform den Romanen ähnelte, die ich dort kaufte: Ich klickte auf ein Buch von Pynchon, und weiter unten oder in einer Seitenleiste fand ich weitere Titel, die ich in meinen Einkaufswagen legen konnte, Vorschläge, die von den Algorithmen der Website generiert, aber auch von anderen Usern geliefert wurden. Kunden, die *Mason & Dixon* gekauft haben, kauften auch *Vineland;* wenn ich draufklickte, stellte ich fest, dass Kunden, die *Vineland* gekauft haben, auch Bücher über die Geschichte des FBI, der CIA und den »Krieg gegen Drogen« kauften, und dann war ich nur noch ein oder zwei Klicks von den Kunden entfernt, die auch Überlebenskits für den Atombunker, Paletten mit Dosenfleisch, Wasser in Flaschen und Alufolie kauften. Das Auftreten von Wikipedia hat diese Lektion in Informationsaufbereitung noch verstärkt. Zum Zeitpunkt der Abfassung dieses Artikels verlinkt das umfangreiche Thomas-Pynchon-Wiki – das, wenn es ausgedruckt würde, sicherlich das Werk des Autors in den Schatten stellen würde – auf eine Liste amerikanischer Steuerverweigerer (Pynchon weigerte sich 1968, jegliche zu Kriegszwecken vorgesehene Steuererhöhung zu zahlen); das

Wiki der amerikanischen Steuerverweigerer verweist auf das Redemption Movement (eine Gruppierung, die behauptet, dass Amerika, als es 1933 den Goldstandard aufgab, seine Schulden abdeckte, indem es das Leben seiner Bürgerschaft an ausländische Regierungen als Sicherheit verpfändete); das wiederum verweist auf das Wiki zu *Matrix* (1999); das verweist auf Laurence Fishburne; und dann landet man zweifellos irgendwann bei Kevin Bacon.

•

Als die Nachricht von der Veröffentlichung des Romans *Bleeding Edge* im Frühjahr 2013 auf Twitter die Runde machte, löste sie in den üblichen Foren eine Welle von Beiträgen aus, allerdings nicht aus den üblichen Gründen. Dies war nicht einfach ein weiteres Pynchon-Buch; es handelte sich nicht mal um ein weiteres Pynchon-Buch, in dem das Internet eine Nebenrolle spielt (das Arpanet, das in den 60er und 70er Jahren von einem Zweig des amerikanischen Militärs entwickelt wurde, hatte einen Gastauftritt in Pynchons *Inherent Vice*). Vielmehr sollte es ein Buch sein, in dem es die Hauptrolle spielt, »ein historischer Roman über New York in den Anfängen des Internets«, wie es im Pressetext heißt. Ich war gespannt, aber auch skeptisch. Als Leser hoffte ich auf Pynchons ultimative Abrechnung mit dem Überwachungsstaat, den er seit J. Edgar Hoovers Herrschaft angeprangert hatte – der Höhepunkt einer Abrechnung mit der Institutionalisierung des Ausspionierens und der massenhaften Gedankenmanipulation, die mächtiger ist und der sich mehr Menschen freiwillig unterwerfen als alles, was Reagan, Nixon, der KGB, die Stasi oder die SS sich je ausgedacht haben. Aber als Romanautor sorgte ich mich, wie Pynchon wohl über gerade die Technologie schreiben würde, die seine Verfahren abgekupfert und die sporadischen Ungenauigkeiten in seinen akribischen Recherchen – ja, die sogar sein Gesicht – zu einer öffentlichen Angelegenheit gemacht hat.[2] Unauffälliges Räuspern: Der Roman handelte auch vom 11. September.

»Bleeding Edge« ist ein Techie-Ausdruck, der so viel bedeutet wie »cutting edge« – so neu, dass es wehtut. Die Ironie dieses Titels besteht darin, dass der Roman hauptsächlich im Frühjahr und Sommer 2001 spielt. Pynchon kommt mit so nostalgischen Anspielungen daher wie Beanie Babies, Furbys, Pokémon, Kickboards und Jennifer Aniston, die sich immer noch im Rachel-Modus befindet, und all das neben einer gerade gestohlenen Präsidentschaft und einer gerade geplatzten Techblase. In der Innenstadt werfen die Türme des World Trade Center ihre Schatten vorausahnend über die Wall Street. Ein bisschen weiter nördlich, zwischen TriBeCa und dem Flatiron District, liegt Silicon Alley, ein New Yorker Tech-Viertel, das es tatsächlich gab, bezie-

---

2 Am Tag, nachdem ich die Fahnen des Buchs zugeschickt bekam – das war kurz nachdem der NSA-PRISM-Skandal bekanntwurde –, nahm ich es mit zu einem Hautarzttermin und begann es in der U-Bahn zu lesen. Sofort trampelte ein Mann durch den Waggon und machte – ohne ein Wort zu verlieren – mit seinem iPhone ein Foto vom Cover. Er war *weiß*, kräftig, etwa 1,70 groß und sprang an der West 4th Street raus – mit einem Wort, demografisch repräsentativ. Am selben Abend stellte ich fest, dass das Bild online gepostet worden war. Es hatte schon mehrere Hundert Likes bekommen. In den folgenden Wochen wurden *Bleeding-Edge*-Fahnen auf eBay versteigert, für bis zu 1 500 Dollar.

hungsweise das als solches angepriesen wurde – ein Immo-
biliengespinst wie NoHo oder SoHa oder selbst das West
Village und das East Village (ursprünglich das Village und
die Lower East Side).

In Pynchons Erzählung herrschten hier zwei Typen vor.
Der eine bestand aus den typischen entwurzelten *Weißen*,
die wie die Goldsucher von einst gen Westen gezogen waren,
inmitten der Zen-Gärten und Bio-Smoothie-Ketten der San
Francisco Bay aber ihren Tiefpunkt erreicht und bald Sehnsucht nach rauem urbanen Leben hatten – oder zumindest
nach dem rauen Yuppie-Leben im gentrifizierenden Giu-
lianiville von New York City. Der andere bestand aus Menschen, die sich als ethnisch identifizierten – oder noch nicht
in der Post-Identität angekommen waren –, an die Stadt ge-
bundene und für sie ackernde Leute, die schon immer die
Farben von New York ausgemacht hatten: der abgeklärte
coole Schwarze Fahrradkurier, der irische Polizist und Feuer-
wehrmann, der Vereinshaus-Italiener, der Jude, der im Hintergrund agiert; die »wahren«, die »bodenständigen«, die ge-
knechteten Massen, die sich nach nichts sehnen außer nach
Geld.

In der Zwischenzeit versucht Maxine Tarnow »auf der
Yupper West Side« – Pynchons eigenem Viertel – ihr Leben
wieder in den Griff zu bekommen. Sie ist eine bewaffnete
Betrugsermittlerin, der vor Kurzem die Zulassung entzogen
wurde, weil sie unwissentlich einer Unterschlagung Vor-
schub geleistet hat, und die Gluckenmutter zweier frühreifer
Jungs, Ziggy und Otis, deren Vater, Börsenhändler Horst
Loeffler, ein Büro im World Trade Center und überall in den
Stadtbezirken Geliebte hat. Der Filmemacher Reg Despard,
der von einer Computer-Sicherheitsfirma namens hashslingrz

angeheuert wurde, eine firmeneigene Dokumentation zu drehen, beauftragt Maxine, die Finanzen seines Arbeitgebers zu überprüfen, nachdem ihm der Zutritt zu Teilen des Unternehmens von dessen Chef Gabriel Ice verweigert wird, einem »der jungen Milliardäre, die das jähe Ende des Dotcomfiebers heil überstanden haben«. Das ist wohl derselbe Ice, der hinter dem Quellcode einer geheimen Second-Life-Website namens DeepArcher (gesprochen »Departure«) her ist, die von Maxines Bekannten Lucas und Justin entwickelt wurde, zwei Silicon-Valley-Veteranen, die sich in der Silicon Alley Aufmerksamkeit – und Kapital – verschaffen wollen.

Maxines Ermittlungen über DeepArcher und hashslingrz bilden das Grundgerüst des Buchs. Ersteres verwickelt sie in ein schlafloses Zweitleben, in dem sie durch eine unregulierte Nische der Cyberwelt wandelt: »ein gerahmter Wachtraum«, der, je nach Benutzereingabe, sein Aussehen und seine Bestimmung verändert – Medienlandschaften typischer Elendsviertel im einen Moment, unberührte Wüste im nächsten, und das alles »in schattenmoduliertem 256-Farben-Tageslicht – kein Titel, keine Musik« und gänzlich unbefleckt von Werbung. Letzteres verwickelt sie in die physische Welt, das, was Pynchon »Fleischwelt« nennt, und lässt sie gegen eine Reihe von (in jeder Hinsicht) schattenhaften Persönlichkeiten ermitteln: Nicholas Windust, ein Bundesagent, »dessen erster dokumentierter Einsatz als gerade angeheuerter Handlanger am 11. September 1973 in Santiago de Chile stattfand, wo er als Beobachter für die Piloten fungierte, die den Präsidentenpalast bombardierten und Salvador Allende töteten«, und der später in Süd- und Mittelamerika Kommandos zur »›Anwendung zielführender Befragungsmethoden‹ und ›Relozierung unkooperativer Individuen‹«

leitete; Avi, Maxines Schwager, ein Mossad-Agent mit Entzugserscheinungen; Rocky, ein Hochstapler-Wagniskapitalist der Cosa Nostra; Igor und seine Handlanger Mischa und Grischa, russische Gangster, die bei Bernie Madoff investiert haben. Alle oder einige dieser Figuren deuten darauf hin, dass die us-Regierung oder abtrünnige Elemente innerhalb des Staatsapparats – vielleicht sogar zusammen mit Ice – von den Anschlägen des 11. Septembers erfahren oder sie vielleicht sogar geplant haben (während Lesende bis Seite 401 auf die Terroranschläge warten müssen).

Natürlich könnte auch das Gegenteil wahr sein. Ice könnte durch seine Partner im Nahen Osten und durch Strohfirmen in den Emiraten auch ein Held sein, wenn schon nicht für Amerika, dann doch für die Rechten – er wäscht Geld für die geheimen Schauplätze des »Kriegs gegen den Terror«, der bald auf einem Bildschirm in Ihrer Nähe zu sehen sein wird.

Aber halt, das ist noch nicht alles – Kunden, die sich für den 11. September interessierten, interessieren sich vielleicht auch für falsche Fährten, die vielleicht zum Montauk-Projekt an der Küste von Long Island führen. Diese tatsächlich existierende paranormale Verschwörungstheorie – die als Nachfolger des Philadelphia-Experiments gilt – ist mit Pynchons Worten »eine Art Ausbildungslager für militärische Zeitreisen«, in dem entführte amerikanische Vorschulkinder ausgehungert, verprügelt und sodomisiert werden. Sie – hauptsächlich »Jungen« – werden zu Agenten von morgen (oder gestern) ausgebildet. »Anschließend werden sie geheimen Kommandoeinheiten zugeteilt, die im Auftrag der Regierung durch die Zeit reisen und den Verlauf der Geschichte so verändern, dass die Vorgesetzten, die sie ausgeschickt haben, davon profitieren.« Hierbei darf man nicht vergessen, dass Maxine diese Erklärung des Montauk-Projekts, das angeblich durch einen Tunnel unter dem Ferienhausgrundstück von Ice zugänglich ist, nicht in der Fleischwelt erhält, sondern in DeepArcher, und zwar von einem amphetamingefütterten »IT-Samurai« namens Eric Outfield, oder besser gesagt von seinem Avatar, dessen Unterlippenbärtchen »in einem leuchtenden Grün« pulsiert.

●

Seite 401:

Maxine geht in Richtung Büro, will in einem Zigarettengeschäft eine Zeitung kaufen und bemerkt, dass alle aufgeregt und zugleich niedergedrückt wirken. Downtown ist irgendwas Schlimmes passiert. »Gerade ist ein Flugzeug ins World Trade Center gekracht«, sagt der Inder hinter der Theke.

»Was, ein Sportflugzeug?«

»Eine Passagiermaschine.«

O-oh. Maxine geht nach Hause und schaltet CNN ein. Und da sieht sie es. Aus schlimm wird schlimmer. Den ganzen Tag lang. Gegen Mittag ruft die Schule an: Sie schließen für den Rest des Tages – könnte sie bitte kommen und ihre Kinder abholen?

Alle sind angespannt. Nicken, Kopfschütteln, nicht viel Geplauder.

»Mom, war Dad heute im Büro?«

»Er hat gestern Nacht bei Jake übernachtet, aber ich glaube, er erledigt die meiste Arbeit mit seinem Computer. Kann also gut sein, dass er gar nicht im Büro war.«

»Aber du hast nichts von ihm gehört?«

»Im Augenblick versucht jeder, jeden anzurufen, und die Leitungen sind überlastet. Er wird sich schon melden. Ich mache mir keine Sorgen, und ihr braucht euch auch keine zu machen, okay?«

Maxine – zur Hälfte JAP (Jewish American Princess) und zur Hälfte MILF (bekannt) – versucht, ihre Jungs aufzumuntern, und das tut Pynchon mit seinem flachstmöglichen Stil in der unweigerlich schwierigsten Passage des Buches (am schwierigsten zu lesen und, wie ich annehme, am schwierigsten zu schreiben). Die irren Tangenten des Romans und die Wortspielwellen flauen eine Weile lang ab. Zurück bleibt eine Frau, die möglicherweise ehemannlos auf der Couch sitzt, zusammen mit ihren möglicherweise vaterlosen Kindern, die vorübergehend ihre Spielmodule vergessen haben, weil das Gemetzel auf dem Bildschirm so unwiderstehlich unkontrollierbar ist. Die letzte zitierte Zeile dieses Ausschnitts und ihre Implikationen sind der Schlüssel zum Gefühl frustrierter Kodependenz in jeder Familie. Manchmal funktionieren die Telefonleitungen und manchmal nicht, sodass Dad – Horst – in der Schwebe bleibt und sein Schicksal in den Händen Gottes liegt – oder in denen von CNN-Anchor Wolf Blitzer.

Die Anschläge vom 11. September führten zu schlimmen Invasionen, schlimmen Besetzungen und schlimmen Gesetzen, doch eine der am wenigsten beachteten, aber folgenreichsten Auswirkungen an der Heimatfront war, dass sie eine Gesellschaft mit ungeheurer und tödlicher Dringlichkeit zum totalen Kontakt drängten (was Pynchon durch die Verwendung des Präsens noch verstärkt). Den Kontakt zu verlieren heißt heutzutage, zu sterben; wenn man von Trümmern verschüttet wird, ruft man als Erstes an und betet, dass die Netzverbindung stark genug ist, um seine letzten Worte wenigstens auf der Mailbox zu hinterlassen. Vor dem 11. September fand die Online-Welt zu Hause statt, in einem Sessel, am Schreibtisch. Ein Handy – Pynchon bevorzugt das englische Wort für »Mobiltelefone« – zu besitzen war noch keine soziale Norm, geschweige denn eine so lebenswichtige Voraussetzung, wie ein Herz, ein Gehirn oder eine Lunge zu haben. In *Bleeding Edge* klingeln Handys weniger als ein Dutzend Mal, und ihre gelegentliche Anwesenheit unterstreicht lediglich ihre Abwesenheit.

Da eine der elementarsten Notwendigkeiten von Fiktion darin besteht, zwei Figuren lange genug voneinander getrennt zu halten, damit sich ein Missverständnis aufbauen kann – ein Missverständnis, das nur dadurch lösbar ist, dass sich die Figuren individuell aufeinander zubewegen, und zwar bis zum Ende des Buches – sind Mobiltelefone, heute Smartphones, zu den Hauptgegnern der Fiktion geworden. Heutzutage wird uns die Möglichkeit des Kontakts selten verwehrt, und alle Kontakte – Telefonnummern und E-Mail-Adressen – können digital exhumiert werden. Indem Pynchon seinen Roman an der Schwelle zu den Anschlägen ansiedelt, macht er aus dieser letzten Chance auf Unerreichbarkeit, diesem letzten dunklen und stillen Moment des Jahrtausends, eine verzweifelte Komödie. Er tut dies, indem er alle Unwahrscheinlichkeiten und Zufallstricks einer früheren Informationsrevolution aufbauscht – die des viktorianischen Romans, dessen Absonderlichkeit später als Realismus bezeichnet wurde.

Im viktorianischen Roman ist der Zufall ein Mechanismus

der Auflösung: Zwei Figuren, die eine Zeit lang voneinander getrennt waren, treffen sich »urplötzlich« auf der Straße oder im Theater. In Pynchons Büchern ist der Zufall ein religiöser oder spiritueller Mechanismus. Begegnungen müssen »Bedeutung« haben, etwas Geheimnisvolles. In *V.* löst ein Graffito in einer Toilettenkabine ein Seminar über Elektrotechnik aus, als sich die Zeichnung als Diagramm für einen Bandpassfilter entpuppt. In *No. 49* führt die wiederkehrende Kritzelei eines gedämpften Posthorns zur Aufdeckung eines unterirdischen Postnetzes, das seit der Französischen Revolution Korrespondenz über Mülltonnen befördert. *Bleeding Edge* verfolgt einen kruderen Ansatz, der aus Pynchons anderen historischen Romanen (*Die Enden der Parabel, Mason & Dixon* und *Gegen den Tag*) bekannt ist und demzufolge Zufälle die Möglichkeit zum Informationsaustausch liefern: Maxine hängt in der Nähe ihres Bürofensters herum, als sie Igors Limousine bemerkt (der kyrillische Aufkleber bedeutet übersetzt: MEIN ANDERER WAGEN IST EIN MAYBACH); sie steigt ein und trifft auf March Kelleher, eine abtrünnige linke Bloggerin, die zufällig die Schwiegermutter von Ice ist. March muss Igors Kurier spielen und sein Madoff-Geld (dank Maxines Tipp hat Igor es gerade noch rechtzeitig abgehoben) zu Sid, Marchs Ex-Mann und Drogenhändler, in einen »Tanzclub unweit der Vermilyea Avenue« bringen. Warum auch nicht, Maxine geht mit; sobald der Deal gelaufen ist, bietet Sid ihr an, sie alle in seinem antiken Motorboot zum Bootshafen an der 79th Street zurückzubringen. Allerdings nimmt die Drogenpolizei die Verfolgung auf; das Trio flieht den Hudson hinunter und schüttelt seine Verfolger nahe der Island of Meadows ab, einem Feucht-und-Naturschutzgebiet direkt vor der Küste der

Fresh Kills Mülldeponie von Staten Island. Die Bootsfahrt ist für March und Sid lediglich ein Vorwand, um über ihre Tochter Tallis und ihren Schwiegersohn Ice zu sprechen, was wiederum nur ein Vorwand ist, um Maxine und die Lesenden mit Bergen von Informationen zu überschütten. Doch die Abschweifung wird gerechtfertigt durch Pynchons wunderbare Art, wie er mit dem Müll umgeht:

Diese kleine Insel erinnert sie an etwas, und es dauert einen Moment, bis ihr bewusst wird, an was. Es ist, als könnte man in diesen aufragenden, prophetischen Müllberg, dieses in seiner stinkenden, wimmelnden Wahllosigkeit geradezu perfekte Gegenbild der Stadt hineingreifen, ein paar unsichtbare Links anklicken und endlich ein überraschendes Asyl finden, ein uraltes Stück Marschland, verschont von dem, was allem anderen geschehen ist und noch immer geschieht. Unternehmer haben Deep Archer ebenso im Visier wie diese Island of Meadows. Ganz gleich, welche menschlichen Zugvögel sich dort unten aufhalten und auf die Unverletzlichkeit dieses Fleckchens vertrauen – sie werden eines nicht mehr allzu fernen Morgens grausam überrascht werden vom wispernden Herabschweben konzerneigener Webcrawler, die darauf brennen, ein weiteres Refugium für ihre ganz und gar nicht selbstlosen Zwecke zu indizieren und zu ruinieren.

All die oben beschriebenen Ereignisse spielen sich in Pynchons bisher kürzesten Sätzen und kürzesten Absätzen ab, auf weniger als einem Dutzend Seiten. Das Ergebnis ist ein atemloser Rausch in größter Bandbreite und ein schwindelerregend tiefgründiges Buch über das Internet, dem etwas gelingt, wozu das Internet selbst kaum je fähig war. Es macht Lesende zwar nicht ganz glauben, dass American Airlines Flug 11 und United Airlines Flug 175 mit Stinger-Raketen von einem Dach in Hell's Kitchen aus abgeschossen wurden, aber es macht Lesende glauben, warum und wie jemand anderes dies glauben könnte – warum und wie March Kelleher dies glauben könnte – und das, liebe Mitbürgerinnen und Mitbürger, ist Sympathie oder Empathie oder Literatur.

●

Hier noch eine weitere Verwicklung aus dem Web, die sich allerdings überprüfen lässt: William Pynchons Magistratssohn John war ein Freund des Straßenvermessers der Kolonie, Miles Morgan, »dem Helden von Springfield«, der 1675 die Stadt gegen den Stamm der Wampanoag verteidigte und ein Vorfahre von J. P. Morgan war (Pynchon traute Miles Morgan bei dessen Hochzeit). Die Familien Pynchon und Morgan unterhielten im Lauf der nächsten dreihundert Jahre geschäftliche Beziehungen miteinander, bis die Börse das Land in die Depression stürzte. Zu diesem Zeitpunkt war Pynchon & Co. eines der bekanntesten Maklerunternehmen Amerikas (und ein Verlag von Broschüren über neue Investitionsmöglichkeiten, darunter »Elektrisches Licht und elektrischer Strom: Ein Bericht zur weltweiten Entwicklung«). Charles Hollander schreibt in der Zeitschrift *Pynchon Notes*, Pynchon & Co. sei durch seine kurze Geschäftsbeziehung mit der Chase Bank – der Bank von Rockefeller – untergegangen, möglicherweise durch eine Spekulationsfalle, deren Ziel es war, diesen engen Partner der Morgans zu schädigen. Die Familie Pynchon musste ihren Besitz und ihre Möbel versteigern, und der Seniorpartner George M. Pynchon, Jr. wählte, hochverschuldet durch einen Entschädigungsprozess, den Freitod. In Hollanders Lesart übt ein Großteil von Pynchons Fiktion Rache an den Rockefellers wegen deren Demontage der Morgan-Ökonomie, die auf Stahl, Kohle und dem Eisenbahnwesen basierte, zugunsten einer auf Plastik, Öl und Waffen aufgebauten Wirtschaft.

Bleeding Edge, das nach der »Großen Depression, Teil zwei« von 2008 erschien, handelt von der nächsten Ökonomie – der virtuellen –, in der die Rockefellers nicht die geborene Elite sind, sondern aus einer Meritokratie hervorgehen. Zuckerberg, Brin, Page, Bezos, Jobs, Gates: sechs Söhne der amerikanischen Zersiedelung, drei davon Juden, und unter ihnen bezeichnenderweise ein sowjetischer Emigrant; der andere wurde von einer minderjährigen Mutter auf die Welt gebracht und von seinem Stiefvater, einem kubanischen Einwanderer, adoptiert; der dritte wurde bei der Geburt von seinem syrischen Vater und seiner amerikanischen Mutter zur Adoption freigegeben. Sie sind wir und wir sind sie, nicht nur in biografischer Hinsicht, nein, auch dadurch, dass wir dabei behilflich sind, das, was sie uns verkaufen, zu erschaffen und ihre Dienstleistungen – zusammen mit ihrem Vermögen – zu optimieren, und das alles allein durch unsere Nutzung.

Daraus folgt, dass Pynchons ursprüngliche Entgegensetzung von »Wir gegen die« nicht mehr gilt. Im Pynchon-Kanon gab es immer eine dreckige Matratze im Village, auf der man pennen oder eine Gruppe von Cannabiszüchtern in Mendocino County, bei denen man abtauchen konnte, wenn die Militärpolizei anrückte oder die *Federales* aufkreuzten. Dort war man in Sicherheit, ganz egal, in welcher gegenkulturellen Sekte man sich befand – der Ganzen Kaputten Bande (*V.*) oder der Volksrepublik Rock 'n' Roll (*Vineland*); zumindest war man in Sicherheit, bis die Freunde dann gekauft wurden oder sich selbst verkauften und ebenfalls zu Agenten wurden oder zumindest zu kollaborierenden Erwachsenen, die Sachbücher oder gar nichts mehr lesen. Wenn Pynchons Figuren von Amerika abgehängt wurden, dann verleugneten sie dieses Amerika und terrorisierten nur sich selbst. Sie betrachteten das offizielle Amerika, das ihnen mit Ablehnung begegnete, als unecht und akzeptierten nur ihr eigenes, inneres Amerika als das wahre Amerika – ein Land nicht des unaufhaltsamen Fortschritts und des grandiosen Erfolgs à la Horatio Alger, sondern des Bedauerns und Scheiterns à la Henry Adams. Ein Land der »Übergangenen« – so charakterisiert Pynchon in *Die Enden der Parabeln* William Slothrop und meint damit die Abgehängten, die Vernachlässigten, die Verlassenen; die Melvilles, nicht die Hawthornes.

Bleeding Edge deutet allerdings darauf hin, dass Pynchon die Suche nach der Seele der Nation, die von seiner Familie mitbegründet wurde, endgültig aufgegeben hat. Für Pynchon – den umkämpften Barden der Counterculture, der von jeglicher Loyalität abgebracht wurde – ist die Familie zur letzten Bastion geworden, und der letzte Krieg, der geführt werden muss, ist die Schlacht zwischen unseren virtuellen Identitäten und den Banden des Blutes; ein Krieg, der verhindern soll, dass das Blut vom Virtuellen korrumpiert wird, und wenn auch nicht für immer, dann zumindest für eine gewisse Zeit, die ausreicht, um den kleinen Ziggy und Otis Tarnow-Loefflers dieser Welt den geringsten Anschein von Kindheit zu ermöglichen, den geringsten Anschein von Freiheit. Pynchon hat erkannt, dass es in der Zukunft keine Geheimnisse, keine versteckten Komplotte mehr geben wird – alles wird ans Licht kommen, und jedes eventuelle Zweitleben, ob in der Cloud oder am Firmament, wird uns genommen oder verwehrt werden. Die erwachsene Vernunft hängt also nicht von dem Leben ab, das wir online führen, sondern von dem Leben, das wir offline erschaffen – von unseren Kindern –, es hängt davon ab, wie wir ihnen unsere Liebe zeigen und wie wir sie erziehen und von den Tugenden und Geboten des guten Geschmacks, die wir ihnen von unseren Vorfahren vererben. Man schmunzle an der Stelle jetzt ruhig, wenn man ein Schmunzler ist, und man halte dies ruhig für die Schlussfolgerung eines verbürgerlichten, alternden Hippie-Romanciers, der weich geworden ist (oder für ein Credo der Mafia und der Juden), aber ich kann nicht mit Sicherheit sagen, ob Pynchon in dieser Betonung der Blutsverwandtschaft Erlösung oder Verdammnis sieht. Auf jeden Fall ist es bittersüß-traurig. Bittersüß und tieftieftraurig. Die Online-Mogule haben versucht, uns einzureden, dass wir keine Nation verlieren, sondern eine Welt gewinnen. Pynchon schlägt vor, dass beides nur Zweitleben sind, Fälschungen. Nur die Familie ist echt.

(2013)

Innere Syntax: Über Eimear Mcbride

Vielleicht hat Gott die Bibel ganz allein geschrieben, aber die Iren haben für die Interpunktion gesorgt. Während das Latein des Römischen Reichs auf dem gesamten europäischen Kontinent in Volkssprachen zerfiel, fertigten Mönche in kalten Steinklöstern auf der kalten Steininsel von Hand lateinische und griechische Kopien der Heiligen Schrift an. Ihre »Manuskripte« ließen die antiken Notationssysteme wieder aufleben, indem sie die Leerzeichen zwischen den Wörtern und die Pausen zwischen den Gedanken wiederbelebten und das Fleisch des leiblichen Textes durch das Sakrament des Zitats ins Wort der göttlichen Offenbarung verwandelten. Das Erste, was Gott zum ersten Menschen Adam sagt, ist: »Pflücke nicht die Früchte von einem gewissen Baum.« Als Nächstes sagt Gott: »Der Mensch braucht eine Partnerin«, und so lässt Er Adam einschlafen und entnimmt ihm eine Rippe, die er in eine Frau verwandelt: ein halbfertiges Ding, eine Abhängige.

Das Mädchen ein halbfertiges Ding ist der erste Roman von Eimear McBride, der jüngsten in der illustren Reihe irischer Typografie-Erneuerinnen (geboren *anno Domini* 1976). Das Buch verzichtet auf Anführungszeichen und lässt zugunsten von Sinn und Klang und der bloßen Erscheinung auf der Seite jedes Geschwätz aus. Zur Betonung werden gelegentlich Ver-SALIeN durcheinandergebracht und die Wegstaben verbuchselt. Das Buch ist in jeder Hinsicht eine Ketzerei – das heißt, heiliger Herrgott, es ist ein zukünftiger Klassiker.

Da ist es hilfreich, dass die Handlung zu den allerältesten gehört: die Kindheit beziehungsweise die Unschuld und der Verlust derselben. Das Buch Genesis wird in einer allwissenden dritten Person erzählt: Eva pflückt die Frucht und wird beschämt. Als Hauptfigur wählt McBride eine Ich-Erzählerin, die sich betrinkt, Drogen nimmt und Sex liebt, davon aber gleichzeitig traumatisiert ist. Sie ist eine abgefallene Katholikin und bleibt eine verschüchterte, aber pflichtbewusste Tochter. All das erzählt sie uns nur schemenhaft und verrät uns niemals ihren Namen.

Allerdings beginnt der Roman bereits, bevor es überhaupt einen Namen geben kann. Die Erzählerin spricht aus dem Mutterleib, als sie kurz davor ist, in die Hände einer gütigen, aber sorgenvollen Mutter und eines abwesenden Vaters geboren zu werden: »Mit Gedanken, denke ich, an dich und mich. Die Leerstellen, wo Väter sein sollten. Wann wir sie wohl finden und was wir reintun könnten zum Füllen.« Das »Du«, das angesprochen wird, ist nicht der Leser oder die Leserin, wie man meinen könnte, sondern der zwei oder drei Jahre ältere Bruder der Erzählerin, der an einem Hirntumor leidet. Wenn man anfangs abgeschreckt ist, diese Prosa auf ihre Beziehungen oder gar Identitäten hin zu durchforsten, dann deshalb, weil McBride darauf besteht, dass sich familiäre Intimität auch sprachlich manifestiert; so sprechen wir alle zu unseren eigenen geliebten Menschen und über sie mit uns selbst.

So spricht die Erzählerin mit ihrem Bruder über ihre Mutter:

Sie war behutsam mit dir. Sagte langsam langsam. Pass mit dem Kopf auf mein Herz. Und ihr Bauch sagte Gott sei

Dank. Fürs Verschnaufen. Dass sie den Schwestern gehorchen durfte. Dich Vaterunser lehren. Und wenn du schliefst harrte ich glorreich in freudenreichen Geheimnissen bis mein Reich komme. Schleimverstopfte Nase. Schrei den Tag entzwei. Pummelchen schnaubend wie ein Wesen. Eine Essigwelt zum Riechen. Na was ein kleines Mädchen ist sie nicht toll. Gebrüll. Oho. Jetzt bist du sicher. Aber ich sah weniger mit diesen echten Augen.

Schon nach ein oder zwei Kapiteln ist der Stil gerechtfertigt, und als Leser ist man bekehrt. In einer gefallenen Welt voller Banshee-Winter, Missbrauch, Verlassenheit und Neurochirurgie kommt es beinahe einem sündhaften Hochmut gleich, sich um Grammatik zu scheren. Als der Vater der Erzählerin verstirbt, mag das Leben selbst wie ein McBride-Satz erscheinen: ein wahnhafter Ansturm in Richtung Endgültigkeit ohne Komma.

Enden, Endungen, Schlusspunkte, alles, was den Fluss von Erfahrung in Richtung Gedanken und die Wandlung von Gedanken in Richtung Sprache behindert: Die englische Sprache erlegt Beschränkungen auf, doch das gilt auch für die katholische Kirche, und selbst die Liffey muss sich bei ihrem Fließen durch Dublin über Staudämme hinwegkämpfen. In ihrem Roman stellt McBride den ungezügelten Redefluss ihrer Erzählerin, der ihre Lebenskraft ausmacht, den unzähligen Kräften gegenüber – der Familie, den Nonnen, den Priestern und den Männern, sehr vielen Männern –, die ihn durch Klauseln, Gesetze, Regeln und Diagnosen eindämmen wollen, und genau dieser Gegensatz ist es, der das ganze Drama ausmacht. In einem Buch, in dem die Erzählerin damit zu kämpfen hat, wie sich die Krankheit ihres Bruders verschlechtert und dass sie von einem Onkel vergewaltigt wird, besteht die Tragödie, die sie letztlich alle verbindet, in der Einigung auf konventionelle Klarheit: Die eindeutige Aussage oder Tatsache läuft hinaus auf Erwachsensein – also auf den Tod.

Das Fertigsein – das Erwachsensein – bedeutet also, sich in eine bestimmte Art der Kommunikation zu fügen. So ergeht es der Erzählerin, als sie in einem katechistischen Kampf mit ihrer Mutter über ihren Wegzug in eine andere Stadt zu hören bekommt: »Jetzt müssen wir uns um unsern Kram kümmern. Was denn? Umziehen. Warum? Weil er dies gekauft hat und ich es nicht mehr will. Aber ich will nicht umziehen Mammy. Fang nicht damit an. Aber wir haben immer hier gewohnt. Wir. Ziehen. Um. Weil. Ich. Das. So. Will. Und. Wenn. Euch. Das. Nicht. Passt. Pech. Denn. Ich. Bin. Die. Mutter.«

Später wird die Erzählerin sich selbst noch katechisieren, als ihre Lust auf Sex zurückkehrt – oder ihre Lust auf Macht:

Pickelgesichter so weiß als hätten sie noch nie Licht gesehen und schorfige Lippen und schmutzige Hände. … Lass mich einfach in Ruhe. Aber er antwortete nicht. Die Stimme brannte schon jetzt von dem was sie nicht wissen obwohl sie dauernd angeben. Was bin ich? Gott. Tatsächlich. Wie das denn? Aber da ist ein Teil der sich wild anfühlt. Weder gut noch böse aber den Weg zur Rache kennt. Ich könnte. Ich bin. Ich werde.

Die Erzählerin, die sich dem Ende ihrer Teenagerjahre nähert, beschließt, allein davon- und in die Stadt zu ziehen, und wird so für einen Augenblick lang lesbar, wenn auch nur, weil sie ihr »Du« nicht mitgenommen hat. Als sie ihre Familie zu Hause besucht, findet sie ihn wieder, ihren Bruder, mit seiner schwindenden Gesundheit und seinem Anredepronomen, doch die Berichte, die sie über ihre Unabhängigkeit abgibt – eine Unabhängigkeit, die er niemals erlangen wird –, sind jetzt vor allem verinnerlicht, unausgesprochen: »Ich kannte einen Mann. Ich kannte einen Mann. Ich ließ zu dass er mich hart rannahm. Und rauchte, Joints, und würgte mich bis ich sagte ich sei tot. Ich kannte einen Mann der mit mir spazieren ging. Ausgiebig auf dem Land. Ich biete mich an. In der Hecke biete ich mich an. Ich kannte einen Mann den ich mit ihr kennengelernt hatte. Sie und ich und sein Freund nachts in Bars und Champagner und spendierte mir jeden Abend Pommes.«

McBride zog selbst mit siebzehn Jahren nach London, um am Drama Centre Schauspiel zu studieren, schrieb diesen Roman ein Jahrzehnt später und verbrachte fast ein weiteres Jahrzehnt mit dem Versuch, ihn zu veröffentlichen. Als sie damit Erfolg hatte, als *Das Mädchen ein halbfertiges Ding* Erfolg hatte, heimste der Roman eine Reihe von Preisen ein – sowie die unvermeidlichen Vergleiche mit der irischen Tradition: mit Becketts Monologen, Joyce' Molly-Bloom-Selbstgespräch in *Ulysses* sowie der ontogenetischen Prosa von *Ein Porträt des Künstlers als junger Mann* und darüber hinaus mit den irisch-britischen weiblichen Avantgarden: Edna O'Brien, Virginia Woolf, Ann Quin, Christine Brooke-Rose. All diese Lobeshymnen hatten – abgesehen davon, dass sie verdient waren – eines gemein: das melancholische Gefühl, dass der englischsprachige Roman erwachsen geworden und der Moderne *entwachsen* war und dass er im Laufe dieses Prozesses seinen Geist eingebüßt hatte: Er war nun grau, wackelig, zaghaft, kompromittiert durch Publicity und Geld, die Realismen des Überlebens.

McBrides Buch brachte dieses Gefühl auf schockhafte Weise ins Wanken, nicht zuletzt, weil es von diesem Gefühl selbst handelt. *Das Mädchen ein halbfertiges Ding* unterwirft die äußere Sprache, die die Welt von uns erwartet, der inneren Syntax, die für unseren Geist vollkommen natürlich ist, und weigert sich somit, universelle Erfahrung mit universellem Ausdruck gleichzusetzen, denn diese Gleichsetzung ist eine falsche Religion, die die meisten zeitgenössischen Literaturen und die meisten zeitgenössischen Seelen unterdrückt hat.

(2014)

Teichhaltige Erinnerungen: Über G org s P r c

Es war einmal ein Teich, der mit kleinen Würmern gefüllt war, die sich von noch kleineren Würmern ernährten. Um zu überleben, mussten sich die kleinsten Würmer in den schlammigen Untiefen verstecken und sich zwischen dem Seegras verbergen. Doch was den kleinsten Würmern an praktischen Mitteln fehlte, machten sie wett durch ihre Fantasie. Denn während die kleinsten Würmer in den Untiefen warteten – während die kleinsten Würmer lebten – und jeden Augenblick damit rechneten, verschlungen zu werden, erfanden sie Legenden, Überlieferungen: eine Tradition. Sie nannten den Teich, in dem sie sich befanden, den Großen Teich und benannten seine vier paradiesischen Flüsse: den, der Gold und Silber brachte (der Schleim), den, der Blumen brachte (das Seegras), den, der Perlen brachte (der Froschlaich), den, der Korallen brachte (die Pilze). An den Ufern des Teiches hatten einst Vögel genistet, bis ihre Nester geplündert und ihre Eier zerbrochen worden waren, und so schwammen Teilchen der zerbrochenen Eierschalen auf der Wasseroberfläche, und die kleinsten Würmer, die von unten aufschauten, nannten diese Teilchen »die Sterne«. Die kleinsten Würmer nannten einen Kürbis, der am Ufer vor sich hin rottete und durch die Trübnis kaum zu erkennen war, »die Sonne«. Die kleinsten Würmer gaben sich gegenseitig Ehrentitel wie »Forelle« und »Hecht«, »Wal« und »Leviathan«, und sie schafften es sogar, ein Kleinstwurmgesetzbuch zusammenzustellen, mit Hunderten von Kleinstwurmkommentaren, Tausenden von Kleinstwurmregeln und Kleinstwurmverordnungen …. Und dann, eines Tages, kam eine Herde Schweine durch den Teich gestürmt – ihre brachialen Hufe brachen durch die Wasseroberfläche, die der Himmel der Würmer war – und zerstörten alles …

»Im Teich« ist eine Kurzgeschichte von Isaac Leib Peretz; er war der Wal, der Leviathan der jiddischen Literatur: einer der größten und windigsten und daher am wenigsten anpassungsfähigen Autoren des jiddischen Kanons.

Außerdem war er der Urgroßonkel von Georges Perec.

Perec, der kein Jiddisch sprach und das Werk seines Vorfahren somit nur in französischer Übersetzung kannte, war dennoch stolz auf seine Abstammung und erwähnte sie oft: in Gesprächen, in Interviews, in Büchern.

In seinem besten Buch: *W oder die Kindheitserinnerung* von 1975.

Im achten Kapitel dieses Buches spekuliert Perec, ob seine Vorfahren vor der Inquisition geflohen sind und ihren Namen Peiresc von ihrem Zufluchtsort in der Provence übernommen haben. Die Peirescs, so Perec, verteilten sich dann in den Kirchenstaaten und von dort aus in Mitteleuropa sowie den östlichen Nachbarländern: Russisch-Polen, Rumänien, Bulgarien. Perecs Eltern gehörten zu der Generation, die in den Westen remigrierte: Sein Vater, Icek Judko Perec, genannt André, und seine Mutter, Cyrla Szulewicz, genannt Cécile, verließen Warschau getrennt voneinander kurz nach dem Ersten Weltkrieg, um nach Paris zu gehen. Perec selbst wurde im Frühjahr 1936 in der Stadt an der Seine geboren. Im Frühjahr 1940 wurde Perecs Vater, ein freiwilliger Soldat im zwölften Fremdenregiment der französischen Armee, durch deutschen Beschuss tödlich verletzt. Im Winter 1943 wurde Perecs Mutter in Drancy interniert und dann in ihr Geburtsland deportiert – nach Auschwitz.

All dies könnte das Interesse des Sohnes an Genealogie erklären.

Die Manie des verwaisten Sohnes für (natürlich entstandene) Formen, (unnatürlich aufgezwungene) Strukturen, Zweige, Kladen, Abstammungslinien.

1942, zwei Jahre nach dem Tod des Vaters und ein Jahr vor ihrem eigenen, brachte Perecs Mutter den zukünftigen Autor zum Gare de Lyon, kaufte ihm ein Exemplar von *Charlie* (dem zahmen kindlichen Vorgänger von *Charlie Hebdo*) und schickte ihn nach Villard-de-Lans und in die Obhut von Verwandten und des Internationalen Roten Kreuzes.

Die kleinsten Würmer, die nicht zertrampelt wurden, starben vor Schreck, und die kleinsten Würmer, die nicht vor Schreck starben, erlagen einem gebrochenen Herzen.

Der Rest beging Selbstmord.

Nur einer – der kleinste der kleinsten Würmer – überlebte, und als er den größeren Würmern (die auf dem Grund des Teiches fest schliefen) erklärte, dass der Himmel über ihnen nun ein neuer Himmel sei – als er den größeren Würmern (die auf dem Grund des Teiches fest schliefen) erklärte, dass der alte Himmel durch ein Pogrom wildgewordener Bestien dezimiert worden und der Wurmhimmel daher nicht von ewiger Dauer sei – dass nur dieser universelle Himmel, der sich derzeit über ihnen befinde, von ewiger Dauer sein könne – da begriffen die größeren

Würmer: Dieser überlebende Wurm hatte den Verstand verloren ...

Sie behandelten ihn mit dem allergrößtem Mitgefühl und brachten ihn in ein Unterwasser-Irrenhaus ...

In Peretz' Geschichte versucht eine Handvoll winziger Würmchen, ihre Bedrohung durch Fiktionalisierung vorübergehend umzugestalten und somit zu überwinden: durch die Erfindung von Geschichten.

Um es unverblümt zu sagen, Würmer, die sich im Dreck winden und diesem Dreck ein Gesetz und eine Kultur entgegensetzen = Juden in den hintersten Schtetln Russisch-Polens, die sich in Tora, Talmud, Kabbala, Anekdoten und Witze vertiefen.

In Perecs *W oder die Kindheitserinnerung* zeichnet ein erwachsener Mann, der Perec ist oder Perec zu sein behauptet, seine Kindheit auf und durchlebt sie so noch einmal, eine Zeit, in der er versuchte, seine Bedrohung durch Fiktionalisierung vorübergehend umzugestalten und somit zu überwinden: durch die Erfindung von Geschichten. An erster Stelle steht die Geschichte von der Insel W, oder die rekonstruierte Geschichte von der Insel W, eine groteske Kindheitsfantasie, die Perec (mit krakeligen Wachsmalstiftillustrationen) zum ersten Mal zu Papier gebracht hat, oder von der er behauptet, dass er sie (mit krakeligen Wachsmalstiftillustrationen) zum ersten Mal zu Papier gebracht hat, als er mit dreizehn Jahren seine Bar Mizwa hatte, und der er, wie er weiter behauptet, in all den dazwischenliegenden Jahrzehnten nie entkommen konnte, die er nie ganz vergessen konnte.

»W« – »Tatsächlich gibt es an der Küste keinen natürlichen Landepunkt, sondern nur Untiefen, die Riffe dicht unter der Wasseroberfläche äußerst gefährlich machen, steil aufragende, gradlinige Basaltfelswände« – liegt weit weg »am anderen Ende der Welt«. Dort regiert ein kriminelles oder zumindest unmenschliches Regime, das vollständig auf einer Perversion der klassischen griechischen Körperkultur beruht. Das heißt, es basiert ausschließlich auf der Auslese der Gewinner aus den Verlierern: das Überleben des Stärkeren.

Um es unverblümt zu sagen (was Perec selbst tut): W mit seinen verwahrlosten Baracken, Trainingslagern und Bahnen, wo männliche Athleten ausgehungert und bis auf die Haut entkleidet gezwungen werden, in endlosen Wettkämpfen im Laufen, Springen und Todeskampf gegeneinander anzutreten = die Todeslager der Nazis.

Peretz erschafft in seiner kurzen jiddischen Erzählung eine Metapher. Perec gesteht in seiner viel längeren französischen Erzählung eine Metapher ein. Der jiddische Schriftsteller vertraut darauf, dass seine Lesenden die Zusammenhänge verstehen und sich trotz des grausamen Charakters der Zusammenhänge an diesem Verständnis erfreuen. Der französische Schriftsteller hat keinen derartigen Trost anzubieten. Für ihn ist der Symbolismus degradiert worden und fühlt sich folglich entwürdigend an. Symbole sind etwas für Faschisten.

Perecs Methode besteht also darin, alles offen zu legen – alles, auch die Methode. Das ist kein elitärer Avantgardismus, sondern Prinzip: Nach Auschwitz Prosa zu schreiben, ist nur dann barbarisch, wenn man nicht zugeben kann, dass es nur Prosa ist. Nur wenn man nicht zugeben kann, dass die verwendeten Metaphern, dass alle Metaphern, unzulänglich und daher zum Scheitern verurteilt sind.

●

Wenn religiöse Juden in Gefahr sind, bitten sie um Gnade, indem sie die Verse der Psalmen rezitieren, die mit den Buchstaben ihres Namens beginnen. Psalm 119 wird häufig für diesen Zweck verwendet, da er aus zweiundzwanzig Gruppen von jeweils acht Versen besteht, wobei alle Verse in jeder Gruppe mit demselben hebräischen Buchstaben beginnen und die Gruppen alphabetisch geordnet sind – *alephbetisch*. Alternativ hätten Onkel Peretz und Neffe Perec auch den Psalm 144 vorlesen können, in dem ihr Nachname vorkommt: *Eyn peretz* heißt der Vers auf Hebräisch, was so viel bedeutet wie »Es soll kein Ausfall sein.« Der größte Teil der jüdischen Liturgie, der nicht direkt aus der Tora stammt, besteht aus Andachten, die durch Permutationen von Buchstaben und Interpolationen von Summen zusammengestellt werden: Seit Jahrhunderten schreiben Rabbiner Akrostichongebete, die ihre eigenen Namen ausbuchstabieren, und bei jedem Besuch einer Synagoge an einem beliebigen Wochentag bei einem der drei täglichen Gottesdienste wird einem vermittelt, dass die Anzahl der Wiederholungen eines Textes mindestens ebenso entscheidend ist – theologisch entscheidend – wie die mögliche Bedeutung des Texts.

Perec war ein Erbe dieser mystisch-kabbalistischen Praxis, die er durch seine Verbindung mit Oulipo (Akronym für *ouvroir de littérature potentielle*, »Werkstatt für potentielle Literatur«) – einer 1960 von Raymond Queneau und François Le Lionnais gegründeten französischen Autorengruppe, zu der auch Italo Calvino gehörte – säkularisierte und verfeinerte. Oulipo machte Wissenschaft zu einer Kunst, indem die Mitglieder versuchten, eine Reihe von Zwängen zu identifizieren, nach denen Romane und Erzählungen produziert werden könnten – Berechnungen und Formeln, mit denen die Klischees des Freewriting zugunsten von etwas »Neuem«, etwas »Originellem« vermieden werden sollten.

Zu den oulipotischen Einschränkungen gehörten unter anderem: Verwendung von Anagrammen, Verwendung von Palindromen, Begrenzung der Wortanzahl, Begrenzung der Vokalanzahl, Wortsubstitutionen (bei denen jedes Vorkommen eines Substantivs durch ein anderes Substantiv ersetzt wird; zum Beispiel, wenn Substantiv = »Massaker«, dann sollte dieses letzte Fragment lauten: »in dem jedes Vorkommen eines Massakers durch ein anderes Massaker ersetzt wird«), Vokalersetzungen (in denen das Wort »Nomen« in »Namen«, oder das Fladenbrot »Naan« oder das Gas »Neon« umgewandelt werden könnte). Dann gibt es noch den Schneeball, einen Text, in dem die Wörter nach und nach um einen Buchstaben länger werden, oder den schmelzenden Schneeball, einen Text, in dem die Wörter nach und nach um einen Buchstaben kürzer werden, und natürlich das Leipogramm, vom griechischen *lipagrammatos* (»fehlende Buchstaben«), bei dem ein Text ohne einen oder mehrere bestimmte Buchstaben verfasst wird. Das berühmteste Leipogramm der Literatur ist *La Disparition* (*Anton Voyls Fortgang*), ein 1969 von Perec veröffentlichter Kriminalroman, in dem auf über dreihundert Seiten kein einziges Mal der Buchstabe E auftaucht. Der Held des Buches, Anton Voyel, muss nach seinem Vokal suchen, so wie der Autor des Buches nach seiner Familie oder seiner Vergangenheit suchen muss – angesichts der Fülle von E in »Georges Perec« handelt es sich letztlich um die Suche nach dem Selbst.

Eine vergebliche Suche nach der Vollendung des Selbst.

W oder die Kindheitserinnerung konzentriert sich auf einen anderen Buchstaben: den dissonanten Konsonanten

»W«, der, wie Perecs englischer Übersetzer David Bellos betont hat, auf französische Art und Weise ausgesprochen und interpretiert werden sollte: *double-vé*.

Im ganzen Buch steht dieser Buchstabe für *une double-vie*, ein Doppelleben, und Victory und Vichy und Rue Vilin und *Verschiedene* andere Dinge.

Die Widmung des Buches aber lautet »für E«. V.E. (wie in »ve-Day«, also der 8. Mai 1945)?

W oder die Kindheitserinnerung ist weniger verworren entworfen als das vokalvermeidende Meisterwerk, das ihm vorausging, und sicherlich schlichter als das darauffolgende Meisterwerk: *La Vie mode d'emploi* (*Das Leben Gebrauchsanweisung*, 1978). Der Grundgedanke ist hier die Abwechslung. Die »W«-Abschnitte – die angeblichen Fiktionen des Kindes Perec, die von Perec, dem Erwachsenen, »literarisiert« wurden – sind in den ungerade nummerierten Kapiteln kursiv gedruckt. Die autobiografischen Abschnitte – die angeblichen Tatsachen des Kindes Perec, die von dem Erwachsenen Perec »korrigiert« wurden – werden in den gerade nummerierten Kapiteln in gerader Schrift wiedergegeben. Und das war's dann auch schon, zumindest scheinbar. Es fehlen all die berüchtigten Tricks des Autors: die vorbestimmten Kapitellängen und die Gruppierung der Charaktere (in jeder Bedeutung des Wortes »Charakter«), der Wechsel der Schauplätze und sogar der Tätigkeiten (Essen, Schlafen, Kunstschaffen, Ménages-à-trois und mehr) – all die Listenerstellung, die Verrücktheit von Autor-Schrägstrich-Märtyrer-Schrägstrich-Daten, für die Perec verehrt wurde, noch bevor er im Alter von fünfundvierzig Jahren an Krebs starb.

•

Fünfundvierzig Worte:
Heute wird von allen Überlebenden von Gräueltaten erwartet, dass sie »aussagen« oder »Zeugnis ablegen«, als ob man ihnen, nachdem man sie allen anderen zivilisatorischen Schmucks beraubt hat, als Letztes ihre Vorstellungskraft nehmen müsste – ihr Privileg, sich selbst neu zu erfinden, und sogar noch ihre Selbstzweifel.

Seite 45 der englischen Übersetzung von *W*:

> Die meisten werden in den ersten drei oder vier Stunden in die Tiefe gerissen, aber manche finden aus irgendeiner Hoffnung heraus die Kraft, tage- und wochenlang zu überleben. Vor einigen Jahren hat man einen Schiffbrüchigen über achttausend Kilometer von dem Ort entfernt aufgefunden, an dem sein Schiff gesunken war, festgebunden an ein Fass, halb vom Salz zerfressen […]

Perecs Bücher gehören zu den besten, die je über den Holocaust geschrieben wurden, vor allem weil der Holocaust darin so gut wie nie erwähnt wird. Oder so gut wie immer als ein System erscheint. Ein erbarmungsloses, unablässig funktionierendes System, das Menschen in Fiktionen verwandelt. In sich selbst fiktionalisierende Fiktionen.

Auf Hebräisch ist Perec / Peretz – קרפ – zufällig die Wurzel von Wörtern wie »brechen«, »Bresche«, »strömen« »spritzen«, »Wasserstrahl«.

(2009/2016)

Passus für Liu Xiaobo

So wenig Veranlassung man hat, Honig zu magnetisieren, so wenig ist es erlaubt, politische Schriftsteller aus Gewissensgründen gefangen zu nehmen (sie sind bereits politische Gefangene ihres Gewissens). Es mit dem Regime aufzunehmen heißt, sich des eigenen Lebens zu berauben. Du bist am Ende. Du besitzt nichts. Der Versuch, den chinesischen sogenannten Kommunismus mit Literatur niederzureißen, ist so wie der Versuch, einen Berg zu zerschmettern, indem man ihn besingt. Schon bald vergisst man den Berg und konzentriert sich auf das Lied. Xiaobo – ich habe dich in Übersetzung gelesen und bewundere dich sehr. Ich habe eine Petition unterschrieben, um gegen deine Verhaftung zu protestieren. Ich bin ein unbedeutender Amerikaner jüdischer Herkunft. Die Hälfte meines Körpers besteht aus Maissirup, die andere Hälfte ist unversehrt. Wahrscheinlich werden wir beide uns erst begegnen, wenn wir tot sind.

(2017)

Der Besessene

Ich hab nie verstanden, was andere Leute sich aus Sach-
büchern machen. Früher habe ich sie als Stoff für meine literarischen Texte benutzt, aber das ist schon lange her, und
ich spreche hier auch von normalen Leuten. Ich spreche von
euch, die ihr offenbar auch jetzt noch massenhaft diese
dicken, faktenprallen Bücher kauft und ausleiht, vielleicht
sogar lest, deren Genre hoch und heilig verspricht, die ganze
Wahrheit zu sagen und nichts als die Wahrheit, so wahr ihm
Gott helfe. Was genau erwartet ihr von diesen Büchern? Ich
kann mir kaum vorstellen, dass ihr Geschichtsbücher aus
demselben Grund lest wie ich, nämlich um daraus allerhand
Details zusammenzuklauben und sie dann in meinen Romanen zu verwenden. Und wie steht's mit Biografien? Lest ihr
sie aus Neugierde, Neid, Eifersucht? Lest ihr sie nur zum
Vergleich? Das habe ich getan, als ich noch am Leben war:
Ich habe andere Leben wettbewerbsmäßig gelesen. Ich lese
Biografien als *Rivale*. Vor allem Biografien von Schriftstellern. Ich habe haufenweise davon gelesen; stapelweise habe
ich sie gelesen. Jedes Mal, wenn ich eine Biografie aufschlug,
nahm ich an einem Wettbewerb teil, und die einzige Möglichkeit zu gewinnen, war, die Statistiken zu kennen. Hemingway, Fitzgerald, Melville, Hawthorne, Faulkner: Ich
wollte wissen, wie alt diese Schriftsteller waren, als sie ihre
ersten Bücher schrieben, an welche Verlage sie sie verkauften, wie viele Exemplare die Verlage verkauften, welche Kri-
tiken sie erhielten, welche Preise sie gewannen und wie viel

Geld die Schriftsteller verdienten. Ich wollte wissen, wie lange sie brauchten, um ihre Bücher zu schreiben, wie viele Entwürfe dazu erforderlich waren und ob sie sie mit der Hand schrieben, mit der Schreibmaschine tippten oder einer Sekretärin diktierten. Und ob sie auch mit diesen Sekretärinnen geschlafen haben. Ich wollte wissen, wie sie mit Ehe, Scheidung, Untreue, Krankheit und Verlust umgingen, vor allem, weil ich wissen wollte, wie es mir ging: Wie schnitt ich im Vergleich ab? Lag ich in der Rangliste vorn oder hinten? Auf eine Weise war es beinahe egal, ob ich eine Biografie von Henry Adams oder Henry James, Sinclair Lewis oder Upton Sinclair, Poe oder Twain oder einem der Cranes oder George oder T. S. Eliot las, denn ich war das Schattensubjekt von ihnen allen: mein Leben war es, meine Entscheidungen waren es, an diesen Biografien nahm ich Maß.

Ansonsten war ich ein ziemlich normaler Typ. Aus New Jersey. Nennt mich Phil.

Philip Roth genauer gesagt – zurückgekehrt vom Tod und dem Ruhestand, um euch zu sagen: Ja, es gibt ein Leben nach dem Tod, und nein, ich habe mich nicht zur Ruhe gesetzt, ich habe nur aufgehört, Romane zu schreiben.

Als ich 2018 in mein Grab ging, ging ich als Ungläubiger, und obwohl ich nicht ganz auf das Leben nach dem Tod vorbereitet war, habe ich mich hier schnell zu Hause gefühlt. Es hilft natürlich, dass es ein *Zuhause* ist, mehr oder weniger; es ähnelt alles ziemlich genau dem, was ich zurückgelassen habe. Ich habe dieselben Bedürfnisse, dieselben Beschwerden, dieselben ausgefransten Hemdmanschetten und Kragen, dieselben mysteriösen Flecken auf meinen Hosen. Wenn ihr eure abgedroschenen Vorstellungen von Himmel und Hölle mal für einen Moment beiseitelassen und euch von euren Bildschirmen losreißen könnt, dann versteht ihr vielleicht, wovor ich euch zu warnen versuche – die Existenz eurer Nichtexistenz umgibt euch längst, und sie kommt ganz schnell näher. So gern ich auch berichten würde, dass ich gestern Abend mit meinen Eltern zu Abend gegessen, mit Updike was getrunken und mit allen drei Brontës eine Orgie gefeiert habe – die Wahrheit ist, dass ich hier ganz allein bin. Der Tod ist kein überdimensioniertes Elaine's Restaurant, und auch nicht das Algonquin Hotel. Er ist nicht mal eine spärlich besuchte Podiumsdiskussion im Kulturzentrum an der 92nd Street. Er ist nur eine himmlische Version des Schreibzimmers, in dem ich jahrzehntelang gesessen habe, auf meinem alten Grundstück, das heute umgeben ist von Dunkelheit und Stille und den gojischen Wäldern. Die Sterblichkeit hat lediglich bestätigt, was die New Yorker schon lange vermutet haben: Connecticut ist der Tod.

In den letzten drei Jahren habe ich mich damit beschäftigt, einiges Streambare zu streamen, heimlich in den sozialen Medien herumzustromern und jeden Tag etwas Bewegung unterzubringen, indem ich täglich zum Briefkasten stapfte und enttäuscht wieder zurückkam – mit leeren Händen, außer mit Werbung. *Schädlingsbekämpfung. Brennholz-Lieferung.· Pflugarbeiten.* Aber niemals das Buch. Niemals meine Biografie. Die Biografie über mich.

Wie so viele meiner Freunde und Feinde, die auf Erden geblieben sind, habe ich geduldig – und manchmal auch nicht so geduldig – auf ihre Sendung gewartet.

Und während ich wartete, verspürte ich in mir ein vertrautes Gefühl – nämlich das aufgeregte, errötete, leicht verstörte Gefühl der Vorfreude auf die Veröffentlichung eines Buchs von mir, eines Buchs, das ich geschrieben hatte. Mit einem klischeehaften Kloß im Hals und Nabokovs Schmetterlingen im Bauch verbrachte ich schlaflose Abende in versöhnlichem Umherschreiten, umrundete meinen Schreibtisch und machte mir Gedanken über das Marketing, die Umschlaggestaltung, das Innenlayout, die Klappentexte. Hatten genug Frauen nette Dinge über mich gesagt? Und was war mit einigen Schwarzen Frauen? Hatte jemand, mit dem ich keinen Seitensprung gehabt hatte, einen Kommentar abgegeben? Eine, die nicht jüdisch war? Als es mir gelang, ein wenig Schlaf zu finden, hatte ich meine alten, immer wiederkehrenden Albträume darüber, in der *Times* verrissen zu werden, ich wachte schweißgebadet auf und fragte mich, ob jemand Cynthia Ozick angerufen hatte, um eine Rezension anzufragen.

(Ich hoffe wirklich, dass Ozick noch am Leben ist und dass sie noch rezensiert.)

Ich schämte mich für die ganze Aufregung und versuchte mich darauf zu besinnen, dass dies ja ganz andere Umstände waren: Wenn dieses Buch schlecht wäre, wenn dieses Buch ein Misserfolg wäre, hätte das nichts mit mir zu tun. Die Sünden des Biografen werden nicht von der beschriebenen Person geschultert, sondern umgekehrt. Schließlich lesen die meisten Menschen Biografien wegen der biografischen Person, nicht wegen des Autors. Und die meisten vernünftigen Menschen würden niemals die Biografie eines Schriftstellers lesen, den sie hassen, doch sie würden jederzeit eine glanzlose Biografie eines Schriftstellers lesen, den sie lieben. Schlimmstenfalls, so versicherte ich mir, wäre eine glanzlose Biografie eine verpasste Gelegenheit, und meine wahren Fans würden nach einer anderen Biografie verlangen, und noch einer und noch einer, und jede weitere würde ihnen noch mehr das Gefühl vermitteln, dass der einzige Autor, dem es jemals gelingen konnte, meine Person in Prosa zu erfassen, ich selbst war.

Ich habe immer versucht, diese Unterscheidung zwischen meiner Person und meiner Prosa aufrechtzuerhalten. Als Schüler von Céline und Orwell und den literarisch anspruchsvollen Antisemiten – und als Schriftsteller, der dem Alter-Ego-Spiel zugeneigt ist, ganz zu schweigen vom Liebesspiel –, habe ich lange darauf bestanden, dass Leben und Werk, wenn sie schon nicht getrennt werden können, doch zumindest getrennt voneinander respektiert werden müssen.

In meinen lebendigen Tagen hätte ich mich bei Kritik an meinen Romanen aus dem Fenster stürzen wollen – ich hätte mir tatsächlich gewünscht, tot zu sein –, aber die Kritik an dem, was ich getan habe, um meine Romane zu schreiben, an dem, was ich in den atemberaubend kurzen Zeiträumen zwischen dem Schreiben getan habe, hätte ich einfach überlebt, vielleicht hätte ich darüber gelacht … Und wer weiß, vielleicht hätte ich sogar darüber geschrieben …

Ich habe darüber nachgedacht, eines meiner Alter Egos zu bitten, diesen Text hier für mich zu schreiben – Kepesh oder Tarnopol oder sogar Zuckerman, wenn ich mir seine Dienste leisten könnte –, doch als ich die Buben fragte, ob sie Zeit hätten, antworteten sie unisono: Genug! Wir sind raus aus dem Geschäft! Da musst du schon selbst zum Stift greifen! Und Zuck fügte hinzu: »Ich schreibe erst was, wenn es um *meine* Biografie geht!«

Nichts zu machen. Wenn ich darüber schreibe, dass jemand anderes über mich schreibt, dann muss ich in der *Ich*-Form schreiben – die unbekannte erste Person, eingemummelt in Mütze, Handschuhe und Schal, wie sie eines kalten

Tages mitten im Winter die Straße entlangschlenderte und über ein riesiges Paket stolperte, das aus einer Schneewehe rausguckte. Ich fragte mich: Habe ich medikamentenbenebelt im Internet einen neuen Kühlschrank bestellt? Oder einen Waschtrockner? Doch dann fiel mir der Absender auf: W. W. Norton. Es war das Buch! Es war *mein* Buch, das *mir* nicht gehörte! Und es war zu groß, um in meinen Briefkasten zu passen. Diese Aussage ist nicht freudianisch zu verstehen, sondern ganz wörtlich zu nehmen. Es war zu groß, um in meinen Briefkasten zu passen, also hatte der Paketengel es einfach auf dem Boden liegen lassen. Auch habe ich überlegt, es einfach dort liegen zu lassen, es dort verrotten zu lassen und mir nur das E-Book zu bestellen, weil es so schwer war, den durchweichten Karton von der Straße abzulösen und das Paket wie eine riesige Schneekugel heimzurollen. Als ich es endlich in mein Schreibstudio gebracht hatte und auspackte, verspürte ich einen stechenden Schmerz im unteren Rücken und musste mich hinlegen.

Ich liege noch immer und habe immer noch Schmerzen, die entweder von den Opiaten oder von der Lektüre herrühren. Und doch habe ich es geschafft, alles zu lesen, vom Prolog bis zum Epilog, die Danksagungen und Anmerkungen, jede einzelne der 1 088 Seiten des Buches. Sogar das Namensregister. Das habe ich zuletzt gelesen. Bei Biografien von Menschen, die ich persönlich kenne, lese ich das Register in der Regel zuerst und springe gleich zum »R«, wo ich normalerweise zwischen Rieff, David und Rushdie, Salman zu finden bin. Hier auf der Couch liegend, kann ich fast die Stimme meines Dr. Spielvogel heraufbeschwören: »Vielleicht wir jetzt können beginnen. Ja?«

Vielleicht wir jetzt können beginnen mit dem Titel: PHILIP

ROTH – der Nachname in massiven goldenen Lettern auf dem Cover. Beim Debüt bekommt ein Autor seinen Namen aufs Cover, na klar, aber immer in einer kleineren Schrift als der des Titels; dann, wenn der Autor an Statur gewinnt, wächst die Schriftgröße seines Namens entsprechend an, manchmal bekommt sie die gleiche Größe wie die des Titels, doch nie, oder fast nie, wird sie größer als der Titel, es sei denn, der Autor schreibt Krimis oder Thriller oder massentaugliche Erotik, oder sein Name ist eben zufällig Obama. Ich habe diese Namen-Titel-Schriftart-Parität erreicht – am ikonischsten mit dem Cover von *Portnoys Beschwerden* –, und habe sie erst recht nur selten übertroffen, und ich bin mir nicht mal sicher, ob es zählt und ich behaupten kann, sie jetzt übertroffen zu haben, wenn man bedenkt, dass mein markanter Name auf dieser Biografie ja selbst zum Titel geworden ist; die einzigen anderen auftauchenden Wörter sind: der Name Blake Bailey (in kleiner Schrift) und der Untertitel (in noch kleinerer Schrift), »Biografie«.

Die Worte PHILIP und ROTH des Titels umrahmen ein Schwarzweißfoto von mir, wie ich 1968 auf einer Fensterbank in Manhattan sitze, einen Fuß, der zu viel Socke zeigt, gegen den Fensterrahmen hochgestellt. Mein Kopf ist gesenkt, und ich grüble, ich vermute, ich grüble trauervoll um ein zukünftiges Ich, das angeblich die Widmung des Buches überbringen – und sie später auch noch lesen – muss:

Sie sollen mich nicht reinwaschen. Machen Sie mich einfach interessant.

– Philip Roth zu seinem Biografen

Lassen wir einmal die Frage außer Acht, ob oder wie ich diese Äußerung gemeint habe, und betrachten wir uns die Zuschreibung: Blake Bailey weist diese Zeilen nicht etwa aus mit den Worten: »Philip Roth zu mir, dem Autor dieses Buches«, sondern: »Philip Roth zu seinem Biografen« und eröffnet sein Buch so mit einem der ältesten rhetorischen Tricks überhaupt: dem Illeismus, dem Verweis auf sich selbst in der dritten Person. Dieser Kniff des altmodischen Pronomenwechsels – äußerst beliebt bei Schriftstellern und Politikerinnen und all jenen, die sich danach sehnen, unverdiente Autorität auszustrahlen – lässt mich verunsichert zurück und erinnert mich an eine Kleinigkeit, die ich von einem meiner israelischen Freunde aufgeschnappt habe, vielleicht Amos Oz oder David Grossman oder A. B. Yehoshua, ich weiß es nicht mehr genau; ich erinnere mich nur noch daran, dass einer von ihnen einmal zu mir sagte, dass das hebräische Wort *nistar* etwas Verborgenes bezeichnet, etwas Verstecktes, das oft auf eine geheimnisvolle und mystische Weise verborgen ist, dass es aber auch das alltägliche Wort für die grammatikalische dritte Person sei. Wenn man »er« schreibt, schreibt man »nistar«, und ich fragte mich, während ich mich durch das Inhaltsverzeichnis arbeitete, ob es mir nicht gelingen könnte, auch auf diese Weise zu lesen – ob es mir nicht gelingen könnte, diese Biografie so zu lesen, wie ich jede andere Biografie gelesen habe, nämlich als ob das Thema nicht ich selbst wäre, sondern mein Gegner, mein Feind, meine (um den Titel meines letzten Romans zu verwenden) Nemesis.

Es handelt sich hierbei also um ein Buch über »Philip Roth«, einen Mann, dessen neun Jahrzehnte auf Erden kurz und bündig in sechs gleichberechtigte Teile gegliedert wurden, von denen der erste und der letzte die einzigen nennenswerten Zeiträume umfassen, in denen er nicht völlig damit beschäftigt war, die siebenundzwanzig fiktionalen Werke und zwei Memoirs zu schreiben, die ihn bekannt gemacht haben. In »Teil eins: Land in Sicht – 1933–1956« (der später in dieser Rezension noch behandelt wird) war die Hauptausrede des Protagonisten, nicht so viel oder nicht so gut schreiben zu können, weil er eben noch ein Kind war, während in »Teil sechs: Nemesis – 2006–2018« (ein Zeitraum, dessen Folgen bis in alle Ewigkeit behandelt werden) seine Hauptausrede lautete, dass er zu sehr damit beschäftigt war, sich mit dem Schreiben einer anderen Person zu befassen – genau genommen, mit Blake Baileys Schreiben genau dieser Seiten.

In den dazwischenliegenden produktiven Teilen findet dieser ziemlich normale Kerl, Roth, als Autor jüdischer Farcen so viel Anerkennung, dass er sich gezwungen sieht, sich als ernstzunehmender Romanautor in der Tradition des Realismus zu beweisen, der ebenso gut über Nicht-Juden schreiben kann (Teil zwei). Als diese Herangehensweise für Roth nicht funktioniert – weder künstlerisch noch kommerziell –, wird er rückfällig und gibt all seine blassen, schwachen Bekenntnisse zum guten literarischen Geschmack auf, um *Portnoys Beschwerden* zu schreiben, eine polymorphperverse postadoleszente Schmähschrift, die ihn reich und berühmt macht (Teil drei). Als Roth diesen Erfolg als zu einschränkend oder zu einschüchternd empfindet, um ihn zu übertreffen, verbringt er Jahrzehnte damit, sich von ihm zu distanzieren, indem er die überplottete Wildnis auf der Suche nach neuen erzählerischen Stimmen durchstreift, die seine Vorliebe für Transgressionen in einen neuen realistischen Modus kanalisieren könnten, einen, der näher an der Art und Weise liegt, wie die Amerikaner seines Alters – oder zumindest die amerikanischen Männer seines Alters – sprachen und dachten (Teil vier). Nachdem er die bereits erwähnten Surrogate wie den Literaturprofessor Kepesh und den Memoirschreiber Tarnopol ausprobiert hat, findet Roth schließlich das perfekte Sprachrohr, den Romancier Nathan Zuckerman, den »Zucker-Mann«, dessen Süße es dem vergleichsweise sauren Roth ermöglicht, zu reifen und sich nicht nur als der Repräsentant der amerikanischen Realität zu erweisen, der er immer sein wollte, sondern (vermutlich?) als *der* repräsentative Repräsentant der amerikanischen Realität in der zweiten Hälfte des 20. Jahrhunderts (Teil fünf). Im Großen und Ganzen ist Baileys ordentliches Arrangement von Roths offensichtlich chaotischer Existenz angemessen romanhaft – der dreiste junge Mann, der seine Leute lächerlich macht, wird von seinem Land als Klassiker gefeiert –, doch diese Auflösung von Roth in geliebte Kanonizität geht mit einer Wendung einher, die darin besteht, wie diese Kanonizität untergraben wird – wie sie im Voraus untergraben wurde – nämlich durch Roths Entscheidung, einem Biografen Zugang zu gewähren (im sechsten Teil und im Epigrafen, aber auch *passim*). Jeder Abschnitt, jede Seite, jeder Absatz dieser Biografie handelt von dem einen oder anderen von Roths vielen paradoxen Wünschen: dem Wunsch, gleichzeitig zu skandalisieren UND literarisch anerkannt zu werden; dem Wunsch, gleichzeitig literarisch anerkannt zu werden UND finanziell erfolgreich zu sein; dem Wunsch, gleichzeitig privat zu bleiben UND sich selbst zu offenbaren; dem Wunsch, sich gleichzeitig selbst zu offenbaren UND sich selbst zu fiktionalisieren … aber nirgendwo werden seine eigenen inneren Konflikte so deutlich wie in der Entscheidung, seine Vergangenheit wie ein Buch aufzuschlagen und sie von einem Fremden mutwillig verkürzen und plagiieren zu lassen.

Es ist Roths geriatrische Entscheidung, mehr noch als Roths geriatrischer Tod, die mir so unbegreiflich erscheinen: Ich kann einfach nicht akzeptieren, dass sie der Wahrheit entspricht; ich kann einfach nicht akzeptieren, dass jemand, der »Philip Roth« heißt, diese Entscheidung getroffen haben soll. Wenn ich den Kerl überhaupt erkenne, dann erkenne ich seine oft masturbatorischen Passionen, und doch lässt ihn diese offen gesagt selbstmissbräuchliche Passion dafür, biografiert zu werden, so fremd, so fremdartig, so intensiv unrehabilitiert UND uninteressant für mein gegenwärtiges Ich erscheinen, dass ich mich dazu veranlasst sehe, wie einige meiner eigenen Bücher zu erklären, dass »jede Ähnlichkeit mit tatsächlichen Ereignissen oder Orten oder Personen, ob lebendig oder tot, rein zufällig ist«.

Man stelle sich nach Möglichkeit mal Kafka vor – vielleicht der Schriftsteller, der meinem nichtschlagenden Herzen am nächsten ist. Ich glaube, ich habe jede Biografie über ihn gelesen, oder zumindest jede, die auf Englisch erschienen ist. Und ich bin sicher, die berüchtigte Anekdote, die in allen Biografien vorkommt und widerlegt, diskutiert und erörtert wird, ist weithin bekannt: Als Kafka starb, hinterließ er Max Brod die schriftliche Anweisung, seine unveröffentlichten Manuskripte zu verbrennen, was Brod ignorierte. Ob man nun glaubt, dass Kafka von seinem Freund und Testamentsvollstrecker erwartete, seine Wünsche zu respektieren oder nicht – Tatsache ist, dass Brod sie nicht respektierte. Indem er sich weigerte, Kafkas letzten Willen zu erfüllen, garantierte Brod sein Vermächtnis.

Man stelle sich nun bitte einmal eine andere Situation vor:

ein Schriftsteller, der gegen Ende seines Lebens beschließt, dass er eine Biografie über sich haben möchte. Es spielt keine Rolle, warum er das tut, er tut es einfach; er will eine Biografie auf die gleiche Weise, wie von Aschenbach kleine Jungen begehrte oder Michael Jordan Baseball ausprobieren wollte; er hat eine Biografie *verdient*, wie andere alte Männer einen Porsche *verdient* haben. Und so beginnt er, Biografen zu casten, um herauszufinden, wie gut sie die Doppelrolle des unparteiischen Chronisten in der Öffentlichkeit und des Mitverschwörers im Privaten spielen würden.

Schließlich und nach dem, was mittlerweile einer Reality-TV-Show oder einer Spielshow ähnelt – man mag sie *The Apprentice* oder *The Bachelor* oder *Wie wird man Biograf?* nennen –, wählt der Schriftsteller einen glücklichen Kandidaten aus und überlässt ihm sein Archiv; er setzt sich mit dem Typen für Interviews zusammen und arrangiert Interviews zwischen ihm und seinen Freunden und ehemaligen Geliebten, und er erklärt sich nicht nur bereit, sich vollkommen aus dem endgültigen Text herauszuhalten, sondern er verkündet diese Vereinbarung sogar mit einem gewissen Stolz (»er wurde von Philip Roth ernannt, und ihm wird Unabhängigkeit und vollständiger Zugang gewährt«), und dann verabschiedet er sich und stirbt, und nicht nur das, er stirbt auch noch erbenlos – die ultimative Methode, einem Biografen vollständige Freiheit zu gewähren. Wie geht es weiter? Kann man es sich denken?

Die Biografie wird veröffentlicht und das Erbe des Schriftstellers zerbröckelt.

Man nenne es »Kafka-rückwärts« oder »Brod-rückwärts«: Indem Bailey meinem letzten Willen nachkommt, droht er meinen Ruf zu ruinieren.

Es ist müßig, darüber nachzudenken, ob jemand Brod die Schuld gegeben hätte, wenn er Kafka abgefackelt hätte, denn dann hätte ja niemand jemals von Kafka erfahren. Doch es könnte lohnenswert sein, diese Frage in ihren extremeren Formulierungen im Nachklapp der Nürnberger Prozesse zu stellen: Wer ist schuldiger, der Mann, der den Befehl gibt, oder der Mann, der ihn ausführt? Bailey hat bloß Befehle ausgeführt, die ich ihm, so muss ich annehmen, im Vollbesitz meiner geistigen Kräfte erteilt habe. Wie meine Mutter zu sagen pflegte: »Sei vorsichtig, was du dir wünschst.« Wie mein Vater zu sagen pflegte: »Du hast es so gewollt.« Doch nicht nur das: Ich habe darum gebettelt. Ich habe es eingefädelt; ich habe alles in Bewegung gesetzt, und jetzt beschwere ich mich, dass ich betrogen wurde – aber von wem? Wütend, verärgert, verwirrt, ratlos – ich versuche schlicht und ergreifend herauszufinden, was schiefgelaufen ist.

Wenn ich eine Biografie gesucht habe, die meine Glaubwürdigkeit als Autor untermauert, dann hat das nicht geklappt: Es gibt hier kaum eine literarische Analyse, die über eine Zusammenfassung hinausgeht. Wenn ich eine Biografie gewollt habe, um den Schaden zu mindern, der meiner Karriere durch die verschiedenen Memoiren meiner Ex-Frau – meiner zweiten Ex-Frau – Claire Bloom und einer bösartigen Schar von Ex-Geliebten und Ex-Freundinnen zugefügt wurde, dann hat das nicht geklappt: Um ihre Anschuldigungen der Frauenfeindlichkeit, des Narzissmus, des Solipsismus, des Geizes, der Nymphomanie und des psychologischen Missbrauchs abzutun, wäre das einzig Sinnvolle gewesen, sie zu ignorieren, nicht, sie Punkt für Punkt zu entkräften. Doch wenn ich gehofft habe, eine Biografie zu bekommen, die mich als genau die Art von Person entlarvt, der es wichtig ist, eine Biografie zu haben, als genau die Art von stumpfsinnigem Egoisten, eitlem Kontrollfreak und rachsüchtigem, wahnhaftem Grollsüchtigen, der eine Biografie über sich selbst in Auftrag geben würde, dann bingo: Bailey hat den Vogel abgeschossen. Mehr als das: Er hat die Kulissen zum Einstürzen gebracht.

Denn wie die Bibel, die von Moses am Sinai erzählt, enthält auch meine Biografie einen Bericht über ihre eigene Genesis. Sie enthält ihre eigene Biografie und erzählt, im Zusammenhang mit meinem Geltungsbedürfnis, von den Ursprüngen, die ich oben erklärt habe. Seitenweise wird hier von meinen anfänglichen Versuchen berichtet, Ross Miller als Biografen zu engagieren, und von meinen ungeschickten Versuchen, ihn zu feuern, nachdem er Fristen verstreichen ließ und Lügen über mich gegenüber seinen Interviewpartnern verbreitet hatte – eben jenen Interviewpartnern, die ich ihm vorgestellt hatte. Auch die Abstammung der Kandidaten ist biblisch: Auf Ross Miller folgte Harry Maurer (Autor von *Göttlicher Sex: Lust ohne Grenzen und Tabus*), auf ihn Lisa Halliday (Autorin von *Asymmetrie*), auf sie folgte Blake Bailey, der bereits hervorragende Biografien über Richard Yates und John Cheever verfasst hat. Ich habe ihn ausgewählt, weil mir gefiel, dass er als Weißer Angelsachse für Aufrichtigkeit stand und ich mir dachte, wenn die Nicht-Juden von einem Juden namens Christus erlöst werden können, dann steht's vielleicht auch für mich nicht ganz schlecht mit einem Biografen aus Oklahoma. Wie Bailey schreibt, wurde er bei einem Essen im Sarabeth's von dem verstorbenen James Atlas für die Biografentätigkeit vorgeschlagen, der »den Ball unwissentlich ins Rollen [brachte] […] als er mir … erzählte, Roth suche einen Biografen«. Bailey, immer der Gentleman, vor allem dann, wenn er in der ersten Person spricht, fragte Atlas, warum er den Auftrag nicht selbst übernommen habe: »Was ist mit dir, Jim?« Daraufhin schüttelte Atlas den Kopf und deutete an, dass wir uns überworfen hatten – ein Zerwürfnis, das übrigens durch Atlas' gemeine und kleinliche Biografie über Saul Bellow verursacht wurde; ich hatte Bellow überredet, Atlas die Biografie schreiben zu lassen, was zu einem Zerwürfnis zwischen Bellow und mir geführt hatte ... eine Verkettung von Umständen, die Bailey im Detail entblättert.

In gewisser Hinsicht ist Baileys penible szenenweise Abrechnung mit der wechselnden Autorschaft der Biografie charakteristisch für seine Methode: Er hat von meinen Romanen die metafiktionale oder, wie ich vermute, mittlerweile meta-nichtfiktionale Technik übernommen, sich selbst zu einer Figur in seinem eigenen Buch zu machen, und nutzte dann diese Präsenz, um auf meinen Schwächen herumzuhacken. Und ich sage euch, das tut weh. Es verletzt meinen beruflichen Stolz. Glaubt mir ruhig, wenn ich sage, dass es mir nichts ausmacht, von meiner eigenen Erfindung in der Luft zerrissen zu werden – damit hatte ich durchaus schon zu tun –, aber es stört mich eben, dass er die verschiedenen Formen der Ironie nicht erwähnt. Es stört mich, dass er sie nicht zu genießen scheint.

Was *mir* gefallen hat: Teil eins, die ersten Kapitel. Als ich sie las, dachte ich: So sollte das Leben nach dem Tod sein, ein Familientreffen, bei dem alle Männer noch Haare haben! In der Literatur kommt man einer solchen Wiedervereinigung am nächsten. Die Familie versammelt sich auf den gegenüberliegenden Seiten; die alten Juden aus Europa treffen auf die neuen jüdischen Amerikanerinnen und bewundern ihre Kleidung und Zähne und ihre Namen voller Bindestriche.

Hier waren wieder Mama und Papa und mein Bruder Sandy, die Schule und die Hebräisch-Schule, das noch nicht verwüstete Newark und der Jersey Shore mit der Strandpromenade, auf der es von Mädchen in Shorts und Kleidern wimmelte. Der Abschnitt schimmert in Sepia- und Pastelltönen, der Soundtrack dazu stammt von Irving Berlin, Johnny Mercer, *dream dream dream* und *cheek to cheek*. Ich hab mich nie für meine Nostalgie entschuldigt und werde es auch niemals tun. Ich verstehe die Argumente, die dagegensprechen: dass Nostalgie oder Sentimentalität für eine Vergangenheit, die vergangen und verloren ist, bloß ein Mittel ist, um eine echte Verbindung oder eine echte Auseinandersetzung mit der Gegenwart zu vermeiden. Gehört habe ich das von Psychiatern, ich habe es von Ehefrauen gehört, ich habe es von Geliebten gehört: Du liebst deine Toten, denn um einen Lebenden zu lieben, muss man sich wirklich binden. Aber trotz allem – selbst wenn das stimmt, und ich bin mir nicht sicher, dass es stimmt – reden wir immer noch über Tante Ethel und Onkel Mickey!

Als vielgeliebter und bewunderter Sohn von Weequahic, einer engmaschigen jüdischen Gemeinde Schrägstrich einem engmaschigen jüdischen Ghetto aus Strickwarenvertretern, Schuhverkäufern, Handschuhhändlern und Versicherungsvertretern wie meinem Vater, hätte ich nach der Traumlogik des amerikanischen Aufstiegs eigentlich Zahnarzt oder Gastroenterologe oder Steueranwalt werden müssen, und jahrelang waren es auch diese Berufe, die ich mir für mich vorgestellt habe: Sie hatte ich beim Schreiben meiner Romane vor Augen. Aber während ich mich in meinen Vater, meinen Bruder oder die Jungs aus der Nachbarschaft hineinversetzen konnte, blieb meine Mutter mir unzugänglich, unvorstellbar: Sie hingegen war in der Lage, sich etwas *für mich* vorzustellen und die mich gegenüber Sandy ständig als den klugen Sohn darstellte. Es ging nicht darum, dass ich sie nicht zufriedenstellen konnte, sondern darum, dass sie unbeeindruckt blieb: Für sie waren meine Erfolge – einige der ausgefallensten Erfolge der amerikanischen Literaturgeschichte – eben erwartbar. *Natürlich* würden meine ersten Geschichten Furore machen, *natürlich* würde mein erstes Buch mit Erzählungen – das immer noch mein einziges Buch mit Erzählungen ist – ein Bestseller werden und fürs Kino adaptiert werden.

Aber es gibt da noch eine andere Erklärung für meinen Erfolg, die Bailey vernachlässigt und die weniger mit meiner Mutter als mit meinem Mutterland zu tun hat – mit der Tatsache, dass ich der wichtigste jüdische Schriftsteller der ersten Generation von Juden war, die völlig zu Recht behaupten konnten, zu einhundert Prozent amerikanisch zu sein. Ich begann meine Karriere in einem glücklichen Interregnum: Film und Fernsehen waren auf dem Vormarsch, aber die alten Kulturen vor Leinwand und Bildschirm waren noch lebendig, und es gab einige Jahrzehnte genüsslicher Gelassenheit, in denen Romanautoren auch Berühmtheiten sein konnten. Die Verkaufszahlen für Literatur stiegen raketenartig in die Luft, insbesondere für englischsprachige Literatur, die Sprache, die den Krieg gewonnen hatte. Man wünscht sich ... wem mache ich verdammt noch mal was vor? ... *ich* wünschte, Bailey hätte das erwähnt. Stattdessen liefert er uns eine erbsenzählerische Buchführung: Im Jahr vor der Veröffentlichung von *Portnoys Beschwerden* verdiente ich etwa 827 000 Dollar: »Das entspricht 2020 einem Wert von 6 115 000 Dollar.« Ja, klar! Warum nicht? Aber warum vergleicht er mein Einkommen in diesem verschwenderischen Spesenkonto-Zeitalter nicht mit, sagen wir, dem von Herman Wouk? Oder dem von Leon Uris? Oder dem von Irving Wallace? Oder dem von Irving Stone? (Nur um einige Glaubensgenossen zu nennen, die regelmäßig mehr Bücher verkauft haben als ich.)

Vielleicht hätte die generelle Glückseligkeit der Epoche einen jüngeren Biografen oder einen neueren Amerikaner erfordert – ich denke da etwa an einen Einwanderer – und nicht einen unbekümmerten Boomer, der für Boomer schreibt. Auf diesen Seiten fehlt jegliches Gefühl für das Wunder, das beinahe jüdische Gefühl der Auserwähltheit, das sich einstellt, wenn man zu jung für die Nazis und Japaner und zu alt für Vietnam ist, und für das prägende Privileg – das intellektuelle und künstlerische Privileg –, das sich ergibt, wenn man auf einmal Teil der Mitte ist: der Mittelklasse, der liberalen Mitte, der Assimilation, der Integration. Diese Position machte es mir möglich, mir sowohl von der Hochkultur als auch von der Gegenkultur jeweils das herauszupicken, was ich brauchte, ohne einer von beiden anzugehören oder ihnen verpflichtet zu sein. Indem ich über und für diese Mitte schrieb, konnte ich mich, indem ich sie skandalisierte, an die Spitze des Ruhms schreiben und ich konnte meinen Ruhm behalten, indem ich sie feierte – das heißt, wenn der Ruhm mich nicht runterzog.

Auf jeden Fall hat dies mein Lesen verlangsamt. Im dritten Teil des Buches, knapp vor der Hälfte, flaut der Schwung ab, als Jugend und Unschuld an das mittlere Alter, an Diagnosen, Rechtsstreitigkeiten und das Buch als etwas Kommerzielles verlorengehen: durch die sich konsolidierende, konglomerierende Verlagsindustrie.

Das ist eine Gefahr, der alle Biografien ausgesetzt sind, die ihre Subjekte chronologisch verfolgen: Sie können nur dem Verlauf des Ruhms folgen; sie können nur dem Höhepunkt nachstreben und ihn dann abermals nachzeichnen. Und so präsentiert Bailey nach seiner forensischen Untersuchung von *Portnoys Beschwerden* endlose Kapitel und Jahrzehnte des Reputationsmanagements, die von Berichten über sexuelle Transgressionen unterbrochen, wenn nicht gar befreit werden. Ich muss sagen, dass die Muster in einer Biografie, die ich in einem Rutsch durchlese, klarer sind als in meiner wöchentlichen und manchmal sogar täglichen Psychotherapie. Ich fange eine neue Beziehung und ein neues Buch an; das Buch ist fertig und die Beziehung geht zu Ende. Jedes neue Buch erfordert eine neue Frau oder neue Frauen, als wäre dies vertraglich bedingt, so wie ein Hardcover ein Taschenbuch erfordert, ein Original eine Übersetzung, so wie ein Bestseller Lizenzen für den Film und Drehbücher mit sich bringt.

Da Bailey nirgends erwähnt, dass ich zwischen den Regierungen von Dwight D. Eisenhower und Barack H. Obama etwa zwölf Stunden am Tag, meistens sechs Tage die Woche und etwa fünfzig Wochen im Jahr nichts anderes getan habe als zu schreiben, drängt sich das Gefühl auf, dass meine Tage irgendwie hohl oder oberflächlich waren. Unbedarfte Lesende könnten den Eindruck gewinnen, dass ich die meiste Zeit der Siebziger damit verbracht habe, mit meinen Agenten und Verlegern um Tantiemen und Vorschüsse zu feilschen, dass ich einen Großteil der Achtziger damit verbracht habe, Pressefrauen und Buchgestalterinnen anzubrüllen oder Assistentinnen wegen Klappentexten, Umschlagtexten und Werbebudgets zu schikanieren. Wenn ich mir eine Pause gönnte, hab ich eine Korrekturleserin gevögelt oder eine Freundin oder die Tochter eines Freundes, oder eine Nachbarin, bevor ich mich duschte und meinen Agenten feuerte oder den Verlag wechselte. In Baileys Erzählung, oder durch das, was er auslässt, kommt es so rüber, als ob ich ganz selten schreibe und niemals irgendetwas umschreibe, und diese Leerstelle ist so eklatant, dass ich nur zu dem Schluss kommen kann, dass ihn mein Schreiben überhaupt nicht interessiert. Erlaubt mir, dies noch einmal zu wiederholen, und zwar in den inzwischen trumpeltierischen GROSSBUCHSTABEN und Ausrufezeichen, die in meinen früheren Romanen und späteren Faxen und E-Mails so stilprägend waren: MEIN BIOGRAF HAT KEIN INTERESSE AN MEINEM SCHREIBEN!!!! Stattdessen ist er daran interessiert, dass ich zum Seelenklempner gehe, er ist daran interessiert, dass ich dem Seelenklempner einer Frau schreibe, mit der ich zusammen war, um ihn dazu zu bewegen, ihr mitzuteilen, dass ich mit ihr Schluss machen will. Er interessiert sich für meine Lesungen (vor Publikum), aber nicht für meine Lektüre (zu Hause), er interessiert sich für meine Ehrendoktorwürden und die Vorträge und Interviews, die ich gegeben habe, und für meine Versuche, meine Studentinnen und Interviewerinnen zu Blowjobs oder Handjobs zu überreden. In den Neunzigern lässt er mich auf viele Partys gehen und mit Mia Farrow mitleiden, die während meiner Scheidung von Claire ihre eigene Boulevardposse mit Woody durchlebte. In den 2000ern lässt er mich zu zahlreichen Lunches gehen, mit gewogenen Kritikern, kranken Cousinen, älteren Newarkern, die ich in meinen Büchern porträtiert habe, und Freundinnen, die Memoiren darüber schrieben, dass sie mit mir befreundet waren. (Ein Hinweis für alle, die nicht von hier sind: Das Restaurant Sarabeth's, über das auf diesen Seiten viel geschrieben wird, ist kein hochgepriesenes Literaturlokal, sondern eine mittelmäßige New Yorker Kette, deren Außenstelle in der Amsterdam Avenue in der Nähe meiner Wohnung lag. Normalerweise bestellte ich den Haussalat, bitte ohne Dressing, dazu Wasser, bitte ohne Eis.) Ohne meine Einwände weiter auszubreiten, will ich lediglich darauf hinweisen, dass es mir bei meinem täglichen Schreibzeitplan gelungen ist, all die Geilheit, den Karrierismus und das zwanglose Essen, das Bailey so sehr fesselt, in den vielleicht vier oder drei oder zwei Stunden pro Tag unterzubringen, in denen ich nicht am Schreibtisch saß oder scheißen, pissen oder schlafen musste.

Es soll niemand sagen, dass ich nicht effizient war – außer eben am Schreibtisch, wo jede Romanseite, die ich nicht wegwerfen musste, das Ergebnis von Unmengen an überarbeiteten und weggeworfenen Seiten war. Genauer gesagt sind es ungefähr zweihundert Kisten mit Manuskripten, die ich dem Archiv der Library of Congress überlassen habe. Die sechzehn Kisten zu *Gegenleben* (ein 432-seitiges Buch), die vierzehn Kisten zu *Mein Leben als Mann* (ein 480-seitiges Buch), die siebzehn Kisten zu *Operation Shylock* (ein 464-seitiges Buch) und die achtzehn Kisten (und das sind keine kleinen Kisten!) zu *Sabbaths Theater* (ein 624-seitiges Buch), in denen zwei »Entwürfe«, sieben »Kopien« späterer Versionen mit den Bezeichnungen A bis G, sieben »Kopien« einer »finalen« Version mit den Bezeichnungen A bis G sowie »Druckfahnen« und drei Durchgänge von »Korrekturfahnen« enthalten sind, ganz zu schweigen von den zusätzlichen Ordnern mit »Hintergrundmaterialien«, »verschiedenen Seiten« und »Notizen«. Man sollte meinen, dass Bailey einige davon gerne mit den publizierten Romanen verglichen hätte, und sei es nur, um den Lesenden eine Vorstellung davon zu vermitteln, wie ich gearbeitet habe. Aber nein. WARUM ZUM TEUFEL HAB ICH MIR ÜBERHAUPT DIE SCHEISS MÜHE GEMACHT?

Anstatt diesen Kraftaufwand zu untersuchen, gibt Bailey uns Passagen wie diese, die *Amerikanisches Idyll* (Original: *American Pastoral*) betreffen:

Jemand aus der Werbeabteilung von Houghton schrieb einen Brief an Buchhändler, der in der Titelei der Druckfahnen stehen sollte: »Roth ist die Geißel von Banalität und mittelständischer Biederkeit«, hieß es dort, »doch *American Pastoral* ist geradezu eine Ode an den Anstand und mittelständische Konventionen. (Oder wie Mr. Roth es vor Kurzem in einem ironischen Kommentar zu seiner literarischen Reputation formuliert hat: ›Das ist das Buch, das dem Anstand einen guten Ruf verschafft.‹) Kein Sex, keine Zoten, keine vernichtende Satire – warum sollte man es lesen?« Roth fand diesen gut gemeinten, aber vulgären Schachzug »abscheulich«. Er legte nicht nur sein Veto gegen den Brief ein, sondern faxte auch Wylie [seinem Agenten] am 4. Dezember 1996 eine maßvoll empörte Nachricht, worin er ihn bat, dem Verlag mitzuteilen, dass er den Vertrag nicht unterzeichnen würde (»ICH ERSTATTE IHNEN ALLE BISHER ANGEFALLENEN KOSTEN«). Houghton glättete die Wogen mit einer Entschuldigung und bat Roth, einen eigenen Brief zu schreiben, der über dem Namen des Cheflektors stehen würde: Nach einer kurzen Zusammenfassung der Handlung versicherte Roth den Lesern, dass der vorliegende Roman »den Höhepunkt einer bereits glanzvollen Karriere« darstelle. »Ich rate

Ihnen dringend, dieses Meisterwerk eines amerikanischen Meisterautors so bald wie möglich zu lesen.« Die Formulierung »dieses Meisterwerk eines amerikanischen Meisterautors« wurde zum zentralen Slogan der Werbekampagne, und Roth sorgte dafür, dass viele Persönlichkeiten des öffentlichen Lebens, darunter auch Hillary Rodham Clinton, John Kenneth Galbraith und Ruth Bader Ginsburg, ein Exemplar erhielten.«

Ich will die Richtigkeit dieses Berichts nicht bestreiten, wohl aber seine Ausgewogenheit und implizierte Bedeutung. Bailey verbringt 234 Wörter, fast eine ganze Seite, mit dem Gerangel hinter den Verlagskulissen um einen Werbebrief? Und dann verschwendet er weitere Seiten damit, was Michiko Kakutani und, Gott steh mir bei, Norman Podhoretz in ihren Rezensionen geschrieben haben? Und dann noch ein bisschen Gefasel über den Literaturpreiszirkus, Zwischenspiele über Interviewanfragen von CNN und AP nach dem Pulitzer-Preis und Glückwunschschreiben von DeLillo (»Gieß heute Abend einen Schluck Brandy in deinen Wackelpudding«) und Bellow (»Ich dachte, ich sollte meinen Blumenstrauß niederlegen«)?

Als ich meinen faustischen Pakt mit Bailey schloss, hatte ich bereits einmal den Pulitzer-Preis, zweimal den National Book Award und einen Zierrat namens National Humanities Medal gewonnen, die mir im Weißen Haus um den Hals gehängt wurde, alle meine Bücher wurden von der Library of America in einer schicken Einheitsausgabe herausgegeben, und Newark, die Gateway City, hatte eine Gedenktafel an der Summit Avenue eingeweiht und sie, oder eine Ecke davon, in Philip Roth Plaza umbenannt.

Ich hatte es durchs Gate geschafft, das Tor stand offen; mein Platz war sicher, mein Platz im Pantheon, meine Nische in Walhalla. Ich war fast selbst ein Wahrzeichen oder zumindest eine wandelnde Touristenattraktion in Uptown Manhattan geworden, und alles, was ich tun musste, um meine Legende aufrechtzuerhalten, war, meinen gottverdammten Mund zu halten. Wie es so viele meiner Freunde taten. Wie es auch so viele meiner Feinde taten. Wie es so viele meiner Frauen immer getan haben. Doch ich tat das nicht. Ich konnte nicht.

Warum? Meine Bücher sind bereits Klassiker und mein Nachruhm ist gesichert – also, warum? Ich glaube nicht an Geständnisse auf dem Sterbebett. Ich glaube nicht an Entschuldigungen. Aber ich habe trotzdem weitergemacht und den ganzen Status, den ich so emsig kultiviert, den ganzen lorbeerbekränzten Ruhm, den ich eingeheimst hatte, aufs Spiel gesetzt. Warum habe ich mich, als ich mich der Seneszenz näherte, bereitwillig dem Urteil eines professionellen Biografen unterworfen? Seine Aufgabe war es, für ein Publikum – weiß, männlich und unerbittlich heteronormativ – zu schreiben, das ressentimentgeladener und empfindlicher war als je zuvor und dabei weniger geneigt als je zuvor, das Werk eines Autors von seinem Leben zu trennen, insbesondere wenn beides untrennbar mir gehörte?

Warum am Ende also alles riskieren?

Es gibt eine jiddische Parabel über einen Mann, der große Verluste erlitten hat – ich glaube, sie könnte hier gut passen. Während all seines Kummers in der Liebe und im Geschäftsleben war das Einzige, was ihn immer wieder aufmunterte, das, was wir heute »Selbstmordgedanken« nennen würden:

die Vorstellung, dass er sich jeden Moment umbringen könnte. Wann immer es ihm schlecht ging, erinnerte er sich daran, dass er sich immer noch umbringen konnte, und das gab ihm Hoffnung, genug Hoffnung, um weiterzumachen. Und somit machte er auch weiter, bis er eines Tages über eine Brücke ging und von der Pferdekutsche eines Adligen überfahren wurde. Im Leben nach dem Tode angekommen, stellte der Mann fest, dass dieses Nachleben in fast jeder Hinsicht mit dem Leben, das er verlassen hatte, identisch war, mit der einen Ausnahme, dass es keine Möglichkeit mehr gab, sich das Leben zu nehmen. Obwohl er also im Himmel war, glaubte er, er sei in der Hölle.

Die Lektion? Ich bin mir nicht sicher. Aber ich habe länger darüber nachgedacht. Vielleicht ist es etwas in der Art von: Nur ein Mensch, der sich selbst zerstören kann, ist frei?

Baileys Erklärungen, warum ich diese Biografie wollte, sind die, die ich ihm mitgeteilt habe: Dass ich *unbedingt* eine Biografie brauchte, dass ohnehin *irgendjemand* eine Biografie schreiben würde, dass *viele* andere *viele* Biografien schreiben würden, nachdem sie die Papiere, die ich nicht zu verbrennen übers Herz brachte, durchwühlt hatten, und dass ich, solange es mir möglich war, der Meute voraus sein wollte – den Misandristinnen und identitätspolitischen Flegeln, den Antisemiten, die mich für nicht amerikanisch genug hielten, den Jüdinnen, die mich für selbsthassend hielten, und den antiamerikanischen und antisemitischen Analphabeten im Nobelpreiskomitee, die mir die Reise nach Stockholm verweigerten – und versuchen würde, die Bedingungen des Diskurses zu diktieren.

Ich glaube, dass ich ihm auch gesagt habe oder mir selbst gesagt habe, dass die Literatur im Sterben liegt – aber ich hatte mich getäuscht, nur *ich* lag im Sterben – und dass Biografien den Weg der Dinosaurier eingeschlagen hatten, also sollte ich besser eine Biografie auf die Beine bringen, bevor es zu spät war.

Habe ich all diese widersprüchlichen Dinge geglaubt? Vielleicht habe ich das, und zwar alle gleichermaßen und gleichzeitig. Was habe ich nicht geglaubt? Ein »amerikanischer Meisterautor« sollte ein Meister der Suggestion sein, der in der Lage ist, sich selbst von allem zu überzeugen oder zumindest seine Lesenden zu überzeugen.

Ich (oder mein Dr. Spielvogel) definierte Portnoys Beschwerden, die Störung, als Ausgleich von Extremen: die Schuld am Sex durch performative Selbstaufopferung austreiben, eine Nacht mit Blasen und Ficken in Connecticut dadurch reinwaschen, dass man am nächsten Tag Petitionen zur Unterstützung sowjetischer Schriftsteller unterschreibt oder Verlage für Samisdat-Schriften findet, die aus der Tschechoslowakei geschmuggelt wurden. Gegen Ende meines Lebens war ich allerdings eher daran interessiert, *Portnoys Cacoëthes*, oder Portnoys Manie, zu definieren: ein unwiderstehliches Verlangen, das Irrationale zu tun, eine unkontrollierbare Anziehung, das eigene Selbst zu sabotieren, ein Impuls, genau das zu tun, was am schlimmsten für einen ist (ihr werdet euch erinnern, dass eines der letzten Werke, die ich zu Lebzeiten veröffentlichte, ein offener Brief an Wikipedia war). *Cacoëthes* kommt aus dem Griechischen *kakos*, was »schlecht« bedeutet, und *ethos*, was »eine Veranlagung oder Gewohnheit« bedeutet – aber wie ein Mann findet auch das Wort es schwierig, allein zu sein, und so findet man es typischerweise in lateinischer Kombination: *cacoëthes scribendi*, ein unwiderstehlicher Drang zu schreiben; *cacoëthes loquendi*, ein unwiderstehlicher Drang zu sprechen; *cacoëthes carpendi*, ein zwanghafter Trieb zu kritisieren.

Die Psychoanalyse, die ich durchlief, wurde auf ungewöhnliche Weise durch *Cacoëthes* behindert, nicht zuletzt deshalb, weil in meinem Amerika der Eros und die Libido der Psyche fast ausschließlich mit Sexualität und Fortpflanzung in Verbindung gebracht werden, nicht mit künstlerischem Schaffen. Für Freud war der Eros der schöpferische Wille zum Leben und diente der Psyche als Abwehr gegen Thanatos, den Todestrieb. Die Libido war der energetische Ausdruck des Eros, die Energie, mit der der schöpferische Akt vollzogen wurde; allerdings war der Patriarch der Psychoanalyse merkwürdigerweise nicht bereit, die Frage zu beantworten, ob Thanatos seinen eigenen latenten und negierenden energetischen Ausdruck haben könnte, und er überließ es seinen Adepten, einen solchen Ausdruck zu prägen. Freuds Schüler Paul Federn nannte diese Antilibido »mortido«; Federns Schüler Edoardo Weiss nannte sie »destrudo«. Beides waren Bezeichnungen für eine Neigung zu Cacoëthes – eine Tendenz zu selbstschädigendem und selbstzerstörerischem Verhalten, ein Drang, der sogar darin münden kann, dass man seinem posthumen Ruf zu schaden versucht.

Früher habe auch ich diesen Scheiß geglaubt, oder zumindest habe ich es mir eingeredet. Doch dann bin ich gestorben, und wenn der Tod mir eines gezeigt hat, dann ist es die wahre Quelle dieses Cacoëthes. Ich weiß jetzt, woher es kommt. Die Gojim haben es Teufel, Kakodämonen und perverse Dämonen genannt; aber meine jiddisch sprechenden Vorfahren nannten sie *dybbukim*, bevor sie starben und selbst zu *dybbukim* wurden, zu wandernden Seelen, die durch meine Nasenlöcher in mich hineinschlüpften und sich unter meiner Haut einnisteten und von mir Besitz ergriffen; sie quälten mich mit ihren unerledigten Geschäften, in einem mystischen und boshaften Prozess, den nur diejenigen, die ihn nie erlebt haben, als »Inspiration« betrachten können. Ich frage mich, was Bailey über eine solche Besessenheit denkt. Ich frage mich, ob einer der Dutzenden von Autoren, die seit meinem Tod akademische Monografien und Memoiren über mich veröffentlicht haben (Nadel, Schreier, Taylor und andere), sich je besessen gefühlt hat. Oder der Historiker und Kritiker Steven Zipperstein, der zurzeit einen Vertrag erfüllt, eine inoffizielle, nicht autorisierte Biografie über mich zu schreiben ... ha ha ha ha ha ... ich kann es kaum erwarten, mich in diesen Kerl einzuschleichen und seine Sätze heimzusuchen ... ha ha ha ha ha ... wenn das Frühlingswetter kommt und meine Rückenschmerzen nachlassen, werde ich ein paar Worte für ihn übrig haben! Und auch für den Rest von ihnen! Und für euch! Ihr könnt euch nicht vorstellen, was ich mir an Bösartigkeit so alles einfallen lassen kann! Die Fehleinschätzungen, die ich aushecke, die Schnitzer und Makel! Wenn die Bäume blühen und die Kleider der Mädchen seidendünn sind, werde ich in die Stadt kommen und dir was einhauchen! Ich werde dir meine Hand in den Arsch stecken und deinen Mund bewegen! Stell dir vor, was du anstellen wirst, wenn ich von dir Besitz ergriffen habe! Stell dir vor, was du schreiben wirst! Meine Karriere fängt ja gerade erst an!

(2021)

Aufzeichnungen #3

Murmeltiertag-Proteste 2017
Stell dich auf einem Parkplatz in die Sonne, als wolltest du ein altmodisches Foto machen. Täglich drückt die Sonne deinen Schatten auf den Asphalt. Wo er keinen Abdruck hinterlässt. Stündest du ein Jahr lang auf diesem Asphalt, hättest du das Gefühl, dass auch du nichts hinterlassen hättest. Nicht einmal etwas Negatives. *Washington ist nicht empfindlich.*

»*No justice! No peace!* Keine Gerechtigkeit! Kein Frieden!«
Je mehr ich schreie, desto mehr fühlt sich die Drohung wie eine Beschreibung an.

»*Lock me up! Lock me up!* Sperrt mich ein! Sperrt mich ein!«

Ein klitzekleines Schweinchen ist in unseren Mägen erwacht und zu unseren Mündern rausgesprungen. Also lasst uns jetzt seinen Namen skandieren.

Vier Fakten, die ich in einer Bar auf Staten Island gelernt habe
1992 betrugen die Studiengebühren an der NYU $ 15 620/Jahr. Im Jahr 1996 betrug das Einstiegsgehalt eines Mitarbeiters bei Lehman Brothers $ 72 580/Jahr. Seit 2008 ist Budweiser in belgischer Hand. Niemand stellt Banker über vierzig ein.

Ein erfolgreicher Mann in Chicago antwortet auf ein Kompliment zu seinem Anzug
»Dieses Ding hier? Das ist der siebzehnte Anzug, den ich je besessen habe!«

Najavo-Reservat
Das Porträt eines Pferdes, gemalt auf Pferdelederleinwand mit einem Pferdehaarpinsel. Ich würde gerne ein solches Buch schreiben, aber wo – oder was – oder wer – ist mein Pferd?

Thoreau, Mittelding
»Die eine Generation gibt die Unternehmungen der anderen auf wie gestrandete Schiffe«, schreibt Thoreau in *Walden*.

»Es existiert ein unaufhörlicher Zustrom von Neuheiten in der Welt, und doch erdulden wir ungeheuerlichen Stumpfsinn«, schreibt Thoreau, ebenfalls in *Walden*.

Mittelding: Eine Generation gibt das Neue auf, eine andere unternimmt die Trägheit der Schiffe. Ertragt die unaufhörliche, aber gestrandete Welt.

Stell dir vor
»Stell dir vor, sogar hier haben die Wetter.«

Reisen
Während er reiste und ganz stillsaß, spürte er, wie die vielen Gegenstände in seinen vielen Taschen auf ihn eindrückten. Er spürte, wie seine Brieftasche gegen sein rechtes Bein drückte, während er an seinem linken Bein das Gewicht eines amerikanischen Reisepasses, 40 US-Dollar in Zehnerscheinen und eines übergroßen Schlüssels für eine Wohnung

im siebten Stock in Jalta spüren konnte. Zugfahrkarten, zusammengetackert, drückten gegen seine linke Pobacke. Drei Zigaretten, die in einer Schachtel übrig geblieben waren, drückten aus der Tasche über seinem Herzen gegen seine linke Brust. Ihr kombiniertes Gewicht bedrückte ihn, schob sich durch seine Taschen und in ihn hinein, bis er selbst in die Tasche gesteckt wurde – bis alles, was von ihm übrig war, sich zu einem wesentlichen Punkt zusammenzog, der dieses Gewicht zu tragen hatte und noch nicht aufgehört hatte zu schlagen.

Reisen ohne dich
Reisen ohne dich: reisen ohne Kleidung, ohne Körper.

Israels Zeit der Unzufriedenheit

Hat der jüdische Staat 70 Jahre nach seiner Gründung
die amerikanische Diaspora aufgegeben?

1.

Israel feiert seinen 70. Geburtstag zweimal: einmal für Juden,
einmal für alle anderen – 70: eine wichtige jüdische Zahl –
Eine ereignisreiche Periode

Jüdische Zeit befasst sich mit Siebenern. Denken Sie an die
biblische Darstellung der Schöpfung und ihre sieben Tage,
die mit dem Sabbat enden, als Gott ruhte. Denken Sie an das
Sabbatjahr der *Bibel*, jedes siebte Jahr, wenn alle Felder
brachliegen und alle Schulden erlassen werden. Denken Sie
an das Erlassjahr der *Bibel*, das Jahr nach jedem siebten Sabbatjahr, in dem das Shofarhorn für die Freilassung der Sklaven geblasen wird. Denken Sie an die *Bibel* selbst: Ptolemäus II., der hoffte, die göttliche Autorität des hebräischen
Originals zu untergraben, und 72 jüdische Gelehrte beauf-
tragte, die *Bibel* ins Griechische zu übersetzen, dabei aber
jeden einzelnen zwang, unabhängig von allen anderen zu
arbeiten; der Legende nach produzierte aber jeder Gelehrte
auf wundersame Weise den gleichen, völlig identischen griechischen Text, der später abgerundet und mit dem lateinischen Namen *Septuaginta* versehen wurde, was 70 bedeutet.
Diese Zahl ist von besonderer Bedeutung für das Verhältnis des Judentums zur Sterblichkeit. Traditionell werden

70 Jahre als »die Dauer einer Generation« bezeichnet, und die prophetischen Schriften beziehen sich genau siebenmal auf diese Dauer. Nach den Psalmen sind 70 Jahre die durchschnittliche Lebensdauer, doch das Leben während dieser Zeitspanne ist nur »Mühe und Arbeit gewesen; denn es fährt schnell dahin, als flögen wir davon.«

70 ist also eine tödliche Summe. Daraus ergibt sich, dass der 70. Geburtstag Israels eine Abrechnung sein sollte.

Und doch hat Israel zwei Geburtstage – aufgrund seines doppelten Kalenders: dem hebräischen Mondkalender (der von religiösen Juden genutzt wird) und dem gregorianischen Sonnenkalender (genutzt von allen Menschen in Israel, einschließlich der religiösen). Der moderne Staat Israel wurde am 5. Ijjar 5708, dem 14. Mai 1948, gegründet. Wenn man einige einfache Berechnungen vornimmt oder einfach online nachschaut, stellt man fest, dass Israels 70. Geburtstag, der 5. Ijjar 5778, dem 20. April 2018 entsprach, was zufällig auf den Vorabend des Sabbats fiel (in Mondkalendern beginnen und enden die Tage mit Sonnenuntergang). Das bedeutet, dass Israel sein siebzigstes »Platin«-Jubiläum längst gefeiert hatte, als 24 Tage später die USA und andere Alliierte am 14. Mai 2018 ihre Glückwünsche aussprachen, also am Vorabend des von den Palästinensern als Nakba-Tag in Erinnerung gehaltenen Datums, jenem Tag, der die Zerstörung (*Al Nakba*) ihres Heimatlandes brachte.

Dieser Zeitraum von 24 Tagen ist so ziemlich die größte Differenz, die zwischen den Jahrestagen desselben Ereignisses im Mond- und Sonnenkalender möglich ist. Die Bereiche der Horologie (das Studium der Zeitmessung) und der Chronologie (das Studium der historischen Aufzeichnungen zur Bestimmung der Daten vergangener Ereignisse) haben einen Begriff für diese Differenz: »säkulare Abweichung«.

Der Begriff weist auf ein Schisma hin, eine Spaltung; Zyklen, die nicht synchronisiert sind, Sphären erstarrt in ihrer Nichtübereinstimmung. Der Grund liegt darin, dass der Begriff etwas als technische Zeitdiskrepanz definiert, was besser als religiös-politische Diskrepanz verstanden werden sollte, oder als Artefakt unvordenklicher Versuche durch solarkalendarische Imperien, die lunarkalendarischen Juden zu unterjochen und in ihr Zeitverständnis einzusaugen, Versuche, die mindestens zurückreichen bis zur Herrschaft von Ptolemäus III., dem ältesten Sohn von Ptolemäus II., der in Ägypten den Schalttag einführte.

Nicht nur, dass diese »säkulare Abweichung« bis heute existiert, sie ist sogar größer geworden, als sie je war. Vielleicht ist das die einzige Tatsache, auf die sich alle – einschließlich der Juden – einigen können.

Im Jahr 5778/2018 war ein weiteres Wort für diesen Zeitraum der Frühling.

2.

Netanjahu beginnt Geburtstagsfeierlichkeiten inmitten eines Skandals: Bestechung, Betrug, Bakschisch, U-Boote! – Jüdischer Geburtstag findet Höhepunkt in Menora-Zeremonie – Netanjahu kapert Menora-Zeremonie – Menora: Licht stärker als je zuvor

Das wichtigste offizielle Ereignis eines jeden israelischen Unabhängigkeitstages (*Yom Haatzmaut*) ist das öffentliche Anzünden einer Menora, was in der Nähe des Soldatenfriedhofs auf dem Herzlberg stattfindet. Obwohl die biblische Menora ein siebenarmiger Leuchter war, zieht das moderne Israel es vor, die zwölfarmige Version zu verwenden, die jedem der alten israelitischen Stämme eine Flamme widmet. Auf diese Weise können statt nur sieben Personen im Organisationskomitee der Veranstaltung – darunter auch Mitglieder der Knesset – zwölf von ihnen mit der ehrenvollen Aufgabe des Anzündens einer Kerze betraut werden.

Jedes Jahr lädt das Komitee zwölf Israelis ein, eine Handlung auszuführen, die für viele amerikanische Juden und sogar für viele israelische Juden nichts weiter ist als eine überdimensionale Bar- oder Bat-Mizwa-Kerzenleuchtzeremonie, bei der eine F-16-Flugparade die Torte ersetzt. Die Auserwählten wurden nacheinander aufgerufen, um einen Docht anzuzünden – in diesem Fall, um eine Fackel an ein Gasventil zu halten –, und während sie herumfuchtelten, wurde ihr Leben nacherzählt (moderiert von dem Kanal 2-Nachrichtensprecher Danny Kushmaro und der Filmschauspielerin Yaël Abecassis). Wie man es für staatliche Zeremonien in jeder Demokratie erwarten würde, auch wenn sie ausschließlich aus, von und für Juden bestehen, so wird die Gruppe der Bürgerinnen und Bürger, die zur Teilnahme ausgewählt werden, immer diverser, und in diesem transformativen Jahr des globalen Feminismus (in dem so viele der berühmten Männer, denen Missetaten vorgeworfen wurden, Juden sind) wurde besonderer Wert auf Frauen gelegt: Etwa die junge, ultraorthodoxe Tech-Magnatin, die Staatssekretärin für den asiatisch-pazifischen Raum im Außenministerium, die in Polen geborene »First Lady« des israelischen Theaters und die in Marokko geborene Pionierin des Start-ups »Nano Ghost« (das eine Art Gentherapie zu verfolgen scheint). Ziel war es, eine Veranstaltung nach israelischem Brauch zu organisieren, die den Multikulturalismus des Landes und die Achtung der Menschenrechte widerspiegelt (d. h. den jüdischen Multikulturalismus und die Achtung der jüdischen Rechte), und – am allerwichtigsten – die Veranstaltung unpolitisch zu halten.

Die meisten Politiker, unabhängig von Nationalität und Partei, verstehen das »Unpolitische« noch immer nicht als einen erreichbaren Auftrag, sondern als einen theoretisch anzustrebenden Standard: eine Anstandsregel, eine bloße Bestätigung von Normen. Allerdings sind die meisten Politiker nicht Benjamin Netanjahu – der israelische Premierminister, der, wie alle Meister des halbautoritären Populismus, ein fast gemeines Vergnügen daran findet, sich über vornehme bürgerliche Fiktionen lustig zu machen, während er sich weigert, seine eigenen Lügen zuzugeben. Netanjahu begann diese scheinbar fröhliche Geburtstagszeit nicht nur ermutigt durch Donald Trump, sondern scheinbar auch mit dem Entschluss, den bornierten – *pornierten* – justizbehindernden amerikanischen Präsidenten nachzuäffen, Skandal um erbärmlichen Skandal. Die israelische Polizei hatte seit über einem Jahr gegen ihn ermittelt und versucht herauszufinden, ob er und / oder seine Familie fürstliche Geschenke in Höhe von fast einer Million Schekel für Gefälligkeiten angenommen hatten, darunter Champagner (von Netanjahus Team mit dem Codewort »Pinks« beschrieben), Zigarren (Codewort »Blätter«) und Schmuck (Netanjahus Team forderte ein Halsketten- und Armbandset und beschwerte sich dann, als es nur die Halskette bekam), all das zur Verfügung gestellt von Arnon Milchan, einem ehemaligen israelischen Geheimdienstmitarbeiter und Hollywood-Produzenten, zu dessen Verdiensten *The Big Short* und *12 Years a Slave* zählen. Ein weiterer Fall, in den Netanjahu verwickelt war, betraf zwei israelische Zeitungen, *Yedioth Ahronoth* und *Israel Hayom*. Vor der Ermittlung in diesem Fall wurde *Yedioth Ahronoth* allgemein als eine unabdingbar unabhängige »moderate« Stimme angesehen, zu deren Gewohnheit es gehörte, Netanjahu zu kritisieren. *Israel Hayom* dagegen war und bleibt ein allgemein Netanjahu-bejahendes, kostenloses Käseblättchen, das so grell und so trashig ist wie sein Besitzer: der Großspender der amerikanischen Republikaner und Casino-Mogul Sheldon Adelson. Allerdings wurden Gespräche an die israelische Presse geleakt, in denen man Netanjahu zuhören kann, wie er zu dem finanziell strauchelnden Herausgeber von *Yedioth Ahronoth,* Arnon Mozes, sagt, er sei bereit, eine Gesetzgebung zu unterstützen, die *Israel Hayom* schaden werde (in Form eines Gesetzes, das die Verbreitung von kostenlosen Käseblättern einschränken werde) – und im Gegenzug solle *Yedioth Ahronoth* ihm und seiner Partei, dem Likud, vor den Wahlen im Jahr 2015 eine bessere Berichterstattung gewähren. Hier ist ein Auszug aus diesen Aufnahmen:

NETANJAHU: Wir sprechen hier nur von Mäßigung, davon, dass die Medien vernünftiger werden. Die Stufe der Feindseligkeit mir gegenüber muss von beispielsweise 9,5 auf 7,5 gesenkt werden.

MOZES: Sicher. Aber das Wichtigste ist, Sie zum Premierminister zu machen.

NETANJAHU: Wir müssen bedenken, was das Beste für das Land ist.

MOZES: Wenn Sie es so ausdrücken wollen, dann nur zu.

Sie sind ja der Wahnsinnige, der Premierminister werden will.

Netanjahu war in diesem Frühjahr noch in drei weitere Fälle verstrickt, allerdings noch nicht persönlich – einer betraf seinen Cousin und persönlichen Anwalt David Shimron. Sie waren in ein kompliziertes Komplott involviert, die Führungskräfte des deutschen Unternehmens Thyssenkrupp zu bestechen, um von Israels Kauf dreier U-Boote der *Dolphin*-Klasse und vier Korvetten der Sa'ar-6-Klasse (Kriegsschiffe) zu profitieren. Ein weiterer Fall betraf die Frage, ob Netanjahu und / oder seine Mitarbeiter und / oder seine Kollegen ein bevorzugtes regulatorisches Umfeld für das israelische Telekommunikationsunternehmen Bezeq im Austausch für Gewinne und / oder positive Berichte über Netanjahu auf der beliebten Bezeq-eigenen Nachrichtenseite *Walla!* garantierten. Noch ein weiterer Fall bezog sich auf Netanjahus ehemaligen Kommunikationsberater, der einer Richterin die Generalstaatsanwaltschaft anbot – als Gegenleistung sollte sie eine Anklage gegen Netanjahus Frau Sara fallen lassen, die in letzter Zeit mit einigen eigenen Problemen zu kämpfen hatte. (Sie wird der Veruntreuung öffentlicher Gelder beschuldigt, unter anderem wegen ihrer feudalen Ausgaben fürs Catering in der Residenz des Premierministers.)

Die Untersuchung und der Rechtsstreit um all dies wird weit länger dauern als Netanjahus gegenwärtige Amtszeit, die trotz seiner eigenen Aussage und den Wünschen einiger Knesset-Mitglieder seiner eigenen Koalition nicht seine letzte sein wird – doch der Punkt ist: Frühling. Kurz vor Beginn der israelischen Geburtstagssaison machten die Ermittler Netanjahus Opposition ein glänzendes Geschenk, als sie vorschlugen, den Premierminister wegen Bestechung, Betrug und Vertrauensbruch anzuklagen, in den Alkohol-/Zigarren-/Juwelen- und Zeitungsfällen, die das Justizministerium die Fälle 1 000 und 2 000 nennt, auch wenn ich all dies »Bibigate« nenne, ein Sammelbegriff, der, in hebräischen Schriftzeichen geschrieben, so lautet wie das Jiddische »Bibi-Geyt«, was bedeutet: »Bibi geht«.

Und in der Tat, Bibi ging: Mit seinem politischen Schicksal auf der Kippe, konnte Netanjahu keinesfalls die Yom-Haatzmaut-Party auslassen, die schließlich live in den staatlichen Fernsehsendern Israels übertragen und online gestreamt werden sollte. Er zog sich eine blau-weiß gestreifte Krawatte und ein fröhliches Gesicht an und verlangte, sich an die Nation wenden zu dürfen – etwas, das kein amtierender Premierminister, dem »unpolitischen« Charakter des Events entsprechend, je getan hatte. Netanjahus Versuch, einen Präzedenzfall zu schaffen und sich im Menora-Licht zu sonnen, stieß bei den Organisatoren auf Widerstand – und in Israels Straßen auf Hohn und Spott. Aber Netanjahu holte sich Verstärkung bei der gewaltigsten aller Weltmächte: Honduras.

Lachhaft war das. Nachdem Trump am Ende seines ersten Amtsjahres seinen Plan bekanntgegeben hatte, die US-Botschaft in Israel von Tel Aviv nach Jerusalem zu verlegen, hielten andere Länder Schritt: Guatemala, Paraguay (Rumänien und die Tschechische Republik beraten sich noch). Honduras war eines der ersten Länder der zweiten Reihe, die ihre Verlegungsabsicht erklärten, und Netanjahu beschloss, dessen Präsidenten, Juan Orlando Hernández, dafür zu ehren – 1992 hatte dieser einen diplomatischen Kurs des israelischen Außenministeriums absolviert und im Frühjahr 2018 gerade seine zweite Amtszeit begonnen, nachdem er Richter des Obersten Gerichtshofs ernannt hatte, die die Verfassung seines Landes änderten, um zwei fortlaufende Präsidentschaftsperioden zu ermöglichen, und er hatte das gewonnen, was mit ziemlicher Sicherheit eine gefälschte Wahl war.

Netanjahu kalkulierte wie folgt: Nach dem diplomatischen Protokoll Israels – wie nach dem der meisten Länder – ist es üblich, dass ein geladenes Oberhaupt eines anderen Staates im Gastland vom dort amtierenden Staatsoberhaupt zu einem öffentlichen Auftritt begleitet wird. Ergo, wenn Netanjahu den honduranischen Präsidenten einlud, einen Menora-Arm anzuzünden, dann müsste Netanjahu selbstverständlich selbst zugegen sein, und wenn er schon zugegen war, warum dann nicht auch gleich eine Rede halten? Wäre das nicht einfach nur höflich? Die israelische Presse war sprachlos: Für Netanjahu war es *business as usual*, eine Kontroverse zu fabrizieren, aber es war etwas Neues und beinahe Unisraelisches von ihm, seine Position durchzusetzen, indem er sich auf die korrekte Etikette und die Regeln der Staatskunst berief. Unterdessen war die honduranische Einladung bereits ausgesprochen worden. Absprachen zwischen Netanjahu, dem Sprecher der Knesset Yuli Edelstein, der Kultur- und Sportministerin Miri Regev – zu deren Spitznamen »die israelische Trump« und »Trump in Stöckelschuhen« gehören – und honduranischen Beamten führten zu einem Kompromiss: Hernández würde seinen Besuch absagen (er schob Terminkonflikte vor), und Netanjahu würde es erlaubt, während der Zeremonie, jedoch nicht länger als fünf Minuten, zu sprechen, auch wenn seine Bemerkungen –

noch mal: was immer das heißt – »unpolitisch« bleiben müssten.

Am Ende sprach er etwa 14 Minuten lang – legte los mit einer zweifelhaften Anekdote über eine Reise, die er einst nach Rom unternommen hatte, wo er den Titusbogen besichtigte, dessen Gebälk ein Relief aufweist, das die Plünderung der ursprünglichen Menora aus dem Zweiten Tempel während Titus' Rückeroberung Jerusalems im Jahre, na so was, 70 n. Chr. darstellt. Nach Netanjahus Bericht – der im Lauf seiner Rede die repetitive Abgedroschenheit eines jüdischen Witzes annahm – war er beim Besuch (vermutlich mit Beratern und einem gewaltigen Sicherheitsstab) der Stätte von Gruppen »japanischer und skandinavischer Touristen« überfallen worden, die angeblich immer wieder auf die Menora des Bogens zeigten und plötzlich skandierten: »Israel, Israel, Israel«. Dieser spontane Lärm, so Netanjahu, diene als Beweis dafür, dass die Menora ein jüdisches Symbol war, ist und für alle Zeit als ein solches anerkannt werde, eine Behauptung, die – ganz anders als Netanjahus geistige Gesundheit – niemand jemals ernsthaft infrage gestellt hat. »Im Jahre siebzig ging das Licht der Menora aus«, sagte er. »Heute aber, im siebzigsten Jahr der Unabhängigkeit Israels, ist die Menora das Symbol unserer Nation und ihr Licht ist stärker als je zuvor.« Bestärkt durch den Beifall nutzte Netanjahu die Gelegenheit, den Rahmen seiner Aufgabe zu sprengen: »Noch heute versuchen manche, die Menora zu löschen, das Licht zu löschen, das von Zion ausstrahlt.« Dann drehte er sich auf dem Podium halb um, als spräche er eine Drohung gegen Teheran aus: »Ich versichere euch, das wird nicht geschehen. Es wird nicht geschehen, weil unser Licht stärker ist als ihre Dunkelheit.« In diesem Moment der staatlichen

Fernsehübertragung blinkte die Bauchbinde am unteren Bildschirmrand auf: NETANJAHU: NIEMAND WIRD NOCH EIN-MAL UNSER LICHT AUSSCHALTEN.

3.

Einfädelung des »Iran Deal« – Syrien: kompliziert – Iran und Russland in Syrien: sehr kompliziert – Israelische Medien: besorgt – Amerikanische Medien: ahnungslos

Nach Netanjahus Rede waren es noch 26 Tage bis zur Einweihung der neuen US-Botschaft in Jerusalem am 14. Mai, aber nur 24 Tage bis zur Frist vom 12. Mai für die amerikanische Rezertifizierung des Atomabkommens mit dem Iran – in den USA als »Iran Deal« bezeichnet –, das, im Gegensatz zu dem, was Netanjahu und Trump immer behauptet hatten, dem Ajatollah-Regime internationale Atomenergieinspektionen auferlegte und den Iran daran hinderte, ein nukleares Waffenarsenal aufzubauen. Netanjahu hatte einen Großteil der zweiten Amtszeit von Barack Obama damit verbracht, gegen das Abkommen zu kämpfen – man erinnere sich nur an seine widerwärtige, von der Republikanischen Partei gesponserte Rede an den US-Kongress im Jahr 2015 –, doch von dem Moment an, als Trump im Oval Office ankam, war seine Lobbyarbeit für den Rückzug der USA vom Atomabkommen unerbittlich gewesen, mit einer Rhetorik, die um so unheilvoller wurde, je anstößiger seine innenpolitischen Skandale sich auswuchsen. Dem Iran könne nicht vertraut werden, betonte er; der UN-Sicherheitsrat, dessen ständige Mitglieder den Pakt verifiziert hatten, sei *mitschuldig* und werde an der Zerstörung Israels *mitverantwortlich sein*. Was

Netanjahu jedoch zur Zeit seiner Yom-Haatzmaut-Rede mit Sicherheit wusste, allerdings nicht erwähnte, war, dass die mit Russland gemeinsame Einmischung des Irans in Syrien die Frage der Rezertifizierung des Atomabkommens zumindest vorübergehend infrage gestellt hatte. Als Russland geschäftig seine größte Militärpräsenz in der Region seit dem Kalten Krieg mobilisierte, befürchteten die Israelis, dass die Islamische Republik überhaupt keine eigenen Atomwaffen entwickeln müsste: Meine überkochenden israelischen Social-Media-Feeds warnten davor, dass radioaktives Material aus Russland durch Fahrlässigkeit, Diebstahl oder absichtlich in iranische Hände gelangen könnte.

Dieses Dilemma war der Hintergrund für die israelischen Aktionen der nächsten Zeit – etwa drei Wochen und ein paar Zerquetschte; allerdings bekam in den USA kaum jemand etwas davon mit, weil die meisten US-Medienberichte über »den Nahen Osten« mit Trumps neuester Reality-Show beschäftigt waren – Rezertifizierung im Sinne von *The Apprentice*: »Wird der Präsident den Mullahs sagen, dass sie gefeuert sind?« – und höchstens noch damit, dass das ausgeweidete US-Außenministerium am 26. April mit Mike Pompeo endlich einen Ersatzminister bekam, der drei Tage nach der Vereidigung seine erste offizielle Reise nach Saudi-Arabien, Jordanien und, ja, Israel unternahm.

Am 30. April zog Netanjahu mit seiner Anti-Iran-Ansprache online in Form einer tollpatschig inszenierten englischsprachigen Pressekonferenz Aufmerksamkeit auf sich, wobei er sich neben ein Metallregal voller gebundener Dokumente postierte, von denen er behauptete, der Mossad habe sie aus dem Iran exfiltriert. Laut Netanjahu bewiesen diese Dokumente, dass das Streben des Irans nach Atomisierung nicht nur zu energetischen Zwecken erfolgt sei, wie es die iranischen Behörden beteuert hatten, sondern vielmehr zum Zweck der Beschaffung einer Atombombe. Dies war eine Tatsache, die jeder längst wusste – eine Tatsache, von der sogar Trump längst wusste –, aber nur Netanjahu war verzweifelt genug, um sie zu wiederholen, als wäre sie etwas Neues und er (zusammen mit Fox News und etwa der Hälfte von CNN) darüber schockiert.

Noch am selben Tag kam später die Erklärung für die Presse-Farce-Konferenz, obwohl kaum ein US-Nachrichtensender sie an prominenter Stelle übertragen hatte: Israel hatte ein Basislager in Syrien bombardiert, eine Basis, in der der Iran Munition aufbewahrte – in einem Angriff, bei dem mindestens 16 Menschen ums Leben kamen. Am 1. Mai wurde von der Knesset ein Gesetz verabschiedet, das es dem Premierminister und Verteidigungsminister erlaubte, ohne Zustimmung des Kabinetts Krieg zu erklären; am 7. Mai warnte der israelische Energieminister Yuval Steinitz, Israel werde im Falle eines iranischen Angriffs von Syrien aus den syrischen Präsidenten Assad töten; am 8. Mai ordnete Netanjahu einen Raketenangriff auf ein Waffendepot südlich von Damaskus an, der den Tod von mindestens acht Mitgliedern der Iranischen Revolutionsgarde und anderen ausländischen regimetreuen Kämpfern zur Folge hatte; am selben Tag, vier Tage vor Ablauf der Frist, zog Trump die Vereinigten Staaten offiziell aus dem Atomabkommen zurück, und an diesem Abend US-amerikanischer Zeit – dem nächsten Morgen in Israel – flog Netanjahu nach Moskau, um mit Präsident Putin über die künftigen russischen Aktivitäten in Syrien zu sprechen, insbesondere über den von Russland gemeldeten Plan, das Assad-Regime mit S-300-Boden-Luft-

Raketen auszustatten, was die Luftüberlegenheit Israels in der Region erheblich beeinträchtigen konnte.

4.

Weltlicher Geburtstag kulminiert in Umzug der us-Botschaft nach Jerusalem – us-Botschafter anwesend, amerikanische Juden nicht – Ivanka verspricht sich – Dispensationstheologie – Evangelikale erklären Jerusalem zur Welthauptstadt

Im Laufe seines ersten Amtsjahres erfüllte Trump nicht nur sein Wahlversprechen, die us-Botschaft in Israel von Tel Aviv nach Jerusalem zu verlegen, sondern erkannte Jerusalem auch offiziell als ungeteilte Hauptstadt des jüdischen Staates an. Er tat dies, das muss gesagt sein, nicht nur, um sich bei den Israelis und den amerikanischen Juden beliebt zu machen, sondern vor allem bei den amerikanischen evangelikalen Christen, für die Jerusalem keine Stadt, sondern ein Eschaton ist. Nun, wie Trump, und wie Netanjahu, bin ich dafür, nicht lange um den heißen Brei herumzureden – Jerusalem ist die Hauptstadt Israels, und wenn auch nur, weil Israel es zu seiner Hauptstadt erklärt und nicht aufgeben wird, obwohl die Knesset vermutlich nicht dorthin umzieht – doch es hat keinen Sinn, lange um den heißen Brei herumzureden, wenn man im nächsten Moment ins Fettnäpfchen – ins Breinäpfchen – tritt, seinen Arsch mitten in den heißen Brei setzt. Genau das hat Trump natürlich getan. Auf seine pompöse und umständliche, groteske Art, die einen wahnsinnig macht. Was sich am 14. Mai vollzog, war keine Botschaftseröffnung – es war nicht einmal die Eröffnung eines Trump-Casinos –, es war eher die Eröffnung eines halbfertigen Blocks schäbiger Wohnungen mit Teilnutzungsrecht, die man hinter einer Kapitalisten-Baptistenkirche errichtet hatte (Mitglieder bekamen Rabatt). Davidsterne und Sternenbanner der USA wurden an die geduldigen Steine der Altstadtmauern projiziert, als sich die Honoratioren des Tages versammelten: Trumps ehemaliger Insolvenzanwalt / US-Botschafter in Israel David Friedman, Trumps ehemaliger Goldman Sachs-Handlanger / US-Finanzminister Steve Mnuchin, Jared Kushner (der durchweg grinste, weil er dies vielleicht als Auszeit von der Vorbereitung seines oft austrompeteten, aber zum Zeitpunkt des Verfassens dieses Texts noch nicht präsentierten »Friedensplans« genoss) – und Ivanka Trump (die so nervös wirkte, dass sie, als der Vorhang sich hob, um das Siegel der Botschaft zu enthüllen, alle am neuesten Außenposten der »United States *on* America« willkommen hieß – die Vereinigten Staaten *auf* Amerika?).

Und dann waren da noch die Evangelikalen: Zwei zionisierte Megapastoren aus Texas, die – abwechselnd als »Gebete« und »Segnungen« bezeichnete – Reden schwangen, um das Ereignis zu weihen. Den einzigen Rabbiner, der sprach, hatte Friedman selbst angeschleppt, es war der schlumpige No-Name-Rabbi Zalman Wolowik, der das Chabad House of the Five Towns in Long Island leitet.

Die beiden Männer, die bei der Botschaftseinweihung predigten, sind reich und berühmt und durch und durch abscheulich, und doch sind sie vielleicht die einzigen christlichen Gestalten in Amerika, die den Israelis vertrauter sind als den amerikanischen Juden. Dr. Robert Jeffress leitet die 13 000 Mitglieder starke First Baptist Dallas-Kirche und moderiert eine wöchentliche Fernseh-Andacht, die in 28 Ländern ausgestrahlt wird, und einen täglichen Radiogottesdienst, der es in 195 Länder schafft. Auch hatte er im Laufe der Jahre viel über Homosexualität und Mormonismus und den Islam zu sagen, doch überspringen wir das alles und kommen wir – weil er in Israel war – direkt zu den Juden, von denen er glaubt, sie seien zur Verdammnis bestimmt: »Als Jude kann man nicht erlöst werden – übrigens: Wisst ihr, wer das gesagt hat? Die drei größten Juden des Neuen Testaments: Petrus, Paulus und Jesus Christus. Alle sagten sie, dass das Judentum keine Erlösung bringen wird, nur der Glaube an Jesus Christus wird dies vollbringen.« Der andere Kleriker, der eine Rede hielt – meiner Meinung nach das gefährlichere Mitglied dieses hübschen Paars –, war Pastor John Hagee, ein weiterer Radioprediger und Fernseehirt, der Leiter der in San Antonio ansässigen Cornerstone Church und der Gründer und Leiter der christlich-zionistischen Organisation Christians United for Israel. Pastor Hagee hat, wie Dr. Jeffress, viele Überzeugungen, betreffend seine Pilgerfahrt nach Jerusalem beeindruckte aber vielleicht am meisten die Behauptung, dass Gott den Holocaust geschehen ließ, um sicherzustellen, dass »die Juden« nach Israel zurückkehren. (Man achte mal darauf: Wann immer ein Pastor, oder überhaupt irgendjemand, den Mund aufmacht, ob gesagt wird »Juden« oder »die Juden« – marxistische Antisemiten alter Schule und evangelikale christliche Philosemiten wählen immer die letztere Variante.)

Beide Männer priesen Christus, Gott und Trump, ungefähr in dieser Reihenfolge, und Dr. Jeffress tat dies sogar im Namen des Publikums, das vermutlich hauptsächlich aus Sicherheitspersonal und Journalisten bestand: »Ich glaube, himmlischer Vater, ich spreche für jeden von uns, wenn wir

jeden Tag sagen, dass wir dir danken, dass du uns einen Präsidenten gegeben hast, der mutig auf der rechten Seite der
Geschichte steht, aber noch wichtiger, auf der rechten Seite
von dir steht, oh Gott, wenn es um Israel geht (*Izzz-real*,
sagte er).« Pastor Hagee zeigte in seiner Predigt, dass er zwar
Kapitel und Vers des »Alten Testaments« kannte, aber nicht
zu wissen schien, dass die mächtigen Kadenzen seiner modi-
fizierten King James Bible für diejenigen, die die Sprache des
Originals beherrschen, nicht ganz so beeindruckend sind –
sondern eher ziemlich verwirrend: »Lasst das Wort heute
von Jerusalem ausgehen, dass Israel lebt – ruft es von den
Dächern, dass Israel lebt. Lasst jeden islamischen Terroristen
diese Botschaft hören – Israel lebt. Lasst es in den Hallen der
Vereinten Nationen erschallen – Israel lebt. Soll es in den
Marmorsälen des Präsidentenpalastes im Iran widerhallen –
Israel lebt.« Ich fand, der Cowboy-Kleriker trug ein bisschen zu dick auf. Und je heftiger seine Beteuerungen, desto
größer wurde meine Sorge: Lag *Izzz-real* im Sterben?

Um zu verstehen, was diese Höker vorhatten, müsste man
ihren Glauben verstehen, und deshalb – Jahwe, verzeih mir –
hier eine Zusammenfassung: Sowohl Dr. Jeffress als auch
Pastor Hagee folgen Versionen von »Dispensationalismus«,
der behauptet, dass die Geschichte der Welt geteilt ist in –
wer hätte das gedacht? – sieben »Dispensationen« oder
»Haushaltungen«, von denen jede eine andere Epoche oder
Stufe der Existenz darstellt, die »die Juden« ihrer endgültigen Bekehrung zum Christentum näherbringt und so die gesamte Menschheit dem Armageddon näherrückt. (Man sollte
anmerken, dass Armageddon, eine archäologische Stätte, die
von den Israelis Megiddo genannt wird, etwa anderthalb
Stunden per Touristenbus in nördlicher Richtung von Jeru-

salem gelegen ist, in der Nähe der Stätte einiger der berüchtigtsten Gefängnisse des Landes.) Die erste Dispensation war die der Unschuld und umfasst die Zeit vor dem Fall Adams; die zweite war die Gewissensdispensation, als die Menschheit auf die Probe gestellt und für mangelhaft befunden und mit der Sintflut bestraft wurde, die nur die Familie Noahs überlebte; die dritte war die Dispensation des Regierens und umfasst die Herrschaft Noahs bis zu Abrahams Gründung des Monotheismus; die vierte und mittlere Dispensation war die des Patriarchats und gipfelt in der Schaffung »der Juden«, als Moses die Gebote auf dem Berg Sinai empfing; die fünfte war die des mosaischen Gesetzes, das »die Juden« als Volk festigt; die sechste – durch die wir uns alle gegenwärtig als Steuerzahler hindurchschleppen – ist die der Kirche, die mit dem Martyrium Christi begann und in der siebten Dispensation mit seiner Rückkehr zur Erde enden wird, um das Ewige Königreich zu errichten, dessen Hauptstadt Jerusalem sein wird. Glauben Sie nicht mir, sondern Pastor Hagee, der in einem Interview mit *Breitbart News* vom 11. Mai 2018 für seinen Auftritt in der Botschaft warb:

> »Die Christen glauben, dass Jerusalem die Hauptstadt im Ewigen Königreich sein wird – regiert von Jesus Christus. (…) Jesus Christus wurde vor der Stadt Jerusalem gekreuzigt, ist von den Toten auferstanden und wird bei seiner Wiederkunft seinen Fuß auf den Ölberg in der Stadt Jerusalem setzen. Jerusalem ist die Zukunft der Welt.«

5.

Die Dispensation der Juden – Jüdische Demografie: Wer zählt, wenn nicht Israel? – Evangelikale unterstützen Israel mehr als die amerikanischen jüdischen Millennials – Israel will Millionen von Juden zum Judentum bekehren

Ich möchte klarstellen, dass meine Abneigung gegen diese beiden salbungsvollen Philosemiten nichts ist im Vergleich zu der Verachtung, die ich für die jüdischen Antisemiten hege, die sie eingeladen haben: Der tiefere Hass gilt immer den eigenen Leuten. Die evangelikale Präsenz in Jerusalem bestätigte mir nur, was ich im Laufe des Frühjahrs als bewusste Verschiebung oder als bewussten Wendepunkt wahrgenommen hatte – eine politische Neuausrichtung, die ich »die Dispensation der Juden« nennen werde, womit ich meine, dass Israel auf sein eigenes Volk verzichtet oder es verrät. Die Einsammlung dieses Volkes war bereits viele Generationen vor der Existenz des modernen Israels die wichtigste Aufgabe der zionistischen Bewegung. Das Land war als Zufluchtsort für die Umsiedlung verfolgter Juden aus der gesamten Christenheit und der *Ummah* gedacht, und jede Auswanderungswelle, die sich an seinen Ufern brach, trug ihren ganz eigenen Charakter mit sich. Die europäische Alija erreichte – bekanntlich – ihren Höhepunkt mit der Holocaust-Generation, worauf die Ankunft der Mizrachim, oder Juden aus arabischen Ländern, folgte, die vor einem ewigen Antisemitismus flüchteten, der durch die israelische Unabhängigkeit nur noch verschärft wurde. Juden aus Marokko, Libyen, Tunesien, Algerien, Syrien, dem Libanon, dem Jemen, dem Irak und anderswo – Opfer von antijüdischer Gesetzgebung, Enteignung und Pogromen – kamen in den

1950er und 1960er Jahren; aus Ägypten wurden Juden 1956 vertrieben; iranische Juden kamen in den 1950er Jahren und dann in einer weiteren Welle während der Islamischen Revolution 1979; äthiopische Juden, deren Religion von der kommunistischen Derg-Regierung verboten wurde, kamen in den 1980er Jahren, und schließlich kamen die sowjetischen Juden nach dem Zusammenbruch der UdSSR, was im Hinblick auf die jüdische Demografie Israels ebenso gut als das Ende der Geschichte betrachtet werden könnte: Es gibt kaum noch Exilanten, die einzusammeln wären, und weniger als je zuvor nach dem jüngeren Zustrom von Juden, die vor dem Ruin der venezolanischen Wirtschaft fliehen mussten, sowie dem Rinnsal von Europäern, die – erschreckt durch den Anstieg des islamistischen und neonazistischen Antisemitismus – ihre EU-Pässe nicht abgegeben, sondern lediglich Zweitwohnungen am Mittelmeer gekauft haben. Es scheint also, dass die letzte große jüdische Diaspora, die für die Aufnahme durch Israel übrig bleibt, die der USA ist: eine Diaspora, die viel zu fest verwurzelt und nicht ausreichend bedroht ist, um L. A. schon heute gegen Haifa einzutauschen.

Weder ich noch sonst irgendjemand muss den übergroßen Einfluss beschreiben, den das US-amerikanische Judentum auf die US-amerikanische Außenpolitik hatte: Die israelische Regierung hat Jahrzehnte damit verbracht, diesen Einfluss an meiner statt zu übertreiben, und das eitle amerikanische Judentum hat diese Behauptung niemals infrage gestellt. Vielleicht ist es dieser Übertreibungskampagne zu verdanken, ganz zu schweigen von Amerikas formeller Eindämmung der Sowjetunion und Amerikas informeller antiarabischer Haltung, dass es US-Politiker für zweckmäßig hielten, die Unterstützung des amerikanischen Judentums für Israel (hauptsächlich in Form individueller und gemeinschaftlicher Philanthropie) in der amerikanischen Politik zu verankern (durch Bündnisse, Rüstungsabkommen, Hilfspakete und Darlehen). Während des israelischen Unabhängigkeitskriegs war die offizielle Unterstützung der USA glanzlos, doch spult man etwa 20 Jahre vor zum Sechstagekrieg und vor allem zum Jom-Kippur-Krieg, dann sieht man, Amerika wurde bereits zu dem, was es geblieben ist: Israels entschlossener Verteidiger. Für die jüdischen Babyboomer, die in den Zionismus hineingeboren wurden, war Israel eine multiethnische / multikulturelle Demokratie, die die Rechte der Frauen respektierte; ein selbstgeschaffenes Paradies, das die sozialistischen Träume wahr werden ließ, die man zu Hause vertagt hatte; und ein rechtschaffenes Opfer, das ständig dazu aufgerufen war, sich gegen arabische Aggressoren zu verteidigen; während Amerika ein kapitalistischer Koloss war, der nicht für seine Existenz, sondern in Vietnam kämpfte und jene Bürger verfolgte, deren Vorfahren einst von ihm versklavt wurden. Jüdische Millennials hingegen nehmen die jugendliche Kritik ihrer Eltern an Amerika als selbstverständlich hin, behandeln Israel aber mit Ambivalenz, wenn nicht sogar mit Verachtung. Die BDS-Bewegung (Boykott, Desinvestition und Sanktionen) hat erhebliche Unterstützung an Hochschulen in den USA gefunden, wo der vorherrschende »Diskurs« vorschreibt, dass ein Jude zum Beispiel nicht die amerikanische Rassendiskriminierung verurteilen und auch kein Zionist sein darf.

Netanjahu ist sich dessen bewusst und hat einige einfache Rechenaufgaben gemacht – die sogar einfacher sind als die Mathematik, mit deren Hilfe die Kalender umgerechnet werden: Es gibt etwa sechs Millionen Juden in den USA, doch angesichts der 56 Prozent-Rate von Ehen innerhalb des Judentums wird diese Zahl sicherlich schrumpfen, was das ultraorthodoxe Knesset-Mitglied Yisrael Eichler als »stillen Holocaust« bezeichnet hat; Millennials verdienen weniger Geld als die Babyboomer und spenden demnach auch weniger für wohltätige Zwecke, und diejenigen, die Israel als Schurkenstaat und Apartheidregime brandmarken, spenden überhaupt nichts. Jedoch leben etwa 83 Millionen evangelikale Christen in den USA, von denen weit mehr als die Hälfte behauptet, Israel zu unterstützen, und weit mehr als drei Viertel von ihnen behaupten, Geld für wohltätige Zwecke zu spenden. Die Evangelikalen sind offensichtlich der stärkere Block – warum sie also nicht mit ins Boot holen? Warum nicht das Brot mit ihnen brechen und sie zu Verbündeten machen? Netanjahus Manöver wäre untadelig, wenn er der Premierminister eines anderen Landes wäre. So ist er aber der Premierminister eines Landes, dessen Volk seine neuen Verbündeten bekehren und dessen Hauptstadt sie zu Stuhl und Fußbank der unsterblichen Christenheit verwandeln wollen. Bleibt mir bloß noch zu fragen, ob Netanjahu das gleiche Geschäft gemacht hätte, wenn die evangelikale Bewegung in den Besitz eines streitkraftreichen Militärs mit einem Atomprogramm gelangt wäre.

Selbstverständlich, Netanjahu fühlt sich vom amerikanischen Judentum genauso verraten, wie das amerikanische Judentum sich von Netanjahu verraten fühlt, und es ist schwer zu sagen, ob diese Gefühle mehr durch Ekel und Gehässigkeit motiviert waren (da Netanjahu die amerikanisch-jüdische Naivität hasst; da die amerikanischen Juden Netanjahus Kumpanei und Gewalt hassen) oder ob sie eher durch Opportunismus und Eigeninteresse motiviert waren (da

Netanjahu das evangelikale Geld und die politische De-ckung wollte; da die amerikanischen Juden ihr Ansehen bei der identitären Linken steigern wollten).

Amerikanische Juden, die dem Reform- wie dem konser-vativen Judentum angehören, neigen dazu, ihre gegenwär-tige Ablehnung durch Israel lediglich als Politisierung oder Verstaatlichung eines Prozesses zu erleben, der die Ortho-doxen privilegiert, und dies Israels Rabbinaten anzulasten, weil die sich weigern, nicht-orthodoxe Juden als Juden anzu-erkennen, und Frauen die Teilnahme am rituellen jüdischen Leben strikt verbieten. Dies ist jedoch eine Fehleinschät-zung, ein klassisch liberales amerikanisches Unverständnis dafür, in welchem Maß nationale Loyalität in Israel zu einem annehmbaren Ersatz für ein religiöses Leben geworden ist. Um dies zu belegen, täten amerikanische Juden – oder zu-mindest die etwa 13 Prozent von ihnen, die Hebräisch lesen können – gut daran, den Bericht durchzugehen, der in die-sem Frühling vom israelischen Ministerium für Diaspora-Angelegenheiten veröffentlicht wurde. An der Spitze des Ministeriums steht Naftali Bennett, der auch Bildungsminis-ter, Vorsitzender der erzkonservativen Partei Jewish Home *HaBajit haJehudi* (»Jüdische Heimat«) und Sohn israeli-scher *olim* – Immigranten aus San Francisco – ist. Dieses un-geheuer zynische und heuchlerische Dokument – das viel-leicht das entscheidende Dokument für Israels Ablehnung des US-amerikanischen Judentums ist – verzichtet auf die politische Rechnung, die eine Alijah aus den Vereinigten Staaten ermutigen würde, und identifiziert stattdessen etwa 60 Millionen Menschen aus der ganzen Welt (viele davon *weiße* Nachkommen von Zwangskonvertiten aus der Inqui-sitionszeit in Spanien, Portugal, Frankreich, Italien und Lateinamerika), die allesamt sogenannte »Affinitäten« fürs Judentum und für Israel hätten und die gewinnbringend nach Israel gebracht und bekehrt werden könnten, um ein ideologisch zuverlässiges Bollwerk gegen die höhere Bevölkerungszahl der Palästinenser aufzubieten.

6.

Amerika zur letzten jüdischen Diaspora der Welt erklärt, durch Amerika; Israel weiterhin einziger jüdischer Staat der Welt – Mizrachim und Aschkenasim: verschiedene Ethnien, aber auch verschiedene Juden? – Ein Staat, keine Lösung: israelische Juden im Konflikt

Die Haupterrungenschaft des Zionismus war nicht der Staat Israel, sondern dass es gelang, aus einer verblüffend diversen Gruppe von Menschen ein Volk zu erschaffen oder wiederzuerschaffen. Es war lediglich ein Nebeneffekt dieses übernatürlichen Akts, dass »das jüdische Volk« auf seine biblische Abstammung Anspruch erheben konnte und somit auch auf seine biblischen Länder. Diese Idee der Volkszugehörigkeit war nicht nur in historischen Texten begründet – sie war auch begründet in der Lektüre historischer Texte durch die jüngst befreiten Juden von Aschkenas oder des jüdischen Europas. Aschkenasim dominierten den frühen zionistischen Diskurs, so wie sie auch die frühe Gesellschaft Israels dominierten: Sie bildeten die staatliche und kulturelle Elite, während das andere Ende des Kastensystems von den Mizrachim bevölkert wurde, Juden aus arabischen Ländern, die damit beauftragt waren, die Theorien der Aschkenasim in die Praxis umzusetzen – durch Schwerstarbeit. Berechtigterweise reagierten die Mizrachim auf diese Diskriminierung mit Verärgerung, wie auch auf ihre Verarmung und den Mangel an politischer Repräsentation, und als Israels Überlebenskriege einem andauernden Konflikt mit Palästina wichen, äußerten sie ihren Protest, indem sie ihre aschkenasischen Herren der Schwäche bezichtigten: Aschkenasim seien liberale Humanisten, die unwillig – oder unfähig – seien, sie zu schützen. Die Führer der Schas, der wichtigsten Mizrachim-Partei, die jetzt mit dem Likud koaliert, haben kompromisslose Reden darüber gehalten, dass die Aschkenasim die Palästinenser nicht verstehen, da sie nie selbst unter den Arabern gelebt haben. Die Mizrachim hatten dies – sie hatten umfassende Erfahrungen mit Arabern gemacht und wussten daher, wie hart sie behandelt werden müssten. Wenn Israel sich gegenüber den Palästinensern weiterhin auf die aschkenasische Art und Weise verhielte, würde es ins Meer getrieben werden: Schon der Begriff Aschkenasim wurde zur Metonymie für Kompromiss, Konzession, Ohnmacht. Die mizrachimische Antipathie gegenüber Israels Nachbarn, geprägt von der grausamen Akkulturation an die arabische Herrschaft, aber durch den Groll gegen die aschkenasische Macht noch geschürt, wurde durch die sich wandelnde Demografie zur Politik des Landes: Erst in dieser Generation sollten Mizrachim die Aschkenasim als mehrheitlich jüdische Ethnie in Israel verdrängen. (Israel erhebt keine umfassenden Statistiken über diesen Aspekt der jüdischen Volkszugehörigkeit.)

Einige Mizrachim wird meine Darstellung ihrer Haltung vielleicht verschrecken, und einige Aschkenasim halten meine Schlussfolgerungen vielleicht für beschämend oder veraltet. Allerdings kann ich keine Rücksicht nehmen auf israelische

Empfindlichkeiten. Davon abgesehen bin ich ein amerikanischer Jude, und bis auf meine jüdische Erziehung oder die Einhaltung jüdischer Traditionen sind meine Ansichten leicht zu vernachlässigen. Und doch intensiviert sich meiner Meinung nach das israelische Misstrauen gegenüber dem aschkenasischen Geist gerade sowohl aufgrund des zunehmenden Einflusses von Mizrachim auf das israelische Leben als auch aufgrund der – ziemlich gut dokumentierten – aschkenasischen Neigung zum Selbsthass. Ich betrachte dieses Phänomen des Misstrauens als Anzeichen für einen revisionistischen Wunsch – nämlich den Wunsch, vergessen zu machen, dass die Erschaffung der israelischen Identität ein aschkenasisches Ideal war und dass die von Gott verheißenen biblischen Länder nur durch den Traum oder den Willen assimilierter Juden aus dem nationalstaatlichen Europa erlangt wurden. Um mein Argument noch weiter auf europäisches Terrain zu drängen, möchte ich sagen, dass dieser Wunsch, die Ursprünge auszulöschen, ein unbewusstes Verlangen ist, ein freudscher Zwang, das Land von seinem aschkenasischen »Vater« zu befreien. Denn wie können »wir«, die Israelis, erwarten, dass die Aschkenasim »uns« verteidigen, wenn so viele von »ihnen« so gedankenlos in »ihr« Gemetzel im Holocaust gingen? Wie können »wir« »ihnen« jemals »unser« Überleben anvertrauen? Israel versucht nun, »sich selbst« von »ihnen«, den Aschkenasim, zu reinigen – dieser kümmerlichen, geschlechtslosen Kaste, die das Land delegitimiert, indem sie es an seine Vaterschaft erinnert.

Um die Säuberung zu vollenden, muss sich Israel jedoch von seinem aschkenasischen Erbe befreien, nicht nur von innen, sondern auch von außen, und wo immer dieses Erbe vorgefunden wird – und zufällig ist die prominenteste Verkörperung von »ihnen«, den Aschkenasim, heute das amerikanische Judentum, dessen Population in etwa der des israelischen Judentums entspricht, das aber überwiegend europäischer Abstammung ist und immer noch an Frieden und Rechtsstaatlichkeit glaubt. Solange dieser säkulare humanistische Geist in der letzten großen jüdischen Diaspora der Welt weiter bestehen bleibt, muss Israel gegen ihn vorgehen. Erst wenn er aufhört zu existieren, kann Israel definitiv israelisch sein.

7.

Ein palästinensischer Frühling: mehr als 100 Tote, Tausende Verletzte an der Grenze zu Gaza – Israelische Propaganda: aufgebracht – Amerika: Jareds Friedensplan wird jeden Moment erwartet

Die vielleicht strittigste und unstrittig beständigste Frage innerhalb der »arabischen Welt« betrifft den »arabischen Frühling« – sie dreht sich darum, ob die meisten arabischen Länder überhaupt vier Jahreszeiten haben und nicht drei (Überschwemmung, Anbau und Ernte) oder nur zwei (Überschwemmung und Dürre). Der einzige Konsens besteht vielleicht darin, dass April und Mai die Monate des *Chamsin* sind – kein westlicher Wind des Wandels, sondern ein östlicher Wind der Hitze und des Staubs, der im Koran als ein sengendes Feuer beschrieben wird; kein Wunder, dass der Ausdruck »der arabische Frühling« von amerikanischen Wissenschaftlern geprägt wurde. Diese Jahresunzeit dauerte von 2010 bis 2012, und mittendrin gingen Hunderttausende Israelis auf die Straße, um gegen den Mangel an erschwinglichem Wohnraum zu protestieren. Es dauerte ungefähr fünf Minuten, bis die Proteste von der israelischen Presse als Bewegung bezeichnet wurden, und vielleicht noch einmal fünf Minuten, bis man sie – mehr oder minder plump – »den israelischen Frühling« nannte. Dies war die bislang größte Protestbewegung der israelischen Geschichte, und sie hatte überhaupt nichts mit Palästinensern zu tun.

Sieben Frühlinge später bereiteten sich die Palästinenser in Gaza auf den bevorstehenden 70. Jahrestag ihrer Staatenlosigkeit vor, indem sie eine Zeltstadt in der Nähe des Grenzzauns errichteten. Die üblichen Proteste erlagen dem ungewöhnlichen – verzweifelten – Aufruf an die Bewohner Gazas, den Grenzzaun zu stürmen, nach Israel einzudringen und das ihnen gewaltsam enteignete Land zurückzuerobern. Mehr als 100 Menschen wurden getötet und Tausende verwundet – was man nur als einen Akt des Massenmärtyrertums bezeichnen kann. Allein während der Periode der »säkularen Abweichung«: 20. April, vier Tote; 27. April, vier Tote; 29. April, drei Tote; 5. Mai, sechs Tote; 6. Mai, drei Tote; 11. Mai, ein Toter; dann: Am 14. Mai wurden 59 Menschen getötet und mindestens 2 700 verwundet, etwa 60 Meilen Luftlinie von jenem Ort, an dem Jared, Ivanka und die heiligen zwei Könige aus Texas in Jerusalem predigten.

Was die offizielle Darstellung der israelischen Regierung daraus machte, war mehr als halbherzig: Man begann und endete beharrlich damit, dass Israel seine Grenzen verteidigen müsse. Wenn die Bewohner Gazas versuchten, die Grenze zu durchbrechen, mit und sogar ohne die erklärte Absicht, Bürgern und/oder Eigentum Schaden zuzufügen, habe Israel gar keine andere Wahl, als sie zu stoppen. Anschließend wandelte sich die Argumentation und es wurde betont, dass alle oder die meisten getöteten Palästinenser Mitglieder der Hamas gewesen seien (was nicht stimmt), bevor man sich zu der unlogischen Schlussfolgerung herabließ, wie wenige Proteste es im Westjordanland (Palästina) gegeben habe, und man behauptete, dass diese vermeintlich gedämpfte Reaktion darauf zurückzuführen sei, dass eine bedeutende Fraktion von Palästinensern im Westjordanland (Palästina) und in Israel den Botschaftsumzug unterstützt habe: Diejenigen, die Familien in den Vereinigten Staaten hatten, hätten es nun leichter, ein Visum zu beantragen (was nicht stimmt).

Auf die Zersplitterung der Palästinenser in gute Palästinenser (Westjordanland / Palästina) und schlechte Palästinenser (Gaza) folgte eine weniger kleinteilige Deutung der Ereignisse. Sie beinhaltete die Abspaltung der Palästinenser im Allgemeinen von allen anderen arabischen Nationen und Angelegenheiten. Israelische Regierungsvertreter und Journalisten erwähnten immer wieder, wie freundlich Israel mit seinen Nachbarn seit der Entstehung des Islamischen Staates und seiner Ausbreitung auf Syrien und den Sinai umgegangen sei. Israel war ganz dicke mit dem Haus Saud befreundet! Israel war noch nie so freundlich zu Jordanien und Ägypten gewesen! Alle kommen zusammen und tauschen Geheimdienstinformationen aus! Wir haben sogar gegenseitige Überflugrechte – zumindest manchmal!

Das alles sollte verdeutlichen, dass sogar die ehemaligen Gegner Israels einverstanden waren: Nur die Palästinenser waren die Ausnahme. Sie waren Verweigerer, Aufsässige – für alle Zeit. Wenn sie auf dem Misthaufen der Geschichte verrotten wollten, na dann nur zu.

Diese Propaganda knüpfte an eine aufgebrachte Grundstimmung in Israel an: Es war unvermeidlich, dass die Bewohner Gazas den Grenzzaun angreifen würden, wie es unvermeidlich war, dass Israel sie erschießen würde. Es war unvermeidlich, dass Videos und Fotos des Massakers ins Web finden würden, wie es unvermeidlich war, dass die Welt sich empören würde. Aber nur die Bewohner Gazas sind in diesem Leben der Wahllosigkeit gefangen, abwechselnd vernachlässigt und manipuliert von anderen Arabern, und sie sind Opfer der Todestriebe, die durch die totale Entbehrung hervorgerufen werden. Israel hingegen wurde eine ganze Jahreszeit lang gewarnt, sich auf all dies vorzubereiten und einen Plan zu schmieden, um seine Traumata abwenden oder lindern zu können. Israel beschloss, nichts dergleichen zu tun. Schlimmer noch, Israel beschloss, es müsse auch nichts dergleichen tun. Trump und seine Evangelikalen würden nicht aufbegehren, und es war ihr Amerika, nicht das jüdische Amerika, das zählte. Dieser Frühling brachte neue Definitionen von »Dispensation« mit sich: »Befreiung«, »Immunität«, »Straffreiheit« – und damit eine Art schamloses Sabbatjahr oder Erlassjahr, ebenso frei von moralischen Handlungen wie von Hoffnung.

(2018)

Schloschim (aus dem Tagebuch)

1. Wir, die Unterzeichner, werden euer Schreiben nicht unterzeichnen. Wir haben genug von offenen Briefen, Petitionen und Masturbation. Wir haben genug vom Internet, von Interpretationen und vom Tod. Wir unterstützen keinen Mord, doch wir unterstützen auch keinen Kitsch – lieber rufen wir dazu auf, den Kitsch im Schlaf zu ermorden. Wir sind liberale Humanisten, die das Konzept des liberalen Humanismus oder zumindest das Recht ablehnen, die Worte »liberaler Humanismus« in den Mund zu nehmen. Wir erkennen die Existenz als Ganzes an und mit ihr jegliche Differenz, die innerhalb der Existenz existiert, und wir identifizieren uns als widersprüchliche Plurale bis zu jenem Punkt, an dem »identifizieren mit« sich verwandelt in »entschuldigen für« – außerdem entschuldigen wir uns für all die Anführungszeichen. Wir glauben an Gott nur als Voraussetzung dafür, Gott zu hassen. Wir trauern mit allen Trauernden, die unsere Trauer respektieren. Darauf wollen wir keinen Tee, Kaffee oder »etwas Stärkeres« zusammen trinken.
Joshua Cohen
Joshua Cohen
Joshua Cohen
Joshua Cohen
Joshua Cohen
Joshua Cohen

Joshua Cohen

Joshua Cohen

Joshua Cohen

Joshua Cohen

Joshua Cohen

Joshua Cohen

Joshua Cohen

Joshua Cohen

Joshua Cohen

Joshua Cohen

Joshua Cohen

Joshua Cohen

2. Ein interessanter Aspekt daran, Joshua Cohen zu heißen, ist, dass es immer jemand anderen gibt, der Joshua
Cohen heißt und offene Briefe zu Israel unterzeichnet.

3. Pogrom kommt vom russischen *pogromu*: Vorsilbe *po-*,
»aus, durch, hinter, nach«, verwandt mit dem lateinischen »post« + *gromu (Dativ)*, »Donner, Getöse«. Wie
die meisten Kinder wissen, kommt der Blitz vor dem
Donner (oder wir sehen den Blitz bloß, bevor wir den
Donner hören). Und jetzt weiß ich – der ich mich wieder wie ein Kind fühle, hilflos, erbost –, was nach dem
Pogrom kommt: ein »Postgrom«, das live übertragen
wird von den Bodycams der Kosaken im Dschihad.

4. Was mich überrascht, ist nicht der Antisemitismus. Was
mich überrascht, ist, wie viele Versuche nötig sind, um
einen Menschen mit einer Schaufel zu enthaupten.

5. Apropos Köpfe abschlagen … das Buch der Richter.

6. Was an Richter 16 auffällt, ist, dass Samson mit Delila *kollaboriert*. Sie fragt ihn, wie sie ihn seiner Kraft berauben könne, und er sagt ihr, nach einem ausgiebigen Vorspiel: SCHNEIDE MEIN HAAR. Er muss ihr dieses Geheimnis nicht verraten und tut es trotzdem: Er rückt freiwillig damit heraus, sagt es nicht unter Zwang, nicht unter Folter (es sei denn, Delilas Vorenthaltung von Sex ist eine Folter). Sie lässt ihn in ihrem Schoß einschlafen und ihm die Locken stutzen. Nach der Schur ist er machtlos, wird von den Philistern gefangen genommen, die ihm die Augen ausstechen und ihn in Gaza einkerkern, wo sie ihn zwingen, Korn zu mahlen (oder, in einer anderen Auslegung, wo sie ihn zur Zucht verwenden).

7. Wie endet die Geschichte? Die Philister lassen ihn zu einem Freudenfest in einen Tempel oder Palast bringen, wo er tanzen soll, und Samson tanzt, dann ergreift er die Säulen des Hauses und bringt sie zum Einsturz, wobei er sich selbst und alle anderen tötet, »sodass es mehr Tote waren, die er durch seinen Tod tötete, als die er zu seinen Lebzeiten getötet hatte«.

8. Samson regierte nur ein paar Jahre länger, als Bibi regiert hat – oder als Bibi regieren wird. (Eine gewagte Prophezeiung.)

9. Viele der Leute auf dem Festival – so erzählte es mir ein Freund – waren high, als sie ermordet wurden – auf MDMA. Ich weiß nicht, ob dieses Detail die Sache besser

oder schlechter macht. So high, dass du die Granate um-
armen willst. Dass du die Kugel küssen willst.

10. Vielleicht ist dies etwas, das Nichtmuttersprachlern des
Hebräischen eher auffällt: dass der Name der Partei
Likud (»Zusammenschluss«) verwandt ist mit dem Wort
milkud (»Fallenstellen«). Dieses Wort wurde in der hebräischen Übersetzung des Titels von Joseph Hellers
Roman *Catch-22* verwendet: *Milkud-22*, woran Micah
Goodman wiederum den Titel seiner Analyse des Sechs-
tagekriegs anlehnte: *Milkud-67*. Will uns die Sprache
sagen, dass der Zusammenschluss eine Falle ist? Oder will
sie uns vielleicht sagen, dass der einzige Weg zum zivilen
Zusammenhalt darin besteht, in eine Falle zu tappen?

11. Das Problem (zumindest *ein* Problem) ist, dass das Studium der Geschichte durch das Studium der Theorie
ersetzt wurde und der Blick auf Formen, Strukturen,
Schablonen und Framings zu einer Gleichsetzung von
Kämpfen führt, denen man die Kontexte gestutzt hat. In
der Vorstellung der globalen Linken werden Palästinenser somit zu Schwarzen und People of Color, und die
Israelis werden zu Weißen. Absolut irrwitzig, und trotzdem ist es auf lustige Weise tröstlich, mir meinen alten
jemenitischen Vermieter in Tel Aviv als weißen Typen
vorzustellen.

12. Die Dekolonisatoren waren sich nie einig, was sie wollten. Jede Generation widerspricht der jeweiligen voran-
gegangenen Generation. In den 50er-, 60er- und 70er-
Jahren lautete die Leitideologie der Radikalen: »Gewalt

ist Sprache«, was bedeutet, Gewalt als rechtmäßigen Ausdruck einer Person oder eines Volkes zu begreifen, dessen Worte bislang unbeachtet geblieben sind. In den 8oer- und 9oer-Jahren und bis zum 6. Oktober lautete die radikale Ideologie im Gegenteil: »Sprache ist Gewalt« – was bedeutet, dass die Worte, die man verwendet, Schaden anrichten können, weshalb man vorsichtig sein sollte, wie man sie verwendet, insbesondere jene Worte, die einem nicht selbst gehören, die nicht zur eigenen Identität gehören. Am 7. Oktober und danach wurde aus »Sprache ist Gewalt« sofort wieder »Gewalt ist Sprache«, und sei es nur, um das Abschlachten von jüdischen Menschen als palästinensische Befreiung zu kontextualisieren und zu rechtfertigen.

13. Ich habe eine beschämende Erinnerung an das widerwärtige, aber lustige Spiel, das einige Kinder in der Schule spielten (ich glaube, in der vierten oder fünften Klasse): zehnmal hintereinander ganz schnell die Worte »baby rape« sagen.

14. Der Hamasnik, der mit seinen Eltern telefonierte, um ihnen zu sagen, dass er zehn Juden getötet hat? Schwer vorstellbar, dass ein erwachsener Terrorist immer noch die Zustimmung der Eltern erheischt.

15. Die globale Linke stimmt jetzt mit der israelischen Rechten überein: Israel und jüdische Menschen sind identisch, ebenso wie die Hamas (sowie der Islamische Dschihad) mit palästinensischen Menschen identisch ist.

16. Ich verurteile jeden Mord an unschuldigen Menschen, weil ich ebendies bin: unschuldig im Sinne von naiv; unschuldig im Sinne von nicht wissend (aber alles fühlend).

17. Israel hat ein Krankenhaus in die Luft gejagt. Nein, es war der palästinensische Islamische Dschihad, und das Krankenhaus, das sie in die Luft jagten, war ein Krankenhausparkplatz. 500 Menschen sind gestorben. Oder es sind 50 gestorben. Außerdem gibt es ein Video davon, das aus dem letzten Jahr stammt, sowie ein Foto von den Folgen eines Erdbebens in der Türkei. Unter der Desinformation liegt die Fehlinformation; unter der Fehlinformation liegt die Information; und darunter begraben – unter den Trümmern und unter den zerstückelten Leichen der 500 oder 50 Menschen – gibt es Tunnel, in denen Geiseln festgehalten werden, alte Menschen, junge Menschen, Babys. Es ist kaum vorstellbar: Sie haben bereits einen Monat ohne Internet überlebt! Diese Glückspilze!

18. Vom Mississippi bis zum Kaspischen Meer. Vom Amazonas bis zum Asowschen Meer. Von der Donau bis zum Arktischen Ozean. Vom Nil bis zum Baikalsee. Vom Pischon bis zum Gihon. Vom Tigris bis zum Euphrat. (Sagt die Thora.)

19. Wenn es wahr ist – wie einige Freunde sagen –, dass Israel derzeit einen Völkermord begeht, dann rechne ich damit, dass ich irgendwann einmal auf einer Party sein werde (falls man mich noch auf Partys einlädt), auf der eine hübsche Frau (oder ein Mann, das spielt keine

Rolle) am Martini nippt und sich laut fragt: »Wie konnte Khamenei das nur zulassen? Warum hat der Iran nicht die Gleise bombardiert?«

20. Unbedingt: Der Iran sollte die Gaskammern bombardieren, der Iran sollte die Öfen bombardieren, der Iran sollte die Eisenbahngleise bombardieren, falls sie existieren. Da sie aber nicht existieren, existiert eben die Ironie. (Oded Carmeli, der Dichter, sagt mir etwas wie: Bist du je mit einem israelischen Zug gefahren? Womit er vielleicht sagen will, dass kein Land tatsächlich einen Völkermord begehen kann, wenn seine Züge sich permanent verspäten, ausfallen und dann freitags bei Sonnenuntergang gänzlich stillstehen.)

21. Wenn ich gewusst hätte, dass ich so viele jüdische Menschen töten kann, wie ich will, ohne dass es irgendjemanden auf der Welt interessiert, hätte ich mein Leben bestimmt anders gelebt.

22. Sie töten nie die richtigen Juden.

23. Jener Schabbat war der dreißigste Jahrestag meiner Bar Mizwa, ich war also ohnehin schon deprimiert.

24. »Keine Regierung war jemals in der Lage, friedlich eine Zivilbevölkerung zu regieren, die sie aus der Luft bombardiert hat«, sagt mein Freund, ein Wissenschaftler, der den Zweiten Weltkrieg erforscht und der in Vietnam gedient hat. Allerdings sagt er dies mit zu viel Überzeugung.

25. Ich frage mich, ob sich jemand in Israel an Sapir Cohen alias Livnat Green erinnert. Die Sache geschah in diesem Jahr, also im vorigen Jahrtausend. Sie wird als Sapir Cohen in Be'er Scheva geboren und gerät immer wieder in Pflegefamilien und Missbrauchssituationen. Um die Haut ihres Kindheitstraumas abzustreifen, ändert sie ihren Namen in Livnat Green. Sie leistet ihren Wehrdienst bei der Grenzpolizei. Sie, eine einsame Soldatin ohne Familie, bezeichnet sich nach ihrem Dienst als einsame Zivilistin und leidet unter Albträumen und wiederholten Panikattacken, die es ihr erschweren, einen Job zu behalten. Sie tingelt von Wohnung zu Wohnung und schlägt nach einer Zwangsräumung ein Zelt vor dem israelischen Wohlfahrtsministerium auf.

26. Und jetzt bitte, der Cameo-Auftritt: Ihr Zelt erregt die Aufmerksamkeit der Medien, und der damalige israelische Verteidigungsminister Naftali Bennett lädt Livnat Green ein, in sein Haus zu ziehen. Er macht ihr Rührei – aus irgendeinem Grund ist das ihre Haupterinnerung an Bennett, dass er ihr Rührei gemacht hat –, und er versucht, sie bei ihrer Suche nach einem Job und einer Wohnung zu unterstützen, wobei Livnat Green sich nicht helfen lässt. Sie hat Stimmungsschwankungen und Depressionen. Sie hat auch Erfahrungen mit Drogen. Im Jahr 2022 injiziert sich Tikva Saban, ihre engste Freundin – eine ihrer wenigen Freundinnen –, absichtlich eine tödliche Dosis Heroin und entschläft in Livnats Schoß.

27. Im Mai dieses Jahres schickt Livnat Green eine Nachricht an einen Jungen, mit dem sie vielleicht zusammen

ist (sie weiß es selbst nicht genau), in der sie ihn fragt, was mit einer Frau geschehen würde, die sich mit einem Hidschab oder einer Burka »als Muslimin« verkleidet und mit einer Waffe oder einer passablen Spielzeugnachbildung einer Waffe einen der Grenzkontrollpunkte stürmt und dabei »Allahu akbar« schreit. Würde eine solche Person getötet werden? Das heißt, würden einige der Soldatinnen und Soldaten mit derselben Aufgabe, vor die sich Livnat Green am Grenzkontrollpunkt selbst früher gestellt sah, ihre Waffe abfeuern, um diese hypothetische Frau zu töten, oder würden sie lediglich versuchen, sie unschädlich zu machen, indem sie zum Beispiel auf ihre Beine zielten? Der Junge, der die Nachricht erhält, antwortet seiner Pseudofreundin unverhohlen: Hier geht es nicht um eine hypothetische Frau, oder?

28. Wenige Stunden, nachdem der Junge sie als selbstmordgefährdet gemeldet hat, stürmt Livnat Green mit einer muslimischen Kopfbedeckung und »Allahu akbar« schreiend den Grenzposten von Metzudat Yehuda unweit von Hebron, was Teil von Palästina ist oder sein sollte, und wird erschossen, genau wie sie es wollte.

29. Livnat Greens Selbstmord, der außerhalb Israels kaum wahrgenommen wurde und selbst innerhalb Israels im Wirbel der Proteste, die einen Großteil des Jahres 2023 prägten, schnell in Vergessenheit geriet, erscheint mir als Gleichnis dafür, wie eine labile Person oder eine Seite eine andere in einen gesetzlich gebilligten Mord verwickeln kann. Ich denke oft an die israelischen Soldatinnen und Soldaten, die aus Angst vor der muslimischen Frau,

die auf sie zukam, ohne zu wissen, dass sie eigentlich Angst vor Livnat Green hatten auf Livnat Green schossen und sie töteten. Oder zuließen, dass sie sich selbst tötete? Und wenn ich weiter darüber nachdenke: Ist das wirklich ein Gleichnis oder nur eine buchstäbliche Demonstration der Falle? Ich frage mich, wie die Soldatinnen und Soldaten darüber denken ... wie sie mit dem Schrecken umgehen ...

30. Ein Teil von Gaza besteht aus der Hamas, doch der größte Teil von Gaza besteht aus Livnat Greens – aus jungen Menschen, die durch die Umstände wahnsinnig geworden sind, die aufgrund von Versagen verzweifelt sind, die missbraucht und vernachlässigt wurden und die voranstürmen, weil sie nirgendwo anders hinkönnen als vor die Waffen, die nichts anderes tun können, als zu schießen.

(2023)

Es ist ein Kreis: Zur Schließung des Zirkusses Ringling Bros. and Barnum & Bailey

JOHNATHAN LEE IVERSON, ZIRKUSDIREKTOR
Ich bin die erste Person, die Sie im Zirkus hören. Ich ver-
leihe dem Zirkus eine Sprache. Nichts passiert, bis ich es
sage. Nichts ist von Bedeutung, bis ich es sage. Ich nehme
Sie mit. Ich bringe Sie rüber. Weil man es den Leuten sagen
muss, wissen sie nicht immer, wie sie sich angesichts des
Außergewöhnlichen verhalten sollen … Ich weiß nicht,
was ich als Nächstes tun werde. Ich meine, ich habe gerade
meinen Job verloren und jetzt werde ich interviewt. Ich
denke, ich werde vielleicht ein Buch schreiben, aber keine
Enthüllungsgeschichte. Ich werde versuchen, etwas zu
moderieren, etwas einzusprechen. Die Leute nerven mich
immer damit, dass ich in die Politik gehen soll …

Der »Balanceakt« ist vorbei, der »Baton« wird abgegeben, der
»Zug« ist abgefahren. Die »Gage«? Vergessen Sie sie. Das
»Zelt« ist abgeschlagen? Es gibt keinen Ring mehr, in den man
seinen Hut werfen könnte: Der Zirkus wird geschlossen.
  Am 14. Januar 2017 gab der Ringling Bros. and Barnum &
Bailey Circus (nachfolgend RBandB&BC) – Amerikas ältes-
ter und bester Zirkus, Amerikas letzter echter Wanderzir-
kus – seine Schließung bekannt, und sechs Tage später trau-
erte das Land mit einer Abschiedsparade und einer großen
Beerdigungsgala: der Amtseinführung von Donald J. Trump.

Seit seinen Anfängen, die mit den Anfängen dieses Landes zusammenfallen, war der amerikanische Zirkus der imaginäre Boden für die amerikanische Politik; seine Tourneen wurden zu Wahlkampfveranstaltungen, sein Publikum wurde zu Wählerschaften, seine Möglichkeiten für Ruhm konnte umgewandelt werden in Macht. Und so mag sein Zusammenbruch gerade zum jetzigen Zeitpunkt wie eine Tragödie erscheinen: gleichwertig mit der Tragödie von Trump, oder sogar mit ihr verflochten.

Zumindest bedeutet die Schließung von Amerikas Top-Big-Top-Zirkus das Ende einer bedeutenden amerikanischen Kultur: eines Mediums, einer Ästhetik, einer Lebensart, die sich in den letzten 146 Jahren – seit der Präsidentschaft von Ulysses S. Grant – fast ununterbrochen unter einer fusionierten, übernommenen oder eigenständigen Variante des RBandB&BC-Namens über das Land und die gesamte Welt erstreckt hat.

Der Zirkus: Keine andere Kunstform war jemals so verletzlich. Keine andere Kunstform ist so schnell vom Aussterben bedroht gewesen und ausgestorben. Schließlich kann man das Ende des Romans nicht herbeiführen. So sehr man sich auch anstrengt, man kann das Gedicht nicht abschaffen. Aber Feld Entertainment (der alleinige Eigentümer des Zirkus) kann den Vorhang fallen lassen und hat ihn – mit einer gehörigen Portion Fanfare, Zögern und Reue – fallen lassen vor der Greatest Show on Earth® mit drei Manegen und Tigern und Bären, und, meine sehr verehrten Damen und Herren und Kinder jeden Alters, der Verlust fühlt sich so fundamental, aber auch so fundamental falsch an wie der Tod des Jazz oder der Tod des Blues.

Denn so wie diese alte Schwarze Musik von der neueren, *weißeren* Popmusik »appropriiert« wurde, so wurde auch der amerikanische Zirkus am Ende fast aller seiner wichtigsten technischen Innovationen, Attraktionen und Nummern beraubt, die seither – wie in einem Abstieg in ein antiseptisches Jenseits – zu den grundlegenden Bestandteilen der zeitgenössischen Performance geworden sind, insbesondere der zeitgenössischen aufgezeichneten oder vermittelten Performance.

Ich will kein »Joss« sein (wie die Zirkusleute hier die Nicht-Zirkusleute nennen), wenn ich das ausspreche, aber: Der Zirkus hat Akrobatik und Jonglage in die Halftime-Show des Super Bowls gebracht; er hat die Zauberei nach Las Vegas gebracht. Der Zirkus hat den Tieren beigebracht, fürs Fernsehen und Hollywood Sitz zu machen, zu bleiben und sich zu drehen, und er hat Pionierarbeit geleistet fürs Stuntgewerbe, wenn es darum ging, aus einem brennenden, rasenden Fahrzeug zu springen und unversehrt zu landen, damals, in den Dinosauriertagen, bevor es CGI gab.

Das Hauptgenie des Zirkus bestand natürlich darin, dieses ganze Spektakel und noch viel mehr, immer mehr, auf einen Schlag und für einen geringen Eintrittspreis zu inszenieren – und zwar nicht nur live, sondern so bedenklich nah live, dass wir, das übersättigte Publikum, gezwungen waren, über die tödlichen Risiken nachzudenken, die zu unserer Unterhaltung eingegangen wurden.

Die frühesten modernen Zirkusse waren glorreiche Reitvorführungen, die in einen Ring gefasste Antwort auf die älteste aller Fragen: Was macht man mit seinen Soldaten in Friedenszeiten? Im Jahr 1768, am Vorabend dessen, was die Briten den Amerikanischen Unabhängigkeitskrieg nennen, eröffneten Philip Astley und seine Kavalleriekameraden der Fifteenth Light Dragoons eine »Reitschule« im Freien auf einer Rennbahn außerhalb Londons. Was ihre Darbietung zu einem Zirkus in dem Sinne machte, wie wir ihn kennen, war, dass sie die Vorführung von Reitfähigkeiten – einschließlich Kunstreiten, Springen und militärischer Manöver im Stil der preußischen und hessischen Husaren – mit Clownseinlagen kombinierten, die den Reitern und Pferden eine Pause gönnen und die Frauen und Kinder ansprechen sollten. Astleys beliebteste Nummer war im Grunde eine Verhöhnung der Demokratie. Sie handelte von einem Clown in der Rolle des Volkshelden Billy Buttons, eines gewöhnlichen Schneiders, der immer wieder versucht, ein Pferd zu besteigen, um zur Wahlurne zu reiten, es aber einfach nicht auf die Reihe kriegt: Sein Sattel rutscht runter; sein Stiefel bleibt in einem Steigbügel hängen und er wird mitgeschleift; schließlich schafft er es in den Sattel, aber falsch herum, Pferdearsch voraus; er sporn den Gaul an, nur um zu stürzen.

•

Im Januar 2016, fast genau ein Jahr vor der Ankündigung des Endes von RBandB&BC, fast genau ein Jahr vor Trumps Amtseinführung, kam es in der Sendung *Meet the Press* zu folgendem Austausch:

CHUCK TODD: Wie Sie wissen, geben Ihnen die Leute viele Namen. Manche davon sind positiv, manche negativ. Ich will Ihnen mal eine Kostprobe geben. Schauen wir mal.

Einige Leute nennen Sie den »Music Man« dieses Rennens. Kim Kardashian. Biff, aus *Zurück in die Zukunft*. George Costanza. P. T. Barnum. Verstehen Sie davon irgendwelche als Kompliment? Oder meinen Sie –
DONALD TRUMP: P. T. Barnum.
TODD: P. T. Barnum finden Sie gut?
TRUMP: P. T. Barnum. Sehen Sie, die Leute beschimpfen dich. Wir brauchen P. T. Barnum ein bisschen, weil wir das Image unseres Landes aufbessern müssen.

Rassismus, Frauenfeindlichkeit, Armenhass, Nichtswisserei – zu diesem Zeitpunkt des Wahlkampfs hatte Trump die Öffentlichkeit darauf konditioniert, alles von ihm zu erwarten, nur nicht dies: Einsicht. Jene Introspektion, auf die die meisten in Amerika – selbst in Trumps Amerika – gehofft hatten und gegen die sie sich gleichzeitig wehrten. Und dann war da auf einmal Trump, der nicht nur Barnum zu verstehen schien, sondern auch sich selbst.

Entweder das, oder er wiederholte eben einfach nur das, was er zuletzt gehört hatte.

Ein Jahr später ist allerdings die Frage reizvoll, ob der heutige Präsident Trump seine Meinung geändert hat – das heißt, ob er nach dem Ende von RBandB&BC den Gründer als Versager, als Verlierer betrachten würde ... so sad? Oder bewundert er Barnum vielleicht noch immer, weil das Unternehmen zwar untergegangen ist, der Name aber weiterlebt?

Der Name, oder wie Trump es bei *Meet the Press* ausdrückte, das »Image«: eine Vorstellung, für die Barnum, der zu den lexikalischen Feinheiten des Gilded Age neigte, Begriffe wie »öffentliche Meinung«, »Ruf« und »Charakter« verwendete.

Auch »Auftreten«, wie in Barnums Sprichwort: »Trittst du wie ein erfolgreicher Geschäftsmann auf, fliegt dir der Erfolg auch im Leben zu.«
Im Allgemeinen: aber nicht im Falle des Zirkus.

1782 gründete Charles Hughes, einer von Astleys ehemaligen Reitern, seine eigene Clown-und-Ponyshow; seine Mischung aus römisch-kaiserlicher und britisch-monarchischer Attraktionen nannte er »Royal Circus«. 1793 brachte einer von Hughes' ehemaligen Reitern namens John Bill Ricketts eine etwas rauere Version davon nach Amerika und übernahm dafür ein Hippodrom in Philadelphia, wo Präsident Washington zu den ersten Besuchern gehörte. Der Legende nach war Washington so begeistert, dass er Ricketts sein weißes Lieblingspferd Old Jack für 150 Dollar verkaufte. Als Ricketts 1797 einen Zirkus in New York City eröffnete, war Old Jack mit von der Partie, trottete umher und verbrachte seinen Lebensabend als Ausstellungsstück, das sich mit Würfelzucker füttern und von patriotischen Fremden streicheln ließ.

•

Zumindest an der Oberfläche, wo alle eitlen Ruhmsüchtigen am glücklichsten sind, scheinen Phineas Taylor Barnum (geb. 1810) und Donald John Trump (geb. 1946) eine Reihe von Gemeinsamkeiten aufzuweisen: die Obsession mit elefantöser Größe und Werberummel sowie der manische Trieb, sich selbst oder ihr Wunsch-Ich gewinnbringend in Szene zu setzen. Beide gingen erst spät im Leben in die Politik und profitierten von ihren früheren Karrieren als Schausteller.

Beide hatten lukrative Nebenbeschäftigungen in der Grundstücksspekulation und -erschließung sowie kränkende Tändeleien mit dem Bankrott; beide heirateten wesentlich jüngere Frauen (Trump und Melania Knauss: 24 Jahre Altersunterschied; Barnum und Nancy Fish: 40), wetterten gegen Tabak und Alkohol und schrieben oder »schrieben« Bücher von selbstverherrlichendem Selbsthilfegeschwafel (*The Art of the Deal* oder *Die Kunst des Erfolges* ist im Grunde Barnums *The Art of Money Getting oder Die Kunst Geld zu machen,* nur mit kruderer Prosa und um rund 200 Prozent inflationsbereinigte Geldbeträge). Beide erlangten Berühmtheit, indem sie ihren Landsleuten, die im Landesinneren lebten, weitab von den Küsten, die sie ihr eigenes Zuhause nannten, unerfüllbare Versprechungen machten, und vor allem häuften beide ihr Vermögen durch Lügen an und indem sie ihre Lügen anschließend durch Lizenzvergaben oder »Branding«, die zu Barnums Zeiten für gewöhnlich an den Körpern von Vieh und Versklavten vorgenommen wurde, zu ihrem Eigentum erklärten.

Allerdings kam Barnum – der mit fortschreitendem Alter liberaler wurde oder während des Bürgerkriegs eben einfach ein glühender Unionist war – in der Politik nie weiter als zwei Amtszeiten in der Generalversammlung von Connecticut (wo sein großes Thema als Besitzer eines Wanderzirkus die Zerschlagung der Eisenbahntrusts war) und eine Amtszeit als Bürgermeister von Bridgeport (wo sein großes Thema als Chef eines Zirkus, der in Bridgeport überwinterte, die Modernisierung der Versorgungsbetriebe war). Trump hingegen hat es (neben vielem anderen) bereits dazu gebracht, die größte nichtnukleare Bombe im amerikanischen Arsenal auf Afghanistan abzuwerfen.

Dass die ersten hundert Tage von Trumps Präsidentschaft mit den letzten hundert Tagen von Barnums Zirkus zusammenfielen, schien wie ein Zeichen. Es schien eine endgültige »Appropriierung« darzustellen – dieses Mal nicht irgendeiner Zirkusroutine, sondern eines grundlegenden Zirkusprinzips: Das Chaos oder die kunstvolle Manipulation des Bildes vom Chaos wurde nun nicht mehr in der Manege, sondern im Oval Office inszeniert.

KENNETH FELD, CEO, FELD ENTERTAINMENT, EIGENTÜMER UND BETREIBER VON RBandB&BC
Am meisten ärgert's mich, wenn sie sagen, dass Washington wie ein Zirkus geführt wird. Wäre Washington doch nur mal so diszipliniert und organisiert!

•

Hier ist die Provenienz, die verworrene Erbfolge: 1870 gründeten Barnum und William Cameron Coup »P. T. Barnum's Grand Traveling Museum, Menagerie, Caravan & Hippodrome«, dem großer Erfolg widerfuhr und dazu noch Zugentgleisungen, Zusammenstöße, Arbeitskämpfe und Brände, bis die Show 1881 an einen rivalisierenden Zirkus angeschlossen wurde, der von zwei Jameses geleitet wurde: Bailey und Hutchinson. Nach Barnums Tod im Jahr 1891 übernahm Bailey – der einstige Zirkusdirektor – die Leitung, und nach Baileys Tod im Jahr 1906 kauften fünf der sieben Ringling Bros. aus Baraboo, Wisconsin – die Söhne eines deutschen Einwanderers (Rüngeling), die seit den 1880er Jahren ihre eigenen Zirkusse betrieben hatten – die Überreste von Barnum & Bailey auf und präsentierten sie bis 1919 als eigenständiges

Unternehmen, als sie schließlich all ihre Einzelbesitztümer zu einem einzigen Spektakel zusammenlegten.

John Ringling North, ein Neffe der Gebrüder Ringling, arbeitete die meiste Zeit der 50er Jahre mit einem Mann namens Irvin Feld zusammen, dem er die Show seiner Familie 1967 schließlich verkaufte. Feld war ein Sohn russischer Juden, der den Erfolg seines Schallplattenemporiums in Washington, D.C. in das damals neuartige Feld der Konzertpromotion umwandelte und vor allem Schwarze Künstlerinnen und Künstler für ein mehrheitlich *weißes* Publikum vermarktete: Chuck Berry, Fats Domino, die Platters, die Drifters.

Unter Eisenhower erlebte Amerika einen Bauboom, der durch die große Zahl von Kriegsveteranen angeheizt wurde. Um in diesem Land als Stadt gelten zu können – als wahrhaft erstrebenswerte Stadt – brauchte es ein Amphitheater: ein War Memorial Stadium oder eine Soldiers' Arena. Dies war das letzte Zeitalter, in dem öffentliche Gebäude noch nach Staatsdienern oder epochalen Ereignissen benannt wurden, und noch nicht nach Banken oder Kabelgesellschaften. Aber mit nur acht Teams in der NBA und sechs Teams in der NHL war in den Stadien nicht viel los. Mehr als jeder andere im Amerika der 50er und 60er Jahre entwickelte und förderte Irvin Feld »Content« – alles, was die Tribünen füllen würde.

Daher also der Zirkus: Felds innovativer Einfall bestand darin, das Zelt abzuschaffen und den amerikanischen Zirkus in die Halle zu verlegen, und er kündigte diesen groß angelegten Neustart mit einer Kaufzeremonie in einem Kolosseum an: nicht dem Coliseum in Nassau County, Long Island, wo der Zirkus am Memorial Day Weekend dieses Jahres seine letzte Vorstellung gab, sondern dem Original in Rom.

Durch die Förderung eines relativ luxuriösen Zirkuserlebnisses – ein überdachter Zirkus mit Klimaanlage und gepolsterten Sitzen – schenkte Feld RBandB&BC ein weiteres halbes Jahrhundert Leben, veränderte aber auch die Art des Spektakels. Die Show musste nun von Saison zu Saison größer werden, nicht nur, um in einer größeren Umgebung zu beeindrucken, sondern auch, um Eindruck zu machen auf jüngere Generationen, die mit Bildschirmen aufwuchsen. Was folgte, war ein zunehmend unhaltbarer Drahtseilakt zwischen der ständigen Anpassung des Zirkus an den ungeduldigen, wenn nicht sogar kindischen Geschmack einerseits und andererseits der Beibehaltung der langsameren, traditionelleren Elemente, die von den zahlenden Erwachsenen bevorzugt wurden, die sich nach dem RBandB&BC sehnten, wie er einmal war oder wie sie ihn sich in der Erinnerung zurechtmalten: Americana, nicht Amerika.

Doch als Irvin Feld 1984 starb und sein Sohn Kenneth das Ruder übernahm, musste er zur Leitung eines Zirkus in diesem Land den Großteil der Artisten bereits aus dem Ausland anheuern. Die besten Kraftakrobaten kamen aus Bulgarien, die besten Trampolinspringerinnen aus Rumänien, die besten Equilibristen aus Russland und der Ukraine (oft ehemalige Mitglieder des olympischen Gymnastikprogramms der UdSSR) und die meisten Pferdetalente aus Zentralasien. In der Sowjetsphäre galten die »Zirkuskünste« immer als offizielle Nationalkünste, die der akademischen Malerei und Bildhauerei gleichgestellt waren und daher in den staatlichen Zirkusschulen, die mit den staatlichen Zirkussen verbunden waren, durch staatliche Mittel gefördert wurden. Kenneth Feld flog fast jedes Jahr hinter den Eisernen Vorhang, um Artistinnen und Artisten für zwölfwöchige Engagements (die Höchstdauer, die sie in Amerika arbeiten durften) zu casten, und obwohl nicht selten welche überliefen, wurde sein Zugang nie vollständig eingeschränkt, weil die Regierungen – die als Talentagenturen für Felds Talentsucher fungierten – einen Prozentsatz aller Verträge einnahmen, und die RBandB&BC-Geschäfte waren zuverlässige Quellen für sofortige Bargeldzahlungen.

Mit dem Zusammenbruch der Sowjetunion begannen RBandB&BC, immer mehr chinesische Artisten und Artistinnen zu engagieren, die zusammen mit dem derzeitigen großen Kontingent süd- und mittelamerikanischer Artistinnen und Artisten dazu beitrugen, diese nordamerikanischste, diese stolzeste aller amerikanischen Shows auf die Beine zu stellen. Diese eingewanderten oder, genauer gesagt, umherziehenden Artisten machten das, was die meisten gebürtigen Amerikaner heute nicht mehr können oder wollen: kopfüber hängen und mehrfache Salti zwischen den Trapezen vollführen.

Im Zirkus, wie auch im Circus Americanus – also in ganz Amerika – geht es seit jeher darum, dass sich Ausländer und anderweitig andersartig Bezeichnete zum Vergnügen der zahlenden Einheimischen in Gefahr begeben. Doch während beide dieser schrägen Unternehmungen ausgesprochen kapitalistisch sind, funktioniert RBandB&BC intern wie eine Planwirtschaft, ein heterogener mobiler Wohlfahrtsstaat, der in seiner Gesamtheit von einer einzigen Familie regiert wird (die drei Töchter von Kenneth Feld sind alle Führungskräfte des Unternehmens). Aufgrund der Logistik der Tourneen erhalten alle Zirkusangestellten zusätzlich zu ihren Gehältern Unterkunft und Verpflegung. Sie essen beim Zirkus, sie schlafen beim Zirkus. Das meiste, was sie in ihrer Freizeit tragen, zumindest das meiste ihrer Freizeitkleidung, scheint auch das Markenzeichen des Zirkus zu führen. Ihre Kinder, sowohl die Kinder, die auftreten, als auch die Kinder, die nicht auftreten, lernen bei Zirkuslehrerinnen und gehen zu Zirkuszahnärzten und Zirkusärztinnen. Ihre Haustiere gehen wie die Tierartisten zu Zirkustierärztinnen. Dieser bizarre, aber wesentliche Aufwand ist ein Grund – wenn auch nur einer –, warum der Zirkus dem Untergang geweiht ist.

Barnums Management verwandelte den amerikanischen Zirkus in die zeltartige Verkörperung des Expansionismus dieses Landes: Er steigerte die Anzahl und die Art der Darbietungen und führte Zwischenattraktionen (Glücksspiele, keine Geschicklichkeitsspiele) und Nebenattraktionen (von der Mäßigungspredigt bis zum Burlesk-Striptease) ein. Vor Barnums Neuerungen gab es im amerikanischen Zirkuszelt nur einen einzigen Auftrittsbereich, der durch einen einzigen hölzernen Ring von den Tribünen abgegrenzt war, was häufige Pausen erforderte, um den Auftrittsbereich von Exkrementen zu säubern oder die Geräte für die nachfolgenden Nummern aufzubauen. Um den Zirkus von solchen Pausen zu befreien und das Publikum bei der Stange zu halten, fügte Barnum eine zweite Manege hinzu und dann eine dritte, was er als das Minimum ansah, um eine ununterbrochene Unterhaltung zu ermöglichen: Selbst, wenn zwei Manegen gewartet – gesandet, umgebaut oder vergittert – werden mussten, stand so immer noch eine Manege für die Vorstellung zur Verfügung. Dieses Drei-Manegen-Modell gewährleistete, dass die Show weiterging, dass der Zirkus niemals enden musste und dass das Publikum regelmäßig mit neuen Reizen verwöhnt wurde. Barnum war davon überzeugt – es war eine Überzeugung, die er auf Tour und dadurch gewonnen hatte, dass er jeden seiner Auftritte anpreisen und übertreiben musste –, er war überzeugt, dass die Menschen sich nie so sehr für das interessierten, was sich vor ihnen befand, wie für das, was sich vor anderen befand, und dass sie am besten beschäftigt waren, wenn sie aktiv begehrlich gemacht wurden und sich mit dem beschäftigten, womit sich eigentlich andere Leute anderswo beschäftigten. In Barnums Zirkus zu sein – und zwar nicht nur vor der einen Manege, sondern vor der dreiteiligen Manege –, bedeutete und bedeutet noch immer, in einem antiken, physischen Splitscreen gefangen zu sein, ständig hin- und hergerissen zwischen Erwartung (der mentalen Fernsehbauchbinde von »Was kommt als Nächstes?«) und Neurose (der mentalen Fernsehbauchbinde von »Was passiert jetzt in den Manegen links und rechts von mir?«). Barnums idealer Zirkusgast ist zum idealen Konsumenten von heute geworden, der nicht zuletzt auf »Breaking News« aus ist: gefangen in einem Zustand ständiger Zerstreuung, einer ständig um ihn werbenden Ablenkung und durchsetzt nicht mit der Angst um das eigene Leben, sondern mit dem, was online als FOMO abgekürzt wird: *Fear Of Missing Out* – die Angst, etwas zu verpassen.

•

1884 ließ Barnum einundzwanzig seiner Elefanten über die Brooklyn Bridge marschieren, um der Öffentlichkeit die Belastbarkeit der Brücke zu demonstrieren – um zu beweisen, dass sie wirklich jedem Gewicht standhalten würde –, aber natürlich auch, um Werbung für seinen Zirkus zu machen: eine kolossale, schwerfällige Werbetafel-Parade, die ich in einer Woche sechsmal im neuen, supermarktgroßen Barclays Center besuchte, jedes Mal zu Fuß von Manhattan aus über die Brooklyn Bridge.

Und das Erste, was mir im Zirkus auffiel, war: Keine Elefanten. Rasende Kinder, ja. Stürmende Eltern, die ihren Kindern Zuckerwatte und Popcorn und leuchtende Hüte und Kronen kaufen, ja. Sogar eine traurige, kleine Schar einer PETA-Demonstration. Aber: Kein einziger einsamer Dickhäuter. Das Maskottchen der Republikanischen Partei (oder seine gefährdete asiatische Variante) hatte seinen letzten Auftritt im Zirkus schon im letzten Jahr, nachdem eine jahrzehntelange Flut von durch PETA eingereichter Klagen und von durch PETA unterstützter Tierschutzgesetze ihre Anwesenheit schließlich zu kostspielig machte und Feld Entertainment alle seine Elefanten an das »Center for Elephant Conservation« übergab, ein privates, gemeinnütziges Reservat in Zentralflorida, etwa eine Stunde landeinwärts vom Firmensitz entfernt, wo die großen grauen, runzeligen Tiere gepflegt, gezüchtet und für die Erforschung genetischer Krankheiten verwendet sowie als »Therapietiere« für krebskranke Kinder eingesetzt werden. Fast alle von Felds Führungskräften, mit denen ich sprach, machten die Abwesenheit der Elefanten für den rasanten Niedergang von RBandB&BC verantwortlich – sie waren überrascht, als die Ticketverkäufe in den sechs Monaten seit dem Weggang der Elefanten um etwa 30 Prozent einbrachen –, und ich muss gestehen, dass ich geneigt bin, dieser Interpretation zuzustimmen. Dort im Barclays vermisste auch ich die stoßzahnlosen Wundergeschöpfe; nicht mal in visueller oder, sagen wir, schemenhafter Hinsicht – nicht so sehr ihre zarten, beinahe zierlichen Hochschritte, nicht so sehr die Art und Weise, wie sie sich in einer Revue aneinanderreihten, Rüssel an Schwanz, und sich gegenseitig zum Höhepunkt dieser Ménage in der Manege bestiegen –, aber als ich mich am Metalldetektor in der Halle anstellte, vermisste ich ganz ehrlich gesagt ihren Dung, den Geruch davon und die warme fäkale Atmosphäre.

Die ersten Zirkusse, die ich als Kind in den 1980er Jahren besuchte, waren die Clyde Beatty Cole Bros. Zirkusse, die bis zu ihrem Auslaufen Mitte der 2000er Jahre die letzten amerikanischen Wanderzirkusse waren, die noch unter freiem Himmel stattfanden, in zerschlissenen Zelten, die in der Stille des Sommers nach Sägemehl und Stroh und heißen Pisspfützen mit Dung darin rochen. Dieser Dung bleibt meine liebste Zirkuserinnerung: Sein Geruch war so streng, dass er auch wie eine Temperatur war, ein Klima, so tropisch intensiv, dass es über die Sinneswahrnehmung hinausging und fast zu einem philosophischen Zustand wurde. Was ich meine, ist dies: Die Scheiße war da, sie war einfach da, genau dort, wo die Scheißer sie fallen gelassen hatten, und ich und meine Geschwister und die anderen Kinder haben darüber Witze gemacht, während alle Erwachsenen um uns herum, einschließlich meiner Eltern, sie ignorierten. Sie taten so, als gäbe es sie nicht.

Jetzt – selbst ein Erwachsener in einer Zeit der Streaming-Medien, in der niemand überhaupt noch die Couch verlassen muss (außer um auf die Toilette zu gehen) – kann ich nicht anders, als die Erfahrung, in meiner Jugend gezwungen gewesen zu sein, in der Öffentlichkeit inmitten des offiziell nicht anerkannten fötiden Gestanks der Fäkalien und halbverdauten Pflanzenstoffe des größten Landsäugers der Welt zu sitzen, nicht einfach als lehrreich, sondern auch als moralisch lehrreich zu betrachten: moralisch erbaulich – im Vergleich dazu wirkte die Barclays-Erfahrung heuchlerisch, schlapp und verweichlicht. Es lag sogar etwas Böses, etwas lustlos Böses darin, hier aufzutauchen und mitzuerleben, wie verängstigte, lebendige Tiere Befehlen und Peitschenhieben Folge leisten müssen, die von verängstigten, lebendigen, gefährdeten, verschwitzten Menschen ausgeteilt werden, und dabei überhaupt keinen Geruch wahrzunehmen: Vollkommene Scheißlosigkeit, und ich musste mich zurückhalten, dem Presseagenten des Zirkus – der mich an der Kasse abgeholt hatte, um mich zu meinem geräumigen Sitzplatz in der Manege mit zwei Getränke- und einem Essenshalter zu eskortieren – nicht vorzuschlagen, RBandB&BC sollten die Exkremente ihrer Elefanten doch zu Merchandise machen – eine koprophile Konzession –, oder den Geruch im Labor zu einer Flüssigkeit, einem Spray oder einem Gel synthetisieren lassen, sodass meine Nachkommen sich eines Tages in der zirkuslosen Zukunft damit ihr VR-Headset einreiben könnten.

RBandB&BC reist immer noch mit dem Zug, nicht weil es romantisch ist, sondern weil es effizient ist: Selbst zu diesem Zeitpunkt ist die Bahn die einzige Möglichkeit, um sicherzustellen, dass alle der beinahe dreihundert Leute, die rund fünf Dutzend Tiere und die zig Tonnen schwere Ausrüstung trainiert, gefüttert, geduscht, ausgeruht und pünktlich zur Show gelangen. Um so viele Termine wie möglich in so vielen Städten wie möglich wahrnehmen zu können, teilt sich RBandB&BC in eine »Red Unit« und eine »Blue Unit« auf. Jede dieser Einheiten unterhält ihren eigenen kilometerlangen Zug – die längsten privaten Züge auf der Welt –, und jede hat ihre eigene Route durchs Land, eine im Norden, eine im Süden, denn so verlaufen die Bahnlinien dieses Landes: meist nach Breitengraden ausgerichtet, selten kreuzen sie sich entlang der Längengrade. Der Zirkus bewegt sich wie die Schienen, so wie sich das Land ausbreitet, von Osten nach Westen, und so können seine Reiserouten als archivarische Landkarten gelesen werden, geprägt von Nord-Süd-Feindlichkeiten, vergessenen Industriefehden und überholten Frachtmonopolen. Zirkusshows sind so von individuellen Talenten abhängig, dass sie im Grunde nicht kopiert werden können – online findet man keine Ersatzfamilie von Taschenspielern, Tellerdrehern oder Lama-Dompteusen –, und so erfordert die Trennung von Rot und Blau, dass RBandB&BC zwei verschiedene Produktionen aufführt, die beide im letzten Jahr umgemodelt wurden, um den Verlust der Elefanten auszugleichen. Die Red Unit präsentiert »Circus XTREME«, bei dem sich klassische Zirkuskünste mit Extremsportvorführungen abwechseln, die aus einer Reihe anderer Projekte von Feld Entertainment stammen (Monster Jam, Monster Energy AMA Supercross, Marvel Universe LIVE!): BMX-Fahren, Slackline, Parkour. In der Zwischenzeit präsentiert die Blue Unit – die Einheit, die in New York haltmachte – »Out of This World«, die letzte Produktion, die RBandB&BC jemals aufführen wird, aber auch die erste in seiner Geschichte, die eine Geschichte erzählt – als ob der Zirkus es nicht ertragen könnte, uns ohne eine Erzählung zu verlassen; er konnte nicht gelassen ohne eine gute Handlung abtreten.

•

Es war einmal vor langer Zeit in den Weiten des Weltraums (so beginnt diese letzte RBandB&BC-Produktion), da gab es einen Starseeker namens Paulo, der mit seinem magischen Teleskop das Universum erkundete, als er zwei Sterne entdeckte, Johnathan und Davis, die er beide für seinen außerirdischen Zirkus zu rekrutieren hoffte. Aber – aufgrund von Gewerkschaftsregeln, Personalfragen oder einfach nur wegen des grundsätzlichen Nonsens, der jeden Wendepunkt im Drehbuch des Zirkus durchdringt –, konnte er nur einen der beiden auswählen, und seine Wahl fiel auf Johnathan. Die beiden flogen in einem zugwaggonartigen Raumschiff von Planet zu Planet, um die besten Zirkusnummern und Talente ausfindig zu machen.

Das ist die Hintergrundgeschichte. Die eigentliche Geschichte beginnt kurz nach der »Spec«, oder Eröffnungsnummer, als Davis zurückbleibt und sich (clownhaft) niedergeschlagen fühlt. Tatsächlich hat er sich einer Clownsgruppe angeschlossen, die das tragikomische Glück hat, von der bösen intergalaktischen Zirkuskönigin Tatiana gefangen genommen zu werden (nicht »rekrutiert«, sondern als Geisel genommen und eingesperrt).

Königin Tatiana unterbreitet Davis einen Deal: Sie wird ihn zusammen mit den anderen Clowns freilassen, aber nur, wenn er sie auf eine Mission führt, um Paulo und Johnathan zu finden und ihr magisches Teleskop sowie ihre Darsteller zu stehlen.

Das ist natürlich ein völlig irrer Zug der Königin: Mit Clowns zu verhandeln. Einem Clown – selbst einem rachsüchtigen Clown – etwas anderes als Clownerie zuzugestehen.

Königin Tatiana, Davis und seine fröhliche Truppe verfolgen Paulo und Johnathan über vier Planeten (zwei vor der

Pause, zwei nach der Pause), die jeweils nach einem Element benannt sind: Feuer, Sand (ich vermute, das ist Erde), Wasser und Eis (kein Gas). Auf dem Sandplaneten begegnen Paulo und Johnathan Alexander Lacey und seinen Stamm von »Großkatzen« (Löwen, Tiger); auf dem Eisplaneten finden sie eine Truppe von Schlangenmenschen und Schlittschuhläuferinnen und unter dem gigantischen Schneeberg den Eisstrudel, der eigentlich eine Kugel aus Stahl ist, in der neun Motorradfahrer gleichzeitig umherwirbeln.

Kurz vor der Pause gelingt es Königin Tatiana, Davis und seiner Gimpeltruppe schließlich, Paulo und Johnathan einzuholen und ihr Raumschiff zu kapern; sie entführen die Talente, die sie angehäuft haben, und berauben sie ihres Teleskops.

Das ist das Stichwort für Feuerwerk, Rauch und Königin Tatianas russisch angehauchtes Gegacker.

ALEXANDER LACEY, GROSSKATZEN-TRAINER

Ich liebe den Zirkus, aber ich tue das, was ich tue, weil ich Großkatzen liebe. Und solange ich das weiterhin tun kann, wo auch immer, bin ich überaus glücklich. Manchmal sagen die Leute, die Tiere wären in einem Reservat besser dran, wo sie sich entspannen und sonst nichts tun brauchen; sie könnten friedlich ihr Leben leben – aber das sind Arbeitstiere, sie sind es gewohnt, beschäftigt zu sein, und man kann nicht erwarten, dass sich ein Tier, das es gewohnt ist, sechs Tage die Woche beschäftigt zu sein, plötzlich hinsetzt und einfach nichts tut.

ICH: Sind Sie sicher, dass Sie nicht auch von sich selbst sprechen?

LACEY: Na ja, doch, klar.

•

Der zweite Akt der Show fühlt sich nur geringfügig kürzer – aber genauso absehbar – an als die Schlangen für alkoholfreie Getränke ($ 8), Käsenachos ($ 10) und Toiletten (umsonst). Hier sind Jäger und Gejagte einfach vertauscht worden: Jetzt sind Paulo und Johnathan hinter der Königin Tatiana/Davis/Clown-Troika her, die zum Wasserplaneten fliehen (wo sie die King Charles Troupe rekrutieren, eine Gruppe, die Slapstick-Basketball auf Einrädern aufführt), und von dort aus zum Feuerplaneten (wo sie Akrobaten, Reifenspringerinnen und schließlich die Kosakenkonstellation, eine Gruppe waghalsiger Reiter, in ihre Reihen aufnehmen). Während Davis und die Clowns damit beschäftigt sind, die Darbietungen zusammenzutreiben und das Zusammentreiben zu vermasseln, gelingt es Paulo und Johnathan, das magische Teleskop zurückzuerobern. Sobald es wieder in ihrem Besitz ist, machen sie das unerklärlich großzügige Angebot, es mit Königin Tatiana zu teilen, die darauf eingeht (was auch sonst?). Als Finale verkünden sie ihre Absicht, ihre Kräfte zu bündeln und all die unzähligen Nummern, um die sie sich gezankt haben, zu einem einzigen Mega-Zirkus zu vereinen, und dann verbeugen sie sich in einer nachdrücklichen Bekräftigung dessen, was das Souvenirprogramm ($ 20) als »Außerirdische Freundschaft« beschreibt.

KANAK TCHALABAEV, REITER: Das Pferd ist wahrscheinlich der Zirkus.

ICH: Ist der Zirkus? Warum?

TCHALABAEV: Weil es – vielseitig ist? Es kann bei komischen Nummern dabei sein, oder in Nummern wie unserer, mit viel Adrenalin und Geschwindigkeit. Aber es gibt auch tanzende Pferde und die Freiheitsdressur, bei der die Pferde die Kunststücke allein, also ohne Reiter, ausführen. Das Pferd ist schon lange, sehr lange, Teil von Ringling Bros. Wie hat man den Zirkus transportiert? Mit dem Pferd. Wie kam das Publikum in den Zirkus? Zu Pferd. Der Zirkusdirektor, als wer verkleidet der sich? Als Reiter.

ICH: Wie fühlt es sich denn an, nicht nur für die Pferde zuständig, sondern auch mit Tatiana, der intergalaktischen Zirkuskönigin, verheiratet zu sein?

TCHALABAEV: Gar nicht schlecht, gar nicht schlecht. Wir müssen nicht in den Ställen schlafen.

•

Hier sind die Nummern, die ich besonders mochte: den Weltraumspaziergang, bei dem die Turnerinnen in Astronautenanzügen auf dem Rand eines sich drehenden Rads balancieren und so Schwerelosigkeit simulieren; die Stoffbahnshow, bei der die Luftakrobaten sich drehen und entwirren und abfallen lassen, um Sternschnuppen zu imitieren; die allmähliche, gleichmäßige, konzentrierte Art und Weise, in der sich drei Frauen in Turnanzügen zu Ballontieren verwandelten, oder besser gesagt, zu menschlichen Ballonmöbeln für die anderen; das Pärchen aus dickem / muskulösem Mann und dicker / draller Frau, das zittrige Hunde bei sich hatte und ein Schwein über Hürden trieb.

Ich mochte sogar den Titelsong des Zirkus:

Fast and strong, turbo speed, they don't need any rest!

We're on fleek, our space fleet, Paulo knows we're the best ...

Schnell und stark im Turbospeed, sie brauchen keine Pause!
Raumpatrouille gutgelaunt, Paulo weiß, es gibt 'ne Sause ...

Aber jedes Mal, wenn ich das Barclays verließ, waren die Gänge mit Zuschauern verstopft, die innehielten, um zu applaudieren oder auf den Jumbotron zu schielen, wo die Social-Media-Posts durchliefen, die sie während der Show aufgefordert worden waren zu teilen: »das war der hammer!!! #ringlingbros«, »die sutton and riley familien bedanken sich für die tollen erinnerungen @ringlingbros« – jedes Mal, wenn ich auf die Straße rausging, hatte ich das seltsame Gefühl, etwas verpasst zu haben.

Nicht das Gefühl, irgendeine Nummer, sondern eine bedeutendere Botschaft verpasst zu haben.

Es war etwas Seltsames, etwas stupid Seltsames an dieser Märchen- und Reality-Show, in der alle Figuren die gleichen Namen wie ihre Darsteller trugen – »Paulo«, gespielt von dem brasilianischen Kleinwüchsigen und Capoeira-Meister Paulo Dos Santos, »Johnathan«, gespielt von dem amerikanischen Manegenmeister Johnathan Lee Iverson, »Davis«, gespielt von dem italienischen Clown in der vierten Generation Davis Vassallo, »Queen Tatiana«, gespielt von der russischen Reiterin Tatiana Tchalabaeva usw. –, und ebenso seltsam war es auch, dass jeder Planet seine eigenen nationalen Themen zu haben schien, die sich oft von den Nationalitäten der dort ansässigen Akteure unterschieden oder einfach nicht mit ihnen in Verbindung gebracht wurden: auf dem Eisplaneten, der mit einem chinesischen Vibe ausgestattet worden war, wohnte die ecuadorianische Motorradfahrer-Familie Torres, die auf Spanisch herumbrüllte; der Wasserplanet mit seiner karibischen Ästhetik war voll mit

Chihuahuas, einem Känguru und einem Deutschen in Superhelden-Lederhosen.

Ich fragte mich, ob es möglich war, dass diese lächerliche Geschichte, die ich mir (sechsmal) angesehen habe, in Wirklichkeit die Geschichte des eigenen Lebens der Darsteller war – ihres wirklichen echten Lebens –, eine Dramatisierung dessen, wie RBandB&BC sie alle aus ihren jeweiligen Planetenländern aufgelesen und sie damit zu Bürgerinnen und Bürgern des zusammengewürfelten landlosen Zirkus gemacht hatte?

Oder war es möglich, dass diese Geschichte in Wirklichkeit eine Neuinszenierung amerikanischer Zirkusgeschichte war – eine Erzählung darüber, wie rivalisierende Organisationen immer wieder um neue Artisten konkurrierten und versuchten, sie abzuwerben oder abzugreifen; wie sie versuchten, sich gegenseitig die Tricks abzuluchsen, wie ein kleines Preiskartell zu agieren, sich gegenseitig zu vergiften, zu verletzen, in Brand zu stecken und sich ganz generell untereinander zu unterbieten, bis angesichts des schwindenden Interesses der Öffentlichkeit an Zirkussen schließlich Schadensbegrenzung angesagt war und sie ihre Ressourcen bündeln mussten – so wie Ringling Bros. und Barnum & Bailey zusammen zu RBandB&BC wurden?

Oder aber – und das ist für mich die naheliegendste Interpretation – war diese Geschichte, die im Laufe des letzten Wahlkampfs durchs Land tourte, in Wirklichkeit nur ein Wunschmärchen? Das Märchen davon, wie ein attraktiver Bariton, ein rot-weiß-blau gekleideter, unbestreitbar obamahafter amerikanischer Schwarzer (Johnathan) – und der erste Schwarze Zirkusdirektor in der RBandB&BC-Geschichte –, sich mit seinem benachteiligten Freund, dem lateinamerikanischen Zwerg (Paulo), zusammentut, um es mit einer größenwahnsinnigen russischen Widersacherin (Tatiana) aufzunehmen und sie schließlich zu zähmen, während die mit ihrem köstlichen Lady-Putin-Akzent über genügend kompromittierende oder schlichtweg gewaltsame Einflussmöglichkeiten auf die Trumpschen Clowns verfügt und sie zu Komplizen ihrer ruchlosen Pläne, die intergalaktische Zirkusherrschaft an sich zu reißen, macht.

Als ich die Darstellerinnen und Darsteller, die ich interviewte, und den PR-Vertretern von Feld Entertainment, die mich während der Interviews nicht in Ruhe ließen, meine Interpretation präsentierte, dass der Zirkus – ihr ganzer Stolz, ihre ganze Freude – nicht bloß eine hirnlose Farce, sondern in Wahrheit eine einzige große geopolitische Parabel oder Allegorie war, die bewusst/unbewusst aus einer Mischung aktueller antiisolationistischer, antinativistischer Symbole besteht und deren Bildwelt die Botschaft bekräftigt, dass man sich zwar vor Russland in Acht nehmen, aber Russland nicht für alles die Schuld geben soll, besonders nicht für die Wahl, und dass all das auch ohne magisches Teleskop zu erkennen sei, war die Antwort entweder bloßes Schweigen oder Leugnung, verwirrtes Kopfschütteln oder Mitleid.

DAVIS VASSALLO, CLOWN

Ich mag die Tatsache, dass die Figur des Clowns ein bisschen geheimnisvoll ist. Denn ein Clown ist jemand, von dem niemand wirklich weiß, wer er ist – niemand weiß wirklich, was in seinem Kopf vorgeht. Wir nennen das Clownslogik – warum tut ein Clown manchmal dieses? Oder jenes? Warum macht er eine bestimmte Geste? Oder warum macht er gar nichts? Ich glaube, deshalb ist der

Clown die interessanteste Figur im Zirkus, weil man nie sicher sein kann, was als Nächstes kommt ....

ICH: Meinen Sie damit, dass man nicht sagen kann, was hinter dem Make-up und dem Kostüm, in der Psyche, vor sich geht?

VASSALLO: Sie gehen in den Zirkus, und dann? Was erwarten Sie? Sie wissen, dass der Jongleur jongliert, dass die Akrobaten Akrobatik machen ...

ICH: Aber man weiß nicht, was –

VASSALLO: Man weiß nicht, was der Clown macht. Er muss alles können, aber trotzdem ist man sich nie sicher, was genau er fühlt, wie er sich fühlt, oder warum er das fühlt.

•

Der amerikanische Zirkus, wie auch der Circus Americanus, war ein ausbeuterisches Unternehmen, das hauptsächlich auf Mumpitz aufbaute und sich der Tierquälerei, der Blackface-Minstrel-Shows, der Schuldknechtschaft und der Sklaverei schuldig machte – ein Unternehmen, in dem Kleinwüchsige und Riesen, die Haarmenschen, die »Robbenbeinigen«, »die Siamesen« und Horden weiterer Deformierter und Behinderter schamlos öffentlich als »Freaks« zur Schau gestellt wurden. Doch dieses Unternehmen war auch – und manchmal sogar gleichzeitig – so etwas wie ein angestrebtes Refugium für alle diskriminierten, ausgestoßenen und gemiedenen Menschen der Welt, wo sie, wie auch all die Jungen und Junggebliebenen, die Freiheit besaßen, sich so zu kleiden, wie es ihnen gefiel, und das zu spielen und zu inszenieren, was sie für richtig hielten, und um ihre zahllosen seltsamen Talente frei auszuleben.

Das Gesicht dieses widersprüchlichen Wesens – das Fratzengesicht und die Verkörperung dieses demokratischen Paradoxes – ist der Clown, der für sein Publikum immer Bezugsperson bleiben muss, während er gleichzeitig als Agent der Anarchie, als eingeschworener Feind jeglicher Kontinuität und Sinnhaftigkeit fungiert.

Der Clown ist also der Politiker des Zirkus: Er agiert auf beiden Seiten des Parlaments.

RBandB&BC Clown Alley – so lautet der traditionelle Name für das Clownsbataillon – kennt offiziell drei Clownstypen an: den »Hanswurst«, den »Weißclown« und den »dummen August«. Die Hanswurste sind die Gebrauchsclowns, deren Rollen ihren Ursprung im normalen oder beruflichen Leben haben: Sie sind der Clowns-Bauarbeiter und der Clowns-Autofahrer, der Clowns-Penner, der Clowns-Landstreicher, der Clowns-Feuerwehrmann und der Clowns-Polizist. Die Weißclowns hingegen sind die klassischen Clowns, deren bleiches Aussehen und Auftreten der Harlekinade und der *Commedia dell'arte* entstammen: Sie sind die selbsternannten Aristokraten der Clownerie; schlaue, gewiefte, sippenhafte Scherzkekse, die ein bisschen stolz sind auf ihre Herkunft.

Und dann ist da noch der dumme August. In jeder Clownsgasse kann es eine beliebige Anzahl von Hanswursten und Weißclowns geben, aber es gibt immer nur einen dummen August: Er ist der traurige Clown, der tragische Clown, der Groteske, dessen Name ihn als älter oder »ehrwürdig« verrät; mit typisch rotem Haar, das zu den Seiten stark absteht, und nur drei weißen Ovalen um Mund und Augen, so als wolle er einen Stand andeuten – einen Weißclowns-Stand –, von dem er ausgeschlossen wurde. Er ist der dumme Clown, der unbeholfene Clown – ungeschickt, tumb, unhöflich –, der nie irgendwas richtig macht. Das heißt, der dumme August ist der Clownstypus, der am schwierigsten zu spielen ist. Das liegt daran, dass der dumme August besonders gut darin sein muss, schlecht oder inkompetent zu wirken, ohne sich selbst oder andere dabei zu verletzen. Bei der traditionellen Arbeitsteilung in der Clownsgasse tragen die Weißclowns dem dummen August auf, was er zu tun hat, sie geben ihm eine Aufgabe, und dem August gelingt es – ausnahmslos –, sie zu vermasseln. Sie befehlen ihm, nach einem Seil zu greifen, und er greift danach, verfehlt es und fällt hin. Die Hanswurste versammeln sich zu einer Besprechung in der Manege, und der dumme August will mitmachen; er will, wie sie, auf einem richtigen Stuhl sitzen, und er greift nach dem einzigen noch freien Stuhl, aber im letzten Moment reißen ihm die Weißclowns den Stuhl weg, und er fällt auf seinen Hintern, und wir im Publikum können nicht anders, als Mitleid mit ihm zu empfinden.

Währenddessen wird in den anderen Manegen gerade die gesamte Zirkusinfrastruktur – alle Plattformen und Trapeze, alle Sicherheitsnetze – abgebaut.

JOHNATHAN LEE IVERSON, ZIRKUSDIREKTOR
Und der zynische Teil von mir sagt: Jaja, Amerika verdient die Ringling Bros. einfach nicht. Denn seit 146 Jahren haben wir euch einiges beigebracht. Ja. Wie wir alle zusammenleben können, wie wir alle zusammenarbeiten können, um etwas Schönes zu erschaffen. Dass jeder Mensch, jeder Job wichtig ist, und das ist es, worüber wir trauern. Nicht um eine Show, sondern um eine Gesellschaftsform. Viele Shows machen dicht, aber das hier ist

eine Gesellschaft. Schwarz, *weiß*, Frau, Mann, Darsteller oder Crew – hier sind alle gleich, alle sind gleich wichtig. Wissen Sie, seit ich hier bin, habe ich eine große Zuneigung zu Tieren entwickelt – ganz im Ernst jetzt, ich komme aus New York City, ich komme aus Harlem. Vor dem Zirkus war das exotischste Tier, mit dem ich je zu tun hatte, ein Eichhörnchen, also gehe ich nicht in den Käfig mit den großen Katzen, ich klettere nicht die Trapezstange rauf, aber wir haben alle unsere eigene Rolle, die uns Würde verleiht. Die erste Person, mit der ich mir die Garderobe geteilt hab, das war Mark, er war knochenweiß, und er ist nie aufgetreten, bevor nicht ein Mitglied der Manegencrew, Rafael Suarez, ein Mexikaner, sein Gerät aufgebaut hat, und sie sprachen nicht einmal dieselbe Sprache; sie unterhielten sich nur mit ihren Händen. Aber da war dieser gegenseitige Respekt zwischen den beiden. Dieses Gefühl der Verantwortung füreinander. Von allen Lektionen, die ich im Zirkus gelernt habe – über Menschlichkeit, darüber, ein Künstler zu sein, Kunst zu machen und wie man Kunst verkauft, was ja selbst eine Kunst ist, zu deren Erfindung der Zirkus einiges beigetragen hat –, war das die tiefgreifendste Lektion. Dass man verantwortlich ist. Das bin ich. Das sind wir. Füreinander. Verstehen Sie? Und das ist es, was der Zirkus eben ist. Genau das, was sein Name sagt. Was bedeutet er? Aus dem Lateinischen. Aus dem Griechischen. Es ist ein Kreis.

(2017)

Zitierte Übersetzungen

Blake Bailey, *Philip Roth: Biografie*, übers. v. Dirk van Gunsteren und Thomas Gunkel, München: Carl Hanser Verlag 2023.

Bohumil Hrabal, *Tanzstunden für Erwachsene und Fortgeschrittene*, übers. v. Franz Peter Künzel, Frankfurt am Main: Suhrkamp Verlag 1997.

Julian Jaynes, *Der Ursprung des Bewusstseins durch den Zusammenbruch der bikameralen Psyche*, übers. v. Kurt Neff, Reinbek bei Hamburg: Rowohlt Verlag 1988.

Eimear McBride, *Das Mädchen ein halbfertiges Ding*, übers. v. Miriam Mandelkow, Frankfurt am Main: Verlag Schöffling & Co. 2015.

Georges Perec, *W oder die Kindheitserinnerung*, übers. v. Eugen Helmlé, Zürich: Diaphanes 2012.

Thomas Pynchon, *Bleeding Edge*, übers. v. Dirk van Gunsteren, Reinbek bei Hamburg: Rowohlt Verlag 2014.

Thomas Pynchon, *Die Enden der Parabel*, übers. v. Elfriede Jelinek und Thomas Piltz, Reinbek bei Hamburg: Rowohlt Verlag 1981.

Thomas Pynchon, *Die Versteigerung von No. 49*, übers. v. Wulf Teichmann, Reinbek bei Hamburg: Rowohlt Verlag 1973.

Thomas Pynchon, *Spätzünder,* übers. v. Jürg Laederach und Thomas Piltz, Reinbek bei Hamburg: Rowohlt Verlag 1994.

Philip Roth, *Portnoys Beschwerden*, übers. v. Werner Schmitz, München: Carl Hanser Verlag 2009.

Émile Zola, *Der Experimentalroman*, ohne Angabe des Übersetzers, Leipzig: J. Zeidler 1904.

Alle übrigen Übersetzungen von JW.

Inhalt

Über den Autor

Joshua Cohen wurde 1980 in New Jersey geboren und hat vielfach ausgezeichnete Erzählbände und Romane veröffentlicht. Für seinen Campusroman *Die Netanjahus* erhielt er 2021 den National Jewish Book Award for Fiction und 2022 den renommierten Pulitzer-Preis. Er lebt in New York.

Über den Herausgeber und Übersetzer

Jan Wilm, geboren 1983, ist Schriftsteller und Übersetzer. 2019 erschien sein Roman *Winterjahrbuch*, 2022 sein Freundschaftsbuch *Ror. Wolf. Lesen.* Er übertrug Werke von Maggie Nelson, Arundhati Roy und Adam Thirlwell. Mit Joshua Cohen arbeitet er schon lange zusammen, hat seine Bücher besprochen und ihn als Moderator auf Lesereisen begleitet. Wilm lebt in Frankfurt am Main.